职业技术教育"十四五"重点教材建设项目

国家新闻出版改革发展项目库入库项目"轨道交通职业教育云服务

旅客列车

客运乘务（第4版）

应夏晖 邓 岚 罗 斌 / 主 编

西南交通大学出版社
·成都·

内容简介

本书根据高等职业技术院校铁道交通运营管理专业的实际需要，结合客运管理新规章、新技术、新标准编写。其主要内容有：旅客列车客运乘务基础知识、客车设备、列车乘务作业、客运服务礼仪和技巧、列车长工作、列车行包运输、旅客运输安全和应急处理等。

本书可作为高等职业技术学院铁道交通运营管理专业的教材，也可以作为铁路成人中专、技工学校铁道运输专业及铁路客运段新职工、临时工的培训用书，还可供从事铁路客运工作的干部、职工学习参考。

图书在版编目（CIP）数据

旅客列车客运乘务：智媒体版 / 应夏晖，邓岚，罗斌主编. —4 版. —成都：西南交通大学出版社，2021.12
　ISBN 978-7-5643-8426-5

Ⅰ. ①旅⋯ Ⅱ. ①应⋯ ②邓⋯ ③罗⋯ Ⅲ. ①铁路运输 – 旅客运输 – 乘务人员 – 高等职业教育 – 教材 Ⅳ. ①U293.2

中国版本图书馆 CIP 数据核字（2021）第 248685 号

Lüke Lieche Keyun Chengwu

旅客列车客运乘务

（第 4 版）（智媒体版）

应夏晖　邓　岚　罗　斌 / 主编　　　责任编辑 / 李晓辉
　　　　　　　　　　　　　　　　　　　封面设计 / 墨创文化

西南交通大学出版社出版发行
（四川省成都市金牛区二环路北一段 111 号西南交通大学创新大厦 21 楼　610031）
发行部电话：028-87600564　　　028-87600533
网址：http://www.xnjdcbs.com
印刷：四川森林印务有限责任公司

成品尺寸　185 mm × 260 mm
印张　13.5　　字数　339 千
版次　2008 年 8 月第 1 版　　2012 年 3 月第 2 版
　　　2016 年 3 月第 3 版　　2021 年 12 月第 4 版
印次　2021 年 12 月第 17 次

书号　ISBN 978-7-5643-8426-5
定价　45.00 元

课件咨询电话：028-81435775
图书如有印装质量问题　本社负责退换
版权所有　盗版必究　举报电话：028-87600562

第四版前言

随着高等职业教育的迅速发展和我国铁路事业的深入改革，为了落实《面向21世纪教育振兴行动计划》中提出的"职业教育课程改革和教材规划"要求，也为了满足铁路现场生产单位对高职人才知识和技能日新月异的新期待，湖南高速铁路职业技术学院组织铁道运输专业骨干教师，对铁路交通运输的新发展以及人才需求进行了调查研究，从2008年本书的第一版，到如今的第四版，本书饱含铁路院校教师对专业的无比热忱，反映了我国铁路事业不断发展不断提速，又不断提升服务质量水平的可喜变化进程。

在编写内容和要求上，我们以全面介绍旅客列车客运乘务工作为主，以现行铁路有关规章、国家标准、铁路行业标准为依据，按照理论少而精又充分联系实际的原则，及时将铁路运输技术的发展和管理制度及方法的更新纳入到教材之中，力求体现教材的科学性、系统性，使教材更加符合铁路现代化、管理科学化和高职培养应用型人才的要求。为了实现中国高速铁路跨越式发展，适应"十四五"期间国家高速铁路发展对人才培养的要求，提高高速铁路行业人才专业素养，2011年的第二版中增加了动车组列车设备设施、作业标准、应急处置等有关内容。到2015年7月，高速铁路旅客列车开行数量已经超过普速铁路，成为我国旅客运输的主要方式，为了进一步贴近生产实际，第三版新增和修改了铁路总公司（国铁集团）关于服务质量规范、铁路路风管理、旅客运输事故处理等内容。第四版则全面更新行业规范，增加视屏、动画等立体式智媒体资源，便于读者理解和掌握。

通过本书的课堂理论学习，结合校内实训和现场生产实习，熟悉客车设备，学员可掌握旅客列车各工种的基本技能，强化服务意识，学会运用规章办理旅客列车乘务工作的客运业务和处理各类非正常情况。

在编写本书的过程中，得到广州铁路集团公司、中铁快运公司及其所属有关单位的支持，在此表示感谢。

由于编者水平有限，书中难免存在不足和考虑不周的地方，恳请广大读者批评指正。

编　者
2021年10月

第三版前言

随着高等职业教育的迅速发展,为了落实《面向21世纪教育振兴行动计划》中提出的"职业教育课程改革和教材规划"的要求,也为了满足铁路现场生产单位对高职人才知识和技能的要求,湖南高速铁路职业技术学院组织了铁道运输专业骨干教师,对铁路交通运输的新发展以及人才需求进行了调查研究,考虑到多年来本专业的其他课程都有了合适的教材,而旅客列车客运乘务这个领域仍然是一个空白。此外,铁路客运段每年春运、暑运需要大量培训临时列车客运乘务员,也需要相应教材。2008年本书的第一版正式出版,此版由湖南高速铁路职业技术学院邓岚、罗斌主编,编写分工如下:第一、二、三章由邓岚编写、第四章由罗斌编写、第五、六章由徐友良编写、第七章由应夏晖编写。

在编写内容和要求上,我们以全面介绍旅客列车客运乘务工作为主,以现行铁路有关规章、国家标准、铁路行业标准为依据,按照理论少而精、充分联系实际的原则,及时将铁路运输技术的发展和管理制度及方法的更新纳入到教材之中,力求体现教材的科学性、系统性,使教材更加符合铁路现代化、管理科学化和高职培养应用型人才的要求。为了实现中国高速铁路跨越式发展,适应"十三五"期间国家高速铁路发展对人才培养的要求,提高高速铁路行业人才专业素养,2011年的第二版中增加了动车组列车设备设施、作业标准、应急处置等有关内容。到2015年7月,高速铁路旅客列车开行数量已经超过普速铁路,成为我国旅客运输的主要方式,为了进一步贴近生产实际,第三版新增和修改了铁路总公司关于服务质量规范、铁路路风管理、旅客运输事故处理等内容。本书的第二版、第三版修订工作均由邓岚完成。

通过本书的课堂理论学习,结合校内实训和现场生产实习,熟悉客车设备,学员可掌握旅客列车各工种的基本技能,强化服务意识,学会运用规章办理旅客列车乘务工作的客运业务和处理各类非正常情况。

在编写本书的过程中,得到广州铁路集团公司、中铁快运公司及其所属有关单位的支持,在此表示感谢。

由于编者水平有限,书中难免存在不足和考虑不周的地方,恳请广大读者批评指正。

编 者

2015年10月

第二版前言

随着高等职业教育的迅速发展，为了落实《面向 21 世纪教育振兴行动计划》中提出的"职业教育课程改革和教材规划"的要求，也为了满足铁路现场生产单位对高职人才知识和技能的要求，湖南高速铁路职业技术学院组织铁道运输专业骨干教师，对铁路交通运输的新发展以及人才需求进行了调查、研究。就目前而言，本专业的其他课程都有了合适的教材，而旅客列车客运乘务这个领域仍然是一个空白。此外，铁路客运段每年春运、暑运都要培训大量临时参与列车客运乘务工作的人员，也缺乏相应的资料。所以，本书的出版具有一定的现实意义。

在编写内容和要求上，我们以全面介绍旅客列车客运乘务工作为主，以现行铁路有关规章、国家标准、铁道部行业标准为依据，按照"理论少而精，充分联系实际"的原则，及时将铁路运输技术的发展和管理制度及方法的更新纳入到教材之中，力求体现教材的科学性、系统性，使教材更加符合铁路现代化、管理科学化和高职培养应用型人才的要求。为了适应"十二五"期间国家高速铁路发展对人才培养的要求，再版时增加了动车组列车的有关内容。通过本课程的课堂理论学习，再结合校内实训和现场生产实习，使学生熟悉客车设备，掌握旅客列车各工种的基本技能，学会运用规章处理旅客列车客运工作中的有关问题。

本书由湖南高速铁路职业技术学院邓岚、罗斌主编，编写具体分工如下：第一、二、三章由邓岚编写；第四章由罗斌编写；第五、六章由徐友良编写；第七章由应夏晖编写。再版的修订工作由邓岚完成。

在本书的编写过程中，得到了广州铁路集团公司、中铁快运公司及其所属有关单位的支持，在此表示感谢。

由于编者水平有限，书中疏漏之处难免，恳请广大读者批评指正。

编　者
2011 年 10 月

第一版前言

随着高等职业教育的迅速发展，为了更好地落实教育部《面向 21 世纪教育振兴行动计划》中提出的"职业教育课程改革和教材规划"的要求，满足铁路现场生产单位对高职人才知识和技能的新需要，湖南交通工程职业技术学院组织了一批铁道运输专业骨干教师，对铁路交通运输的新近发展情况以及人才需求进行了调查研究，决心编写本书以填补旅客列车客运乘务领域缺少合适教材的这样一个空白。此外，铁路客运段每年春运、暑运都要培训大量临时参与列车客运乘务工作的人员，也缺乏相应的教学资料。所以，本书的出版具有一定的意义。

在本书的编写内容安排上，以全面介绍旅客列车客运乘务工作为主，以现行铁路有关规章、国家标准、铁道部行业标准为依据，按照理论少而精、充分联系实际的原则，及时将铁路运输技术的发展和管理制度及方法的更新纳入到教材之中，力求体现教材的科学性、系统性，使教材更加符合铁路现代化、管理科学化和高职培养应用型人才的各项要求。通过本教材的课堂理论教学、校内客运礼仪的训练、现场生产实习，力求让学生们学会运用规章处理旅客列车客运工作的有关问题，掌握旅客列车各工种的基本技能。

本教材由湖南交通工程职业技术学院邓岚、罗斌主编。编写分工如下：第一、二、三章由邓岚编写、第四章由罗斌编写、第五、六章由徐友良编写、第七章由应夏晖编写。

在编写教材过程中，得到了广州铁路集团公司、中铁快运公司等有关单位的支持，在此表示感谢。

由于资料收集不甚完备加之编者的水平所限，书中存在疏漏和考虑不周的地方，恳请广大读者批评指正。

编 者
2008 年 7 月

智媒体资源目录

序号	资源名称	类型	页码
1	动车组列车乘务组的组成和职责分工	动画	006
2	其他旅客列车乘务组的组成和职责分工	动画	008
3	其他列车乘务组工作制度	动画	011
4	动车组列车乘务工作制度	动画	012
5	客车的分类和标记	动画	022
6	列车紧急制动装置	动画	039
7	客车紧急制动阀及风压表	动画	039
8	客车手制动	动画	041
9	轴温报警器	动画	042
10	烟火报警器	动画	043
11	漏电报警器	动画	043
12	旅客列车消防设施	动画	044
13	动车组客车其他安全设施	动画	045
14	车厢服务	动画	050
15	动车组列车员作业流程	动画	054
16	列车广播的主要任务	动画	056
17	餐车经营	动画	060
18	列车服务质量管理	动画	070
19	铁路旅客运输服务质量监督监察	动画	089
20	仪容仪表	动画	103
21	行为举止	动画	109

续表

序号	资源名称	类型	页码
22	服务语言	动画	110
23	列车长乘务工作内容	动画	124
24	客运记录	动画	131
25	铁路电报	动画	135
26	运输收入事故分类与等级	动画	149
27	编制行包运输方案应遵循的原则	动画	152
28	行包的运送	动画	161
29	危险品的范围及处理规定	动画	179
30	列车消防安全	动画	181
31	旅客发生疾病或死亡的处理	动画	187
32	旅客人身伤害事故的处理	动画	188
33	线路中断列车停止运行的处理	动画	191
34	旅客列车发生火灾、爆炸事故的处理	动画	192
35	列车超员、弹簧压死的处理	动画	195
36	旅客列车在车站发生滞留及晚点时的处理	动画	197
37	旅客发生食物中毒时的处理	动画	199
38	动车组列车临时更换车底的处理	动画	201

目　录

第一章　客运乘务基础知识 ……………………………………………… 001
第一节　客运乘务工作的意义 …………………………………… 001
第二节　旅客列车分类及编组 …………………………………… 002
第三节　旅客列车乘务组工作 …………………………………… 006

第二章　客车设备 ………………………………………………………… 013
第一节　铁路客车 ………………………………………………… 013
第二节　客车内部服务设施 ……………………………………… 030
第三节　客车安全设施 …………………………………………… 038

第三章　旅客列车乘务作业 ……………………………………………… 050
第一节　车厢服务 ………………………………………………… 050
第二节　列车广播 ………………………………………………… 056
第三节　餐车经营 ………………………………………………… 060
第四节　列车服务质量管理 ……………………………………… 070

第四章　客运服务礼仪和技巧 …………………………………………… 098
第一节　礼仪概述 ………………………………………………… 098
第二节　客运服务的基本礼仪 …………………………………… 103
第三节　涉外旅客服务 …………………………………………… 113
第四节　客流高峰期的旅客服务 ………………………………… 116

第五章　列车长工作 ……………………………………………………… 122
第一节　列车长的条件和素质 …………………………………… 122
第二节　列车长客运业务 ………………………………………… 124
第三节　列车班组管理 …………………………………………… 138
第四节　列车运输收入管理 ……………………………………… 146

第六章　列车行包运输 ·· 151

第一节　行包运输方案 ··· 151
第二节　行包的装卸和交接 ······································· 154
第三节　行包的运送 ··· 161
第四节　高铁快运 ·· 168

第七章　旅客运输安全及应急处理 ································ 176

第一节　概述 ··· 176
第二节　列车乘务员劳动安全 ·································· 185
第三节　旅客发生急病和意外伤害处理 ···················· 186
第四节　非正常情况的应急处理 ······························ 191

参考文献 ·· 206

第一章　客运乘务基础知识

【主要内容】　客运乘务工作的意义；旅客列车分类及编组；旅客列车乘务组组成及职责分工；乘务组需要数的确定；乘务组的乘务制度和工作制度

【重点掌握】　旅客列车乘务组职责分工和工作制度

铁路是我国国民经济的大动脉，其主要任务是运输旅客和货物，为工农业生产、国防建设和人民生活服务。旅客运输是整个铁路运输的重要组成部分，随着国民经济的发展和人民生活水平的不断提高以及国际往来的日益频繁，铁路客运需求量逐年增长。它对于促进国际和国内各地区的文化交流、密切城乡联系，改善人民生活起着越来越重要的作用。铁路旅客列车是我国完成旅客运输的重要运载工具，通过列车乘务组一系列的服务，将旅客安全、迅速、准确地送到目的地。

第一节　客运乘务工作的意义

铁路旅客运输生产，既有组织管理工作，也有客运服务工作。前者包括编制旅客运输计划、铺画列车运行图、开行旅客列车、制定客运规章以及具体组织旅客乘车等；后者包括旅客从购买车票、托运行李包裹、问讯、小件寄存、候车，到乘车旅行、饮食、旅途文化生活，都离不开客运基层生产单位——车站和列车的服务工作。

全国铁路有四千多个客运营业站，每天开行四千多对各级各类旅客列车，有几十万客运职工日夜奋战在工作岗位上。旅客旅行生活的大部分时间是在列车上度过的，旅客列车乘务工作人员从迎接旅客上车、安排坐席、供应饮食，到安全下车出站；从一般接待，到照顾重点旅客，都洒满了辛勤劳动的汗水，他们的工作是平凡的，但又是伟大的。

旅客列车乘务工作的主要任务是输送旅客和行李、包裹。列车乘务员整天和旅客打交道，不仅是倒水、拖地、送饭，还要帮助旅客解决旅途中遇到的各种困难，更重要的是通过自己的劳动和热情服务，使车厢成为一个温暖的大家庭。列车乘务员在工作中，对国内旅客要一视同仁，做到热情周到、勤勤恳恳，体现铁路客运职工的素质和风采；对回国观光、探亲访友的海外侨胞、港澳台同胞，要展现祖国的温暖和进步，激发他们对伟大祖国的认同与自豪感；对国际友好人士，要体现良好的精神风貌，增进友谊。乘务人员要树立全心全意为人民服务的思想，想旅客之所想、急旅客之所急、帮旅客之所需，主动热情、态度和蔼、礼貌周到地为旅客服务。同时，由于旅客列车受流动分散、客流多变、远离领导、设备条件等多方面限制，给运输组织和客运服务带来诸多困难，这就要求建立严密的列车乘务组织，制定完善的乘务工作制度，有一整套规范乘务人员工作行为的作业标准，尽可能为旅客提供各种优良服务，让旅客放心、满意。

客运乘务工作具体包括以下内容：
（1）使车内经常保持整齐清洁，设备好用，温度适宜，照明充足。
（2）对老、幼、病、残、孕等重点旅客，通过访问做到心中有数，主动迎送，重点照顾。
（3）通告站名，照顾旅客上下车，及时妥善地安排旅客坐席、铺位。
（4）维护车内秩序，保证安全、准点。
（5）搞好列车饮食供应。

第二节　旅客列车分类及编组

按照《铁路技术管理规程》规定，列车是指编成的车列，并挂有机车和规定的列车标志。旅客列车一般以客车车辆编定为车列，以运送旅客为主要目的。

一、旅客列车的分类

旅客列车根据运行速度、运行范围、设备配置、列车等级等基本条件的不同，主要分为以下类别：

1. 动车组列车

为了适应铁路高速化发展的要求，我国铁路自 2007 年 4 月 18 日提速后开始开行动车组列车，到 2019 年 1 月 5 日全国列车运行图实施，每日开行的动车组列车达到 2847.5 对、周末线 221.5 对、高峰线 382.5 对。2019 年 4 月和 7 月两次调整运行图，进一步优化了动车组列车开行方案。据 2020 年 1 月统计，2019 年每日开行动车组列车 3369.5 对，全年动车组列车完成的客运量达 22.9 亿人，增长 14.1%，在铁路全部客运量中占比超过 62.6%。到 2020 年底，受疫情影响，客运量较上年减少 39.4%，但全路实际配属动车组列车数突破 3200 列，动车组实现了飞跃发展。

动车组列车由带动力的动车（M）和不带动力的拖车（T）组成，运行速度在 200 km/h 以上，它停点少，票价高于普通列车；其车次前冠以"G""D""C"等符号，目前运行在客运专线和主要干线上。

2. 直达特快旅客列车

直达特快列车是中国铁路在 2004 年 4 月 18 日实行第五次大提速后开行的夕发朝至空调列车，部分直达特快列车全程一站直达，也有部分会停靠起点站和终点站所在铁路局管内的大站，以及中途必须技术停车的车站。这类列车主要运行于北京至哈尔滨、宁波、武汉、长沙、西安、扬州、南通、兰州、福州、长春、南昌、合肥之间，武昌至深圳、上海、杭州、宁波之间，以及上海至西安、太原、武汉等城市之间。这类列车均采用"夕发朝至"的运行方式，目前每日仅开行 20 多对。

直达特快旅客列车的车次前冠以"Z"符号，车体统一使用 25T 型客车（包括 BSP 生产的 25T 型客车），主要为全列卧铺，部分列车挂有软、硬座。直达特快列车是中国首次实行单司机值乘、长途列车中途换班的运行方式，列车运行速度一般保持在 160 km/h。全列采用密接式车钩、集便式装置，旅客乘车更为舒适。

3. 特快旅客列车

特快旅客列车是目前我国铁路运营线上速度较快的旅客列车，区间运行速度为 140 km/h（个别区段列车运行速度达到 200 km/h，如广深线的"新时速"列车）。特快旅客列车装备质量优良、服务水平较高、乘车环境舒适，主要在首都与各大城市及国际间开行，其车次前冠以"T"符号。这类列车一般采用 25K 型、25T 型车底，也有部分特快列车采用 25Z、S25K、S25B、S25Z 等车底，全部都是新型空调车。

4. 快速旅客列车

快速旅客列车的运行速度次于特快旅客列车，一般区间运行速度为 120 km/h。这类列车设备质量良好，运行在大、中城市之间，经停地级行政中心或重要的县级行政中心，其车次前冠以"K"符号。这类列车的车底一般是 25G、25K 型新型空调车，还有大约 10% 的列车车底是 22 型和 25B 型普通客车。

5. 普通旅客列车

普通旅客列车大多数是非空调车，属于经济型的旅客列车，停车次数较多，速度较慢，运行速度一般在 120 km/h 以下，车次为 4 位阿拉伯数字。这类列车又分为普通旅客快车和普通旅客慢车两种：快车停靠县级市和大部分县级中大站点，此类列车大约 40% 为空调列车；慢车基本上"站站停"，这类列车的车底主要是 22 型普通客车，开行数量很少，一般为短途多站的列车。

6. 通勤列车

通勤列车大部分为中国铁路内部用于铁路职工上下班往返于居住地和工作地的列车。部分通勤列车考虑到城市及沿线居民出行的需要，会在沿线全部或部分站点办理简易的客运或乘降业务，并采取较为简易的售票方式进行售票。该类列车车次也为 4 位阿拉伯数字，如 8311/2 次为武昌环线通勤。

7. 临时旅客列车

指根据市场需求在春运、暑运、国庆长假等客流高峰期临时增开的旅客列车，一般停靠县级市和大部分县级中、大站点。这类列车采用备用客车编组，一般没有空调，其车次前冠以"L"符号。

8. 临时旅游列车

一般是在节假日和暑期根据旅游客流的需求而临时开行的旅游列车，在名胜古迹、游览胜地所在站和大、中城市之间开行。旅游列车的速度、服务和设备较好，要求使用新型空调车，其车次前冠以"Y"符号。

9. 回送客车车底列车

指把客车配属站的空客车车底调送至异地的列车始发站，或把旅客送至目的地后将空客车回送至原客车的配属站而运行的列车。除有上级特殊指令外，这类列车一般不办理客运业务，接发列车作业时不按旅客列车办理。

10. 混合列车

指以运送旅客的车辆为主，与运送货物的车辆混合编成的列车。包括货物列车中编挂乘坐旅客车辆 10 辆及其以上的列车。

二、旅客列车的车次

全国每天有几千对不同种类和性质的旅客列车运行在铁路线路上，为了便于旅客识别各种旅客列车的运行方向、种类和性质，同时考虑到铁路行车部门对旅客列车运行组织和管理的需要，铁路部门按有关规定编定了列车车次。所以，车次是列车的简明代号，它能表示列车的种类——客运列车还是货物列车，列车的等级——快车还是慢车，列车的方向——上行还是下行。在我国，以首都北京为中心，凡是开往北京方向的列车为上行列车，支线向干线方向也指定为上行方向，车次编为双数；反之，为下行方向，车次编为单数。铁路局管内个别区段允许与规定方向不符。旅客列车车次一般是带字母和不带字母的 4 位以内数字，行包专列为字母"X"开头的 3 位以内数字，货物列车为 5 位数字。

旅客列车车次主要依据列车等级、种类、运行范围等编定，如表 1.1 所示。

表 1.1　旅客列车车次

序号	列车种类/运行范围		车次
1	高速动车组旅客列车	跨局	G1—G5998
		管内	G6001—G9998
	城际动车组旅客列车	跨局	C1—C1998
		管内	C2001—C9998
	动车组旅客列车	跨局	D1—D3998
		管内	D4001—D9998
2	直达特快旅客列车		Z1—Z9998
3	特快旅客列车	跨局	T1—T4998
		管内	T5001—T9998
4	快速旅客列车	跨局	K1—K6998
		管内	K7001—K9998
5	普通旅客快车	跨三局及以上	1001—1998
		跨两局	2001—3998
		管内	4001—5998
6	普通旅客慢车	跨局	6001—6198
		管内	6201—7598
7	通勤列车		7601—8998
8	临时旅客列车	跨局	L1—L6998
		管内	L7001—L9998
9	临时旅游列车	跨局	Y1—Y498
		管内	Y501—Y998
10	动车组检测车		DJ5501—DJ5598
11	回送客车车底列车		原车次前冠以"0"
12	因故折返旅客列车		原车次前冠以"F"

三、旅客列车的编组

1. 旅客列车的编组要求

（1）动车组以外的旅客列车按编组表编组，机后第一位编挂一辆未搭乘旅客的车辆作为隔离车。行李车、邮政车、发电车等非乘坐旅客的车辆应分别挂于机车后第一位和列车尾部，起隔离作用。但遇有下列情况之一时，可不挂隔离车运行：

① 旅客列车运行在装有集中联锁的区段，并设有列车运行监控装置；
② 局管内旅客列车经铁路局局长批准；
③ 旅客列车的隔离车在途中发生故障而摘下时。

（2）旅客列车最后一辆的后端，应设有列车制动主管压力表、紧急制动阀和运转车长乘务室。动车组以外的旅客列车应安装列尾装置。

（3）旅客列车由列车乘务组担当服务。列车乘务组一般由机车乘务人员、客运乘务人员、车辆乘务人员、公安乘警、运转车长组成。混合列车是否派客运乘务组，由铁路局根据区段运行情况来确定。

（4）动车组列车为固定编组。单组动车组运用状态下不得解编，两组短编组同型动车组可重联运行。救援等特殊情况下，两组不同型号的动车组可重联运行。

2. 旅客列车的编挂限制

（1）旅客列车、回送客车底不准编挂货车，编入的客车车辆最高运行速度等级必须符合该列车规定的速度要求。

动车组禁止加挂各型机车车辆，动车组禁止编入其他列车。

旅客列车中，与机车相连接的客车端门及编挂在列车尾部的客车后端门必须加锁；动车组列车驾驶室与旅客乘坐席间的门须加锁。

（2）动车组以外的旅客列车遇特殊情况需附挂跨铁路局的回送机车时，按铁路总公司调度命令办理。

（3）旅客列车不准编挂关门车。列车在运行途中（包括在折返站）如遇自动制动机临时故障，在停车时间内不能修复时，允许关闭一辆，但列车最后一辆不得为关门车。

（4）旅客列车在途中摘挂车辆时，车辆的摘挂和软管摘接由调车人员负责，密封风挡及车端电气连接线的摘接由车辆乘务员负责；其他由客列检作业人员负责，无客列检作业人员时由车辆乘务员负责。必要时打开车门，以便于调车作业。

（5）下列车辆禁止编入旅客列车：

① 超过定期检修期限的客车车辆（经车辆部门鉴定的回送客车除外）；
② 装载危险、恶臭货物的车辆；
③ 未安装客车轴温报警装置的客车。

（6）混合列车不得编入装载危险爆炸物品、压缩气体、液化气体的车辆。编挂整车装载其他危险货物的车辆，须经铁路局有限公司批准，并按规定隔离。编挂装载恶臭货物的车辆时，由列车调度员指定编挂位置。

第三节　旅客列车乘务组工作

一、旅客列车乘务组的组成和职责分工

旅客列车乘务组是客运部门的基层生产班组。乘务组的建立是按列车运行图中列车开行对数确定的，主要由客运、车辆、公安和其他部门的乘务人员共同组成，分属不同单位领导，在一个旅客列车上共同担当乘务工作，列车长统一指挥。

（一）动车组列车

动车组列车乘务组由客运乘务人员、随车机械师、司机、公安乘警、随车保洁和餐饮服务人员组成，简称为"六乘人员"。六乘人员必须在列车长的统一领导下（除行车救援指挥外），分工负责，各司其职，共同做好旅客服务工作。

动车组列车客运乘务组由1名列车长和2名列车员组成。动车组重联时，按两个乘务组安排人员；编组16辆的动车组按1名列车长和4名列车员配备。对运行时间较长的动车组可适当增加客运乘务人员。动车组司机实行单司机值乘制，随车机械师按每组1人配备。其各自职责分工如下：

1. 客运乘务人员职责

（1）贯彻执行铁路安全生产及旅客运输的规章制度、命令、指示，落实上级布置的各项工作。

（2）负责列车客运安全服务设备设施、卫生保洁、整备质量、餐饮供应的检查和"六乘一体"的协调。

（3）负责与司机、随车机械师等岗位保持作业联控，发现设备故障及时反馈给随车机械师处理。

（4）负责办理列车上的客运业务及站车交接，做好旅客服务工作。

（5）负责列车非正常情况下实施应急处置，并及时汇报。

（6）负责落实"首问首诉负责制"。

2. 随车机械师职责

（1）贯彻执行有关安全生产及旅客运输的规章制度、命令、指示，服从列车长指挥，落实上级布置的各项工作。

（2）负责监控列车运行中的技术状态，发现故障及时通知司机和列车长，并采取措施妥善处理。

（3）在司机的指挥下，参与处理有关行车列车防护和事故救援等。

（4）非正常情况下，协助列车长实施应急预案。

（5）负责落实"首问首诉负责制"。

3. 司机职责

（1）贯彻执行有关安全生产及旅客运输的规章制度、命令、指示，服从列车长指挥，落实上级布置的各项工作。

（2）负责指挥处理有关行车列车防护和事故救援等；在其他非正常情况下，协助列车长实施应急预案。

（3）列车发生故障时，会同随车机械师按规定程序处理。

（4）负责与调度日常联络，接受、传达上级命令指示。

4. 公安乘警职责

（1）贯彻执行有关安全生产及旅客运输的规章制度、命令、指示，服从列车长指挥，落实上级布置的各项工作。

（2）负责维护列车治安秩序，保障旅客生命财产安全。

（3）负责列车司机室的安全保卫工作。

（4）非正常情况下，协助列车长实施应急预案。

（5）负责落实"首问首诉负责制"。

5. 餐饮服务人员职责

（1）贯彻执行有关安全生产及旅客运输的规章制度、命令、指示，服从列车长指挥，落实上级布置的各项工作。

（2）负责餐饮、商品供应，以满足旅客需求；确保饮食安全，做好旅客服务、接待工作。

（3）负责餐车区域卫生保洁，设备检查和安全管理。

（4）负责按规定向"六乘人员"供应乘务餐。

（5）非正常情况下，协助列车长实施应急预案。

（6）负责落实"首问首诉负责制"。

6. 随车保洁人员职责

（1）贯彻执行有关安全生产及旅客运输的规章制度、命令、指示，服从列车长指挥，落实上级布置的各项工作。

（2）负责列车运行中、折返站的车内卫生保洁和垃圾处理。

（3）负责车厢内保洁备品的配置、定位、补充及更换。

（4）非正常情况下，协助列车长实施应急预案。

（5）负责落实"首问首诉负责制"。

（二）其他旅客列车

与动车组列车不同的是，一般旅客列车乘务组由客运、车辆、公安三个乘务组组成，称为"三乘"（加挂行李车的还有列车行李员，即为"四乘"）。客运乘务组包括列车长、列车值班员、列车员、广播员、供水员及餐车供应人员；车辆乘务组包括检车员和车电员，其中一人兼任检车组长；乘警组一般由两名乘警轮流担当工作。其各自职责分工如下：

1. 客运乘务组

（1）组织旅客安全乘降，维护正常的运行秩序。

（2）查验车票，纠正违章，查堵"三品"，防火防爆，保证列车和旅客、行李包裹的运输安全。

（3）开展优质服务和路风建设，搞好列车饮食供应，保持车厢卫生洁净，车容整洁，文明服务，礼貌待客。

（4）爱护车内各项设备，正确使用和管理好设备、备品，严格交接。

（5）加强班组管理和业务培训，健全各项生产管理台账，积极开展"三乘一体"管理和列车治安联防工作。

2. 检车乘务组

（1）按技术作业过程对客车设备进行技术检查，掌握车辆技术动态和故障处理情况。

（2）按包乘工作范围整修好车辆上部设备，保证各项设备安全、优质、功能正常。

（3）加强列车运行途中的安全巡视和停站的检查工作，负责列车尾部标志灯的摘挂和维修，参与列车制动机实验。

（4）积极参加列车"三乘一体"管理，协助列车长搞好治安联防和消防工作，维护路风路誉。

3. 乘警组

（1）依法做好治安管理，维护旅客列车治安秩序，预防和打击犯罪分子的破坏活动，查处各类治安事件，查禁走私、贩卖国家管理物资等非法行为。

（2）查缉通缉犯、逃犯，协助公安、安全、司法部门在列车上执行公务。

（3）做好乘车首长、外宾的安全保卫工作。

（4）组织列车工作人员、旅客同自然灾害、治安事件做斗争，协助列车处理各种突发事件。

（5）负责所乘列车的消防监督工作，抓好防火、防爆、防盗、防破坏工作，督促乘务人员查堵"三品"，严格警风，维护路风。

（6）协助列车长抓好列车治安联防工作。

二、旅客列车乘务组、乘务员需要数的确定

1. 计算乘务组一次往返出乘的作业时间 $t_{往返}$

具体计算如下：

$$t_{往返} = t_{值乘} + t_{出退勤} + t_{双班} + t_{清扫} + t_{看车}$$

（1）值乘时间为值乘旅客列车往返一次实际工作时间（列车单程运行 12 h 以上的乘务组因双班作业，则往返一次实际工作时间为往返全部旅行时间的一半）。

（2）出退勤时间计算标准如表 1.2 所示。
（3）始发、终到、途中双班作业每人每次按 30 min 计算。
（4）本、外段入库清扫工时如表 1.3 所示。

表 1.2　出退勤工时计算标准

出退勤时间/min	单程运行时间/h		
	>12	6～12	<6
本段出勤	90	90	70
外段到达	30	30	20
外段出勤	70	65	60
本段到达	60	30	20
合　计	250	215	170

表 1.3　本、外段入库清扫工时

单程运行时间/h	>12	6～12	<6
入库清扫时间/min	360	360	180
作业人数/人	2	1	1

（5）车底在本、外段停留，必须派人看车。看车人数：软硬卧、软座车各 1 人，餐车 2 人，硬座车 1 人（冬季采暖期间，硬座车每三辆或不足三辆时均 1 人）。

$$看车工时 = \frac{列车停留时间 - 出退勤时间 - 库内清扫时间}{全车班人数} \times 看车人数$$

2. 计算乘务组每月值乘次数 K

（1）目前我国实行 8 小时工作双休日制度，全年 12 个月，日历日 365 天，周末休息日 104 天，法定节假日 11 天（元旦 1 天、春节 3 天、清明 1 天、五一 1 天、端午 1 天、中秋 1 天、国庆 3 天）。乘务员每月工作小时为

$$（365 - 104 - 11）天 \div 12 月 \times 8 小时/天 = 166.7 小时/月$$

（2）乘务组每月值乘次数：

$$K = 166.7 / t_{往返}$$

3. 计算一对列车所需要的乘务组数 B

设一个月为 D 日，每天开行 N 对列车，则一个月需要开行 D·N 对列车。所以，需要的列车乘务组数为

$$B = D \cdot N / K$$

4. 计算乘务员的需要数量 M

根据列车编组及乘务组编制即可计算乘务员的需要数量。

（1）乘务人员的编制标准是根据劳动工资部门制定的计划岗位人员编制标准确定的，旅客列车单程运行时间长短决定编制人员的需要数 m。如单程运行时间为 $18\,h$ 以上的，一般情况下旅客列车乘务人员编制为：列车长（正、副）2 人、列车员每车 2 人、广播员 2 人、餐车人员 7～10 人（单程一餐 7 人、两餐 8 人、三餐 9 人、22 h 以上者 10 人）、供水员每辆茶炉车 1 人。

（2）乘务人员的编制定员乘以乘务组数，即得所需要的乘务员人数。

$$M = m \cdot B$$

（3）根据以上计算结果，后备和机动人数可以做一定幅度的调整。

【例 1.1】 计算上海南—南宁 K537/538 次空调快速旅客列车所需乘务组数。K537 次上海南 17：02 开，次日 20：42 到南宁，K538 次南宁 11：16 开，次日 14：56 到上海南。

已知：上海南—南宁 2 052 km，列车编组 16 辆（含餐车、行李车各 1 辆），客运人员 40 人，包乘制。

解 （1）乘务组一次往返作业时间：

$$t_{往返} = t_{值乘} + t_{出退勤} + t_{双班} + t_{清扫} + t_{看车}$$
$$= 27\,h\,40\,min + 4\,h\,10\,min + 4\,h + 6\,h + 39\,min$$
$$= 42\,h\,29\,min$$
$$= 42.5\,h$$

（2）乘务组每月值乘次数：

$$K = 166.7 \div 42.5 = 3.92 \approx 4 \text{ 次（次）}$$

（3）该车次列车所需乘务组数：

$$B = 30 \times 1 \div 4 = 7.5 \approx 8 \text{（组）}$$

（4）该车次列车所需乘务员数：

$$M = 40 \times 8 = 320 \text{（人）}$$

三、旅客列车乘务组的乘务制度和工作制度

（一）乘务制度

为了保障旅客列车安全，旅客列车乘务组实行固定班组制。按照既有利于保养车辆又合理使用劳动力的原则，根据列车种类和运行距离，分别采用包乘制和轮乘制。

1. 包乘制

包乘制是指按列车行驶区段和车次由固定的列车乘务组包乘。根据使用车底的不同，又分为包车底制和包车次制。

包车底制是指乘务组不仅固定区段、车次而且固定包乘某一车底。这种形式有利于加强车辆设备和备品的管理，有利于乘务人员熟悉列车沿途情况和旅客乘降规律，以便更好地安排自己的工作，提高服务质量；缺点是长途旅客列车需挂乘务员休息车，浪费运能，乘务工时一般难以保证。工时不足时采用乘务员套跑短途列车或长途列车套跑短途列车的方法，既可节省车底又可弥补乘务工时的不足。目前既有线路上运营的旅客列车大都实行包车底制。

包车次制是指一个车次由几个乘务组包干值乘，不包车底。其优点是便于管理，可保证服务质量；缺点是交接手续复杂，不利于车底保养。

2. 轮乘制

轮乘制是指在列车密度大，且列车种类和编组基本相同的区段，为了紧凑组织乘务交路和班次，采用乘务组不包车底而按照出乘顺序、轮流担当乘务工作的制度。其优点是乘务员单班作业，一般在本局管内值乘，对线路、客流及交通地理情况比较熟悉，工作时方便联系；同时，不需要挂乘务员休息车，节约了运能。其缺点是增加了交接次数，不利于车辆保养。目前客运专线上开行的动车组列车较多采用轮乘制。

（二）工作制度

旅客列车乘务组为良好地完成乘务任务，必须在列车长统一领导下建立必要的工作制度，以保证旅客、行包的安全运输和服务质量。

动车组列车乘务组工作制度

1. 动车组列车乘务组工作制度

（1）工作协调制度。

① 动车组列车出库后，列车长要及时了解"六乘人员"工作准备情况，重点掌握卫生保洁质量、配餐数量以及各岗位人员到岗情况，遇有重点任务，及时布置。

② 每趟行车前，列车长组织召开随车机械师、公安乘警、餐饮组长、保洁组长参加的工作协调会，沟通信息，提出本趟行车的工作重点和要求。

③ 遇有设备故障、列车晚点等情况，司机或随车机械师要主动向列车长通报故障情况、晚点或停车原因。列车长要及时逐级汇报，按指示向旅客通告，并组织客运乘务员以及餐饮、保洁人员做好服务和解释工作。

④ 客运段应每月组织"六乘"单位召开动车组一体化管理联席会议，总结工作，加强协调，统一步调，提高效率。

（2）信息传递制度。

① 动车组列车"六乘人员"要掌握列车运行、设备状况、旅客服务和餐饮供应等信息，及时相互通报。

② 动车组列车运行中遇有各类非正常情况时，"六乘人员"应按照各自职责逐级汇报，列车长应积极协调处理。

③ "六乘"单位之间应建立日常联络机制，加强相互之间的信息沟通。

（3）其他制度。

① 动车组列车实行"首问首诉负责制"，"六乘人员"必须及时解答旅客问询、受理旅客投诉、解决旅客困难。

② "六乘人员"必须严格遵守铁路总公司、铁路局（集团公司）有关规定，严禁私带无票人员上车；如需要安排重点旅客乘坐餐车、多功能室、乘务员室等位置时，必须经列车长同意。

2. 其他列车乘务组工作制度

（1）出退勤制。

乘务员在本段出乘时，要按规定由列车长带队到派班室报到，听取派班员传达有关事项；

列车长摘抄有关电报、命令、指示。到达折返站或由折返站出乘时，列车长必须向折返段派班室报告乘务工作，接受任务。

每次乘务终了，列车长应召开班组会议，向派班室汇报往返乘务工作情况，提交书面乘务报告。

（2）趟计划制。

列车长每次出乘前要编制趟计划。其主要内容有：

① 上次乘务工作中的优缺点及改进措施；

② 本次乘务中的重点工作安排；

③ 贯彻上级指示、命令、通知、规章的具体措施；

④ 针对接车发现的问题应采取的措施。

（3）验票制。

为保证旅客安全、正确地旅行，维护铁路运输秩序和正当收入，列车内应检验车票。检票由列车长负责，乘警、列车员协助。检票次数原则上是列车每运行 400 km 检票一次，不足 400 km 的每单程不得少于一次。无票人员较多的区段可以增加检票次数。

（4）统一作业制。

列车长应根据值乘列车的运行时刻、线路、客流、换班、餐饮等情况编制统一作业过程。

此外，还应建立健全以岗位责任制为中心的各项管理制度，如安全生产、备品管理、库内看车、旅客意见处理、列车环境卫生等。

其他列车乘务组工作制度

第二章 客车设备

【主要内容】 铁路客车概况；客车的分类和标记；客车的组成和作用；客车内部服务设施；客车的安全设施

【重点掌握】 客车标记；客车安全设施的使用

第一节 铁路客车

一、我国铁路客车概况

铁路客车是铁路旅客运输中用以运送旅客的运载工具，铁路必须经常保持数量足够、质量良好的客车才能满足客流不断增长的需要。

1949 年以前，我国没有铁路客车的制造工业，几乎所有的运用客车都从国外购买，数量少、类型复杂、技术状态落后。1949 年以后，我国便首先成立了独立的车辆部门，改变了过去只检不修或修修配配的局面，装备了一批完整的车辆检修基地，使运用客车经常处于良好的技术状态，同时发展了车辆制造工业，铁路客车的数量和质量都发生了很大的变化。

1953 年最早设计制造了 21 型客车，其车体为全钢结构，具有完善的采暖、照明、通风、给水和卫生设备，生产的车型主要有 21 型硬座车、硬卧车、餐车、行李车和邮政车等。其硬座车（见图 2.1）原设计为二二人座，定员为 88 名，车内设置有一个敞开式洗面室，两个厕所，一个乘务员室。1955 年改为二三人座，定员增至 108 名，车窗改为钢窗，内墙板采用胶合板。1956 年又将敞开式通过台改为密闭式，加装了折棚门和翻板，并采用铝制烟灰缸和衣帽钩等。1957 年再次进行减轻自重的设计改进，将车体结构改为焊接，侧墙带压筋，车辆自重降至 39 t。之后，内墙板又贴上了塑料布。21 型硬卧车为三层卧铺，定员 54 人，铺位较宽，旅客睡眠较为舒适；但中铺较低，下铺坐人直不起腰来。该型车车长 21.974 5 m，构造速度 80～100 km/h。21 型客车 1961 年停止生产。

图 2.1 21 型硬座车外观

1956年开始制造22型客车，先后生产了22型的软卧车、硬卧车、硬座车（见图2.2）、餐车、行李车和邮政车，还生产了少量其他车种，如软座车、高级包房软卧车、软硬卧合造车、市郊车、实验车和维修车等。22型客车具有自重轻、车内宽敞、定员较多的特点。该类车车体长23.6 m，设计速度120 km/h。22型客车生产了近30年，于1994年停止生产。

图2.2 22型硬座车外观

1979年以来，我国设计制造了25型客车（见图2.3），这种客车在结构上的特点有：① 车体钢结构系用无中梁薄壁筒型车体，车长25.5 m；② 定员较多，其中硬座车定员最多的达128席，硬卧车定员66席，软卧车定员36席，较21、22型客车有所增加，每一定员所占车辆自重比例降低；③ 设计速度160 km/h，且有较好的舒适性和安全性；④ 采用低磨耗、低噪声的风挡及橡胶风挡，安装单元式铝合金车窗。同时，采用了各种新技术，如空气调节、荧光灯照明、整体承载结构、新型转向架等。

图2.3 25型硬座车外观

25型客车除有基本车型外还有双层客车（见图2.4）。25型空调双层客车于1989年起投入上海—南京间运营，硬座车定员186席，比25型硬座车多58席，软座车110席，比25型软座车多30席；车体长仍为25.5 m，宽3.105 m，高4.75 m，车底面距轨面高度为0.25 m；采用空气弹簧悬挂的转向架和盘形制动装置。双层客车客室分上、下两层，两端为单层（即中层），中层设置乘务员室和厕所及其他辅助室，上、下层与中层之间设有扶梯。此外，还研制生产了双层卧车。

图 2.4 25K 型双层软座车外观

另外，还有 25 型准高速客车，这种客车运行在广深准高速铁路线上，设计时速为 160 km，最高试验速度达 183 km/h。准高速客车的车种有：一等软座车，二等软座车，二等软座行李合造车、餐车、双层软座车、双层包房软座车等。各车种车内设施齐全，装有单元式空调机组、自动电茶炉、整体玻璃钢洗脸室和厕所、电子信息显示装置、卡拉 OK 音响系统、有线及无线电话系统等。

25 型几种子型号客车的技术参数如表 2.1 所示。

表 2.1 25 型客车技术参数一览

规格		型号							
		25B 型		25G 型	25K 型		25Z 型			
		普通	双层	普通	普通	双层	特等	一等	二等	双层
定员	硬座	128/118	174	118/108	118	148				
	软座		108	72/88	72	108	42	68/76	88	108/92
	硬卧	66/44	80	66	66					
	软卧	36	50	36	36					
	餐车	48	72	48	48	72		36	36	60
车体长度/m		25.5								
车体宽度/m		3.105								
车体高度/m		4.433	4.750	4.433	4.433	4.750	4.433			4.750
构造速度/(km/h)		140			160					
通过最小曲线半径/m		145								
首台制造年代		1992			1997		1993			

从 1949 年至今，我国铁路客车的数量大幅增长。目前，普通铁路干线上的旅客列车以 25 型客车为主，22 型客车仍在继续使用，但不再继续生产。现代客车车体的材质已由普通钢发展为低合金钢、不锈钢以及铝合金，这不仅大大提高了车体的强度、刚度和耐腐蚀性，而

且降低了车辆的自重,提高了车辆运行的安全性,节约了维修费用和牵引动力消耗,为提高列车运营速度创造了有利条件。从20世纪90年代初开始,铁路客车由22型向25型升级换代,从25B、25G、25Z到25K不断发展进步,技术水平日益提高。特别25K型快速客车,随着中国铁路的大提速而诞生、发展,已成为中国铁路既有线路的主型客车。

在铁路发展进程中,从技术、经济两方面综合考虑,铁路客车的发展总势为高速化、舒适化。按照国家和原铁道部制定的"引进、消化、吸收、创新"的原则,在引进国外先进动车组技术的前提下,自主研发了一系列适合我国国情的动车组列车,运行在新修建的客运专线上。目前中国铁路开行的CRH动车组有CRH1、CRH2、CRH3、CRH5、CRH6以及复兴号动车组等系列,其中部分车型介绍如下。

(一) CRH380A型电力动车组

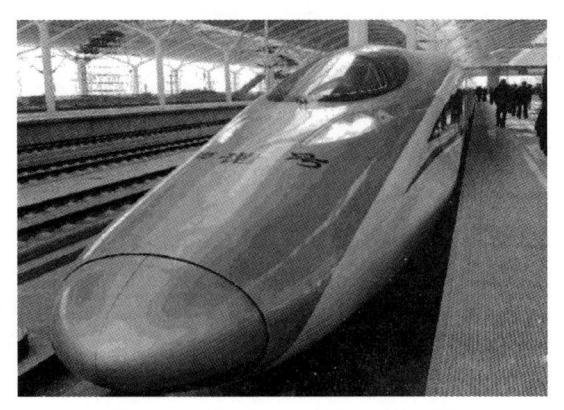

CRH380A型电力动车组(见图2.5),或称CRH2-380型,是为满足我国新建的高速城际铁路及客运专线运营需要,由中国南车四方机车车辆股份有限公司在CRH2C(CRH2-300)型电力动车组基础上自主研发的CRH系列高速动车组。CRH380A系列为动力分散式、交流传动的电力动车组,采用了铝合金空心型材车体。目前在京沪高铁、武广高铁等线路运营,持续运营速度达到350 km/h,最高试运营速度创下速度416.6 km/h,再次刷新世界铁路运营试验最高速度。首批配属给武汉铁路局的CRH380A高速动车组共有8列,采用6M2T,均设有VIP观光座定员12人,一等包座定员6人,一等座车定员89人,全列二等座车定员387人,全列定员494人。

2010年9月,铁道部下发《关于新一代高速动车组型号、车号及坐席号的通知》,正式将四方机车车辆股份的CRH2-380型动车组型号名称更改,其中短编组动车为CRH380A,而长编组动车为CRH380AL。

CRH380AL列车采用了14动2拖的编组方式,列车设有带VIP座席的商务车(SW)1辆、一等座车(ZY)2辆、二等座车(ZE)10辆、带观光座的一等座车(ZYG)2辆和餐车(CA)1辆。除了带酒吧的二等座车外,其他车厢所有座位均能旋转。前期列车商务座定员28人、一等座定员162人,二等座定员838人,全列定员1 028人。后期列车商务座定员26人、一等座定员112人,二等座定员923人,全列定员1061人。2010年12月3日,CRH380A-6041L动车组在京沪高铁进行冲高速试验,当日上午11时28分,列车达到486.1 km/h的最高运行时速。

图2.5 CRH380A型电力动车组

（二）CRH1A 型动车组

CRH1 型电力动车组（见图 2.6）是原铁道部为中国铁路第六次大提速，于 2004 年起向庞巴迪运输和青岛四方庞巴迪铁路运输设备有限公司（BST）（前称"青岛四方-庞巴迪-鲍尔铁路运输设备有限公司"，BSP）订购的 CRH 系列高速电力动车组车款之一。该车的原型车是庞巴迪运输为瑞典 SJAB 提供的 Regina C2008 型。目前在广深线、昌九线等城际干线上运行，最高运营速度为 200 km/h，8 辆编组，采用 5M3T，其中 1 号车和 8 号车为一等车（定员 144 人）、5 号车为餐车/二等座车，其余为二等车，载客定员 670 人。

图 2.6 CRH1A 型动车组

（三）CRH2A 型动车组

CRH2A 型动车组（见图 2.7）由青岛四方股份公司生产制造，最高运营速度为 250 km/h，8 辆编组，采用 4M4T，其中 7 号车为一等车、5 号车为餐车，其余为二等车，载客定员为 610 人（一等车为 51 人）。该类列车目前主要运行在昌九等城际线路上。

图 2.7 CRH2A 型动车组

（四）CRH2C 型动车组

CRH2C 型动车组（见图 2.8）全称为"和谐号 CRH2C 型电动车组"（简称 CRH2C），是原铁道部为中国铁路第六次大提速，向日本的川崎重工业和中国南车集团的四方机车车辆股份有限公司订购的电动车组的高速（C）版，该车原型是日本 E2-1000 新干线，最高运营速度为 350 km/h，采用 6M2T。CRH2C 型高速动车组，全列定员 610 人，5 号车厢为餐车，7 号车厢为一等座车，其余为二等座车，其中一等座及二等座座椅均可旋转。目前主要在武广客运专线、京津城际等线路上运营。

图 2.8 CRH2C 型动车组

（五）CRH2E 长大编组卧铺动车组

CRH2E 动车组（见图 2.9）是我国自主研制的世界首批长大编组卧车动车组，于 2008 年 12 月在京沪、京杭间正式投入运营。长大编组卧车动车组是为适应中国国情，满足大运量、长距离铁路客运需求，由我国研发、设计、制造的。

CRH2E 长大编组卧铺动车组设计速度为 200 km/h，最高运营速度为 250 km/h。以 8 辆动车和 8 辆拖车共 16 辆构成一个固定编组，编组配置如图 2.10 所示（其中，T 代表拖车，M 代表动车）。

图 2.9 CRH2E 长大编组卧铺动车组

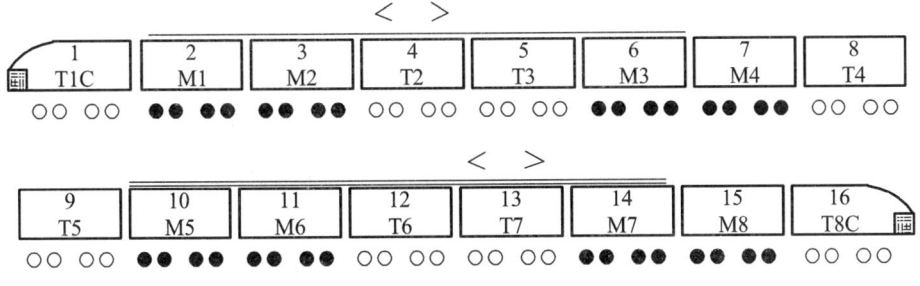

图 2.10 卧车动车组的动力配置

（六）CRH3C 型动车组

CRH3 型动车组（见图 2.11）的原型为德国 ICE-3 列车（西门子 Velaro），中国以引进西门子公司先进技术并吸收的方式，由中国北车唐山轨道客车在国内生产实现国产化。

CRH3C 型电力动车组采用动力分散式，运营速度达 350 km/h，其中，CRH3-013C 于 2009 年 12 月 9 日在武广客运专线进行试验，最高时速达到了 394.2 km，创下了两车重联情况下的世界高速铁路最高运营速度。CRH3C 型电力动车组每列 8 节编组，采用 4M4T，最高运营速度达 350 km/h。目前主要在武广客运专线、沪宁高铁等线路上运营。

图 2.11 CRH3 型动车组

（七）CRH5A 型动车组

CRH5 型电动车组（见图 2.12）是原铁道部为中国铁路第六次大提速向法国阿尔斯通公司订购的高速列车车款之一，由北车集团长春轨道客车有限责任公司在国内实现国产化。它最大的特点就是御寒能力强，特别不怕冷。

CRH5A 型电力动车组采用动力分散式，每列 8 节编组，采用（3M + 1T）+（2M + 2T）模式，其最高运营速度 200 km/h，最高实验速度 250 km/h。目前主要运行在京哈线、京广线、秦沈线、石太客运专线等线路上。

图 2.12　CRH5A 型动车组

（八）CRH6 型动车组

CRH6 型电力动车组（见图 2.13）由中国中车青岛四方机车车辆股份有限公司和中车南京浦镇车辆有限公司共同研制开发，适用于城市间以及市区和郊区间的短途通勤客运，能满足载客量大、快速乘降、快启快停的运营要求。CRH6 型动车组有 200 km/h 的 CRH6A、160 km/h 的 CRH6F 和 140 km/h 的 CRH6S 三种类型，均为动力分散、交-直-交传动电动车组。目前 CRH6A 主要用于广深铁路、广珠城际铁路、金山铁路、郑开城际铁路等线路；CRH6F 主要用于长株潭城际铁路、宁波至余姚城际铁路等线路上。

图 2.13　CRH6A 型动车组

（九）复兴号动车组

复兴号动车组列车（见图 2.14）是中国标准动车组的中文命名。2017 年 1 月 3 日，国家铁路局正式向四方和长客颁发了中国标准动车组"型号合格证""制造许可证"，6 月 25 日中国标准动车组被正式命名为"复兴号"。该列车由中国铁路总公司（现国铁集团）牵头组织研制、具有完全自主知识产权、达到世界先进水平的动车组列车；英文代号为 CR，高于 CRH 系列。其有三个级别：CR400/300/200，数字表示最高时速，而持续时速分别对应 350、250 和 160，适应于高速铁路（高铁）、快速铁路（快铁）、城际铁路（城铁）。

2018 年 12 月 24 日，时速 350 km 17 辆长编组、时速 250 km 8 辆编组、时速 160 km 动力集中等多款复兴号新型动车组首次公开亮相。17 辆编组超长版复兴号动车组全长 439.9 m，载客定员 1283 人，较 16 辆编组提升了 7.5%。2019 年 1 月 5 日实行新的列车运行图时，首次将其安排在京沪高铁上，进一步提升了京沪高铁的运输能力。同年 4 月和 7 月，又相继增加投入运营了数列加长版的复兴号列车。其中四方生产的"红海豚"命名为 CR400AF，长客生产的"金凤凰"命名为 CR400BF。其中字母 CR 代表中国铁路，"A""B"为企业标识代码，代表生产厂家，A 代表红海豚配色、B 代表金凤凰配色；F（分）为技术类型代码，表示动力分散式机车，区别于："J"代表动力集中电动车组，"N"代表动力集中内燃动车组。

图 2.14 复兴号动车组

CRH 系列部分动车组客车技术参数如表 2.2 所示。

表 2.2 CRH 系列部分动车组客车技术参数一览

项目	车型			
	CRH1	CRH2	CRH3	CRH5
编组形式	8 辆编组，可两组重联运行			
动力配置	5M3T	4M4T / 6M2T	4M4T	5M3T
车种	一等车、二等车、餐厅座车合造车			
定员/人	668 + 2	610	600 + 1	620 + 2
运营速度/（km/h）	200	200/300	350	200
实验速度/（km/h）	250	250/330	394	250
牵引功率/kW	5 500	4 800/7 200	8 800	5 500
车体结构	不锈钢车体	大型中空型材铝合金车体		
转向架形式	H 型无摇枕、转臂式定位、空气弹簧			
轴重/t	≤16	≤14	≤17	≤17（动）/≤16（拖）
牵引电机功/kW	265	300	562	550
制动方式	直通式电空制动 + 再生制动			
车组全长/m	213.5	201.4	200.67	211.5
车辆宽度/m	3.328	3.38	3.3	3.2
车内布置	一等车 2 辆 2+2 二等车 6 辆 2+3	一等车 1 辆 2+2 布置 二等车 7 辆 2+3 布置		

二、客车的分类和标记

（一）客车的分类

铁路客车按用途可以分为三大类，即：
（1）直接运送旅客的车辆，包括各种座车、卧车以及合造车。
（2）为运送旅客服务的车辆，如餐车、行李车、发电车。
（3）特种用途的客车车辆，如公务车、文教车、卫生车、实验车、维修车等。

此外，还有邮政部门所属的邮政车，专供运送邮件及邮政人员办公使用，一般编挂在长途旅客列车中。

（二）客车标记

为了表示客车的性能、特征、注意事项及运用管理方便起见，在客车的规定处涂刷专门的标记，称为客车标记。

客车标记包括产权标记、制造标记、运用标记、检修标记、使用标记5种。动车组列车的标记有所不同，不仅有车组型号和编号，还有车辆型号和编号。

1. 动车组客车标记

（1）动车组型号及车组号示意如下：

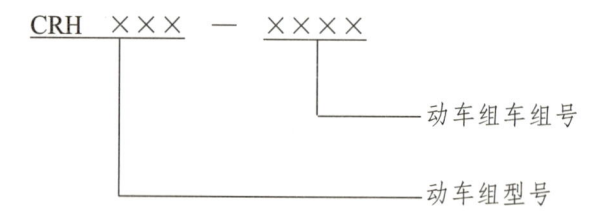

```
CRH×××－××××
    │       │
    │       └── 动车组车组号
    └────────── 动车组型号
```

动车组型号分技术序列代码命名方式和速度目标值命名方式两种：
① 技术序列代码命名方式。

```
CRH  × ×
 │   │ │
 │   │ └── 子型号
 │   └──── 技术序列代码
 └──────── 中国铁路高速动车组名称
```

其中，技术序列代码以阿拉伯数字表示，由1开始顺序排列：
1——四方庞巴迪公司研制生产的动车组；
2——四方股份研制生产的动车组；
3——唐车公司研制生产的动车组；

5——长客股份研制生产的动车组；

6——四方股份/浦镇公司研制生产的城际动车组。

7 及后续数字——预留的动车组技术序列代码。

子型号以一位大写英文字母表示，由 A 开始顺序排列：

A——时速 200～250 km，8 辆编组，座车；

B——时速 200～250 km，16 辆编组，座车；

C——时速 300～350 km，8 辆编组，座车；

D——时速 300～350 km，16 辆编组，座车；

E——时速 200～250 km，16 辆编组，卧车；

F——时速 160 km，8 辆编组，城际动车组；

G——时速 200～250 km，8 辆编组，耐高寒座车；

H——时速 200～250 km，8 辆编组，耐风沙及高寒座车；

I——预留；

J——综合检测动车组；

K 及后续字母——预留的动车组子型号。

② 速度目标值命名方式。

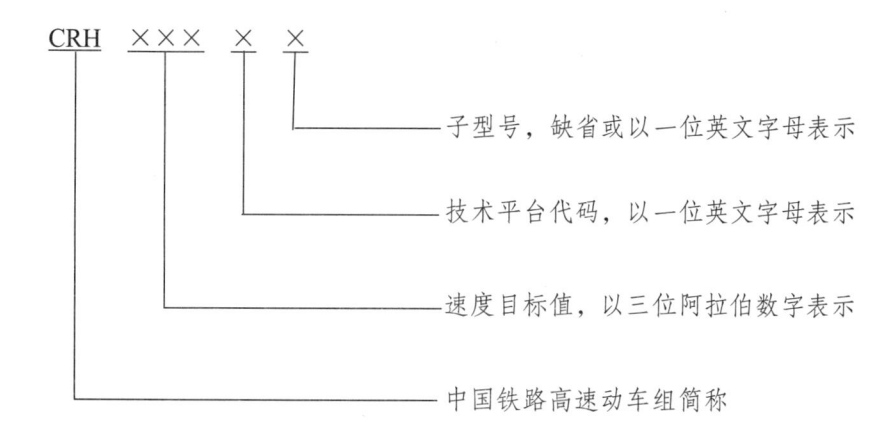

```
CRH ××× × ×
```

- 子型号，缺省或以一位英文字母表示
- 技术平台代码，以一位英文字母表示
- 速度目标值，以三位阿拉伯数字表示
- 中国铁路高速动车组简称

其中，技术平台代码以一位大写英文字母表示，由 A 开始顺序排列：

A——四方股份研制生产的动车组，8 辆编组，座车；

B——长客股份/唐车公司研制生产的动车组，8 辆编组，座车；

C——长客股份研制生产的动车组（与 B 采用不同的牵引及控制系统），8 辆编组，座车；

D——四方庞巴迪公司研制生产的动车组，8 辆编组，座车；

E，F——预留；

子型号以一位大写英文字母表示，由 G 开始顺序排列（缺省时为基本型）：

G——耐高寒动车组；

H——耐风沙及高寒动车组；

I——预留；

J——综合检测动车组；

K——预留；

L——基本型的 16 辆编组动车组；
M——更高速度等级实验列车改为综合检测动车组；
N 及后续字母——预留的动车组子型号。

动车组车组号以四位阿拉伯数字表示不同制造工厂的排列序号，如图 2.15 所示。

图 2.15　动车组车组号示例

（2）动车组中车辆的车种及车辆号示意如下：

车厢号，两位数字
动车组车组号
车种代码，两位或三位大写英文字母表示

动车组中车辆的车种代码是车种名称的汉语拼音缩写，如表 2.3 所示。

表 2.3　动车组车辆车种代号

车种名称	车种代号	车种名称	车种代号
一等座车	ZY	二等座车/餐车	ZEC
二等座车	ZE	一等/商务座车	ZYS
软卧车	WR	二等/商务座车	ZES
硬卧车	WY	一等/特等座车	ZYT
餐车	CA	二等/特等座车	ZET
商务车	SW	检测车	JC

如图 2.16 所示，ZEC110204，ZEC 是车种代号，表示二等座/餐车，1102 是动车组车组号，04 是车厢号。

图 2.16 动车组车辆号举例

动车组除型号和编号外，还应有识别标记：路徽、配属局段简称、定员、自重、全长、最高运行速度、制造厂名和日期、定期修理日期、修程和处所，以及"电气化区段严禁攀登"的标识。

2. 其他客车标记

（1）产权标记：路徽。凡铁路总公司所属客车，都要涂打路徽标记。
（2）制造标记：制造厂铭牌。用金属制造，其上有制造厂名称及制造年月。
（3）运用标记：
① 车号：由基本型号、辅助型号和号码组成，涂打在客车车体两侧侧墙的两端，如 $YZ_{25K}465666$。

基本型号表示客车的种类，用两个或多个汉语拼音字母表示，如"YZ"表示硬座车、"YW"表示硬卧车等。客车基本型号如表 2.4 所示。

表 2.4 客车基本型号

车种	基本型号	车种	基本型号
软座车	RZ	行李车	XL
硬座车	YZ	邮政车	UZ
双层软座车	SRZ	餐车	CA
双层硬座车	SYZ	公务车	GW
软卧车	RW	试验车	SY
硬卧车	YW	维修车	EX

辅助型号表示虽属同一车种，但在构造及设备方面具有不同特点的客车，其标记标在基本型号的右下角。如"YZ_{25K}"中，右下角的 25K 即为辅助型号。

号码表示客车的顺序，以区分同一车种、同一结构特征的不同客车，用阿拉伯数字表示，如"$YZ_{25K}465666$"中的 465666 就是客车号码。

客车的车号编码也有一定的规律，具体范围如表 2.5 所示。

表 2.5　客车车号编码

车种	车号范围	车种	车号范围
合造车	100000 ~ 109999	软卧车	500000 ~ 599999
软座车	110000 ~ 199999	硬卧车	600000 ~ 799999
行李车	200000 ~ 299999	餐车	800000 ~ 899999
硬座车	300000 ~ 499999	其他客车	900000 ~ 999999

② 自重：客车空车时自身的质量，t。

③ 容积：在行李车和邮政车上涂打标记，表示可供装载货物的最大容积，m^3。

④ 全长：客车两端车钩处于闭锁位时，两钩舌内侧面之间的距离，m。

⑤ 换长：全长除以 11 m 的比值，保留一位小数，尾数四舍五入。

⑥ 配属：表示客车由有关铁路局有限公司所属车辆段负责保养和维修，如"广局广段"表示该车配属广州铁路集团公司广州车辆段。

⑦ 定员：根据客车的座位或卧铺数标明可容纳的额定人数。

⑧ 用途：表示客车的用途，如"硬座车""硬卧车"等用途标记。

⑨ 最高运行速度：表示客车的构造速度，如"160km/h""120km/h"。

（4）检修标记：客车在检修以后，为了掌握检修周期、明确检修责任，在客车外部规定处涂打检修标记，如图 2.17 所示。

客车实行定期检修制，并逐步扩大实施状态修、换件修和主要零部件的专业化集中修。对于车辆修程，客车和特种用途车按走行千米（生活中称"走行公里"）或间隔年限进行确定。

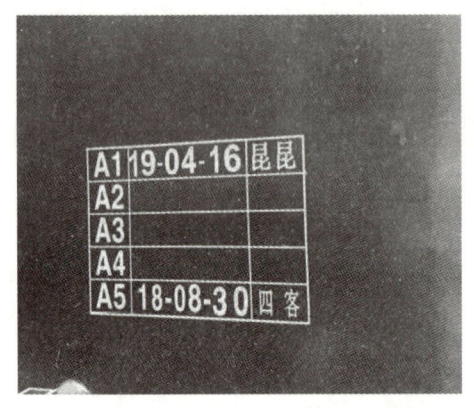

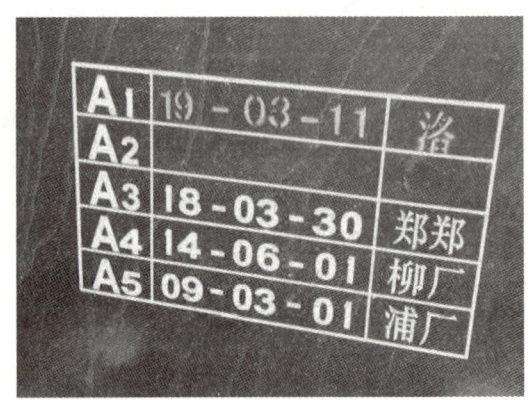

图 2.17　客车检修标记

【附】 国铁集团《铁路客车检修规程》关于各种客车修程规定：

（1）最高运行速度不超过 160 km/h 的客车，修程为 A1 修、A2 修、A3 修、A4、A5 修，各检修周期为：

A1 修：运行 30 万（±3 万）km，或距上次 A1 修以上各修程 1 年。

A2 修：运行 60 万（±6 万）km，或距上次 A2 修以上各修程 2 年。不常用客车为 2.5 年，新造后首次 A2 修走行周期允许为 60 万（±10 万）km。

A3 修：运行 120 万（±12 万）km，或距上次 A2 修以上各修程 2 年。不常用客车为 2.5 年。

A4 修：运行 240 万（±24 万）km，或距新造或上次 A5 修 8 年。不常用客车可延长到 10 年。

A5 修：运行 480 万（±24 万）km，或距上次 A4 修 8 年。不常用客车可延长到 10 年。

（2）动车组客车检修修程中，庞巴迪公司（CRH1）提供的修程修制包括以走行千米为周期和以时间为周期的两个系列。其他三种动车组的检修周期均以走行千米为主，以时间为辅，检修状态分为一级、二级、三级、四级、五级共五个等级。

① 庞巴迪公司（CRH1）：
提供的修程修制包括为走行千米为周期和以时间为周期的两个系列：时间周期从 1/4 个月起步直至 240 个月，共分为 22 个等级；走行千米周期分为 5000 km、20 万 km、60 万 km、120 万 km、240 万 km、300 万 km、360 万 km 等 7 个等级。

② 川崎重工（CRH2）：提供的修程修制分为日检、月检、转向架修、大修四个等级：日检：每日运行结束后或 48 小时进行一次；月检：每运行 3 万 km 或每月进行一次；转向架修：每运行 45 万 km 或每年进行一次；大修：每运行 90 万 km 或每 3 年进行一次。

③ 西门子公司（CRH3）：提供的修程修制基本采用了走行千米周期，分为 I1、I2、M1、M2、M3、R1、R2、R3 等 8 个等级（对应里程为：4000 km、2 万 km、10 万 km、40 万 km、80 万 km、120 万 km、240 万 km、480 万 km）。其中：I 级为运用检修级，M 级为中修级、R 级为大修级。

④ 阿尔斯通公司（CRH5）：提供的修程修制基本采用了走行千米周期。分为 7500 km、3 万 km、6 万 km、12 万 km、18 万 km、36 万 km、72 万 km、120 万 km、240 万 km、360 万 km、480 万 km 等 11 个等级。

（5）使用标记：为便于乘务人员工作和旅客使用而安装在门上的铝制牌，表明用途，如"茶炉室""厕所""乘务室"等。

三、客车的主要组成及作用

（一）转向架

转向架是客车的走行部分，承受车体的自重和载重，引导车辆沿轨道运行，并顺利地通过曲线。因转向架装设了弹簧减振装置，能缓和或消减垂直及水平方向的冲击和振动，从而提高车辆运行的平稳性。客车转向架必须具有足够的强度、良好的运行平稳性和较高的运行速度，以保证将旅客安全、迅速、平稳、舒适地运送到目的地。

一般客车采用二系弹簧转向架，还设有专门的横向弹性装置。目前，我国客车使用的转向架类型较多，主要有 209T、206、202 等几种类型转向架（见图 2.18）。双层客车使用具有空气弹簧、盘形制动装置的 209PK 型转向架（T 表示踏面制动，P 表示盘形制动，K 表示空气弹簧），准高速客车使用 209HS、206KP、CW-2 型、SW-160 型、PW-200 型、CW-200 型、SW-200 型、25K 型等准高速转向架。这些转向架速度快、平稳性好，能满足《铁路技术管理规程》（简称《技规》）关于制动距离内紧急停车的有关要求。

图 2.18　客车 202 型转向架

动车组转向架分动力转向架和非动力转向架。动力转向架的车轴可以是全动轴，也可以是部分动轴。目前，CRH 系列动车组客车采用的转向架类型有 AM96 型、SW-220K 型、DT206 型、TR7004B 型等几种（见图 2.19）。

另外，在动车组客车转向架上还设有辅助装置。转向架辅助装置包括轴端接地装置、防滑器测速传感器、转向架转动限位止挡、轴温报警仪传感器、车体与转向架接地电缆、轴箱与构架间跨接电缆等。

图 2.19　CRH1 型动车组客车转向架

（二）车体和车底架

车体是容纳旅客和装载行包的部分，又是安装与连接车辆其他组成部分的基础。客车车体为全金属焊接结构，侧墙板、车顶板和端墙板形成一个上部带圆弧、下部为矩形的封闭壳体，俗称薄壁筒形结构车体。壳体内面除用纵向杆件和横向梁、柱予以加强外，还采用墙板压筋方式来代替部分杆件，以增强结构的强度和刚度，形成整体承载的合理结构。客车车体必须具有良好的隔热性能。为使旅客上下车方便，客车两端设有通过台，并在通过台的外端设置橡胶折叠风挡和渡板，防止风雨及寒气侵入。

动车组车体分为带司机室车体和不带司机室车体两种。车体是容纳乘客和司机驾驶的地方,同时又是安装与连接其他设备和部件的基础。为使车体轻量化,高速动车组车体通常采用铝合金和不锈钢材料制造,其中铝合金将会是今后动车组车体的主导材料。

车底架是由各种纵向和横向钢梁组成的长方形构架,支承车体、承受上部车体及装载物的全部重量,是车体的基础;并通过上、下心盘将重量传给走行部。在列车运行时,车底架还承受机车牵引力和列车运行中所引起的各种冲击力及其他外力。所以,车底架必须具有足够的强度和刚度,才能坚固耐用。

动车组客车还有车下悬吊设备,主要包括空调机组(CRH5型空调机组在车顶)、制动控制装置、辅助电源装置(APU)、蓄电池(2车一组)、污物箱及水箱(2车一组)及空气弹簧辅助气室等。在动车下有牵引变流器,在拖车下有牵引变压器。

(三)制动装置

列车制动就是人为地制止列车的运动,包括减速、不加速和停止运行。我国低速列车制动采用的是闸瓦制动,用铸铁或其他材料制成的瓦状制动块,在制动时抱紧车轮踏面,通过摩擦使车轮停止转动。高速列车采用一种新型的制动装置——盘形制动,它是在车轴上或在车轮辐板侧面安装制动盘,用制动夹钳使由合成材料制成的两个闸片紧压制动盘侧面,通过摩擦产生制动力,使列车停止前进。由于作用力不在车轮踏面上,盘形制动可以大大减轻车轮踏面的热负荷和机械磨耗;另外,制动平稳,几乎没有噪声。盘形制动的摩擦面积大,而且可以根据需要安装若干套,制动效果明显高于铸铁闸瓦。

动车组常采用电气制动与空气制动的复合制动。动车组制动系统包括动力制动系统(再生制动)、空气制动系统(包括风源)、电子防滑器及基础制动装置等。

(四)车钩缓冲装置

车钩缓冲装置是用于使机车或车辆、车辆与车辆之间相互连挂,传递牵引力、制动力并缓和纵向冲击力的车辆部件。它由车钩、缓冲器、钩尾框、从板等组成一个整体,安装于车底架构端的牵引梁内。为了保证车辆连挂安全可靠和车钩缓冲装置安装的互换性,我国铁路机车车辆有关规程规定:车钩缓冲器装车后,其车钩钩舌的水平中心线距钢轨面在空车状态下的高度,客车为880 mm(允许-5~+10 mm误差)。两相邻车辆的车钩水平中心线最大高度差不得大于75 mm。

目前,普通客车较多使用15号自动车钩,高速客车采用密接式车钩。密接式车钩的体积小、重量轻、两车钩连挂后各方向的相对移动量很小,可实现真正的"密接";同时,对提高压缩空气、电气接头自动对接的可靠性极为有利。动车组客车的空气、电的连接设施包括:列车通信总线连接、制动控制线连接、供电母线连接、直流供电母线连接、列车总风管、电路电气设备连接、电缆连接、高压电线连接。

(五)车内服务设备

客车内除设置门窗、座椅、行李架及卧铺外,还装设卫生设备、通风装置、给水设备、车电设备、取暖设备、播音装置、空气调节装置等。动车组列车采用可旋转座椅,以保证旅客始终可以面向车辆运行方向,座椅靠背可调节,采用独特的降噪设计,提高了车辆的乘坐舒适性；设有残疾人和婴儿设施；采用航空式供餐设施；功能完备的卫生设施；每辆车设有电开水炉；设有透明玻璃行李架和大件行李存放区；设有影音系统、可折茶桌及充电插座等旅客设施。这些装置为旅客提供了舒适和方便旅行的条件（见图2.20）。

图2.20 动车组一等座车车内服务设备

此外，动车组客车中的动车自备动力可带动拖车运行以及驱动牵引传动系统和辅助供电系统。牵引传动系统包括主电路、高压设备、受电弓、主断路器、其他高压设备、主变压器、牵引变流器、牵引电机及电传动系统的保护设备等；辅助供电系统所供电的设备包括空气压缩机、冷却通风机、油泵/水泵电机、空气调节系统、采暖设备。

第二节　客车内部服务设施

为了满足旅客旅行途中的需要，向旅客提供舒适的旅行条件，在客车内部设有专门的服务设施，包括给水装置、车电装置、通风装置、空气调节装置、取暖装置等。

一、客车给水装置

因旅客和乘务人员在列车行驶过程中需要饮水、盥洗、冲刷，同时温水锅炉取暖装置需要补水，故每辆客车上都安装了存放水的设备，称为客车给水装置。

（一）给水装置的种类和构造

根据水箱在客车上安装的位置不同，客车给水装置分为车顶水箱和车底水箱两种，目前除多数动车组客车采用车底水箱给水装置外，部分动车组客车和普通客车采用车顶水箱给水装置。车顶水箱给水装置是将水箱设在车顶顶棚内，依靠水的自重向各处供水，因此它的结构简单、故障少、使用方便。又由于其配管非常靠近采暖系统的管路，故冬季不必安装防寒设备。但水箱之间的管路较细，上水速度慢，水箱又在车顶，容积受到限制，且提高了车辆的重心，从而降低了车辆运行的平稳性。

车顶水箱给水装置种类较多，但结构及作用基本相似，只是水箱的形状、容量大小、安装位置及配管有所不同。现以 YZ$_{22}$ 型客车为例，说明车顶水箱给水装置的组成及作用。

YZ$_{22}$ 型客车在锅炉端车顶棚内设一个方形冷水箱，可容水 400 L；在非锅炉端的车顶棚内设两个方形冷水箱，其上部和下部分别用连通管连接，可容水 550 L。车顶两端的冷水箱用一根连通管连接，使它们能同时注水及供水。

在两端的冷水箱附近各设一个温水箱，锅炉端温水箱的容量为 70 L、非锅炉端温水箱的容量为 60 L，都用管路与冷水箱连通，并装设止回阀以控制温水逆流。温水箱内设蛇形散热管，当温水取暖系统的温水流入散热管时，可以渐渐加热箱内冷水。温水经管路送到洗脸室，旅客只要打开温水出水阀就能用到热水。

在非锅炉端的两个冷水箱上部设有空气包，注水管、溢水管（兼排气管）引向空气包上部。为了与取暖锅炉注水管区分，一般都将车顶冷水箱注水管设在非锅炉端，并通向车下两侧的注水口，以便从任意一侧的注水口均可向冷水箱内注水。溢水管在注水时能排除水箱内的空气，注满水时，多余的水从此管溢到车外。

在水箱连接管上设有一根通向取暖系统锅炉室辅助水箱（也称补水箱）的支管，支管上设有止阀，运用中此阀常处于关闭位置，当取暖系统需要补水时才开启此阀。此外，水箱底部或水箱连接管上连接了通向各用水处的支管，在这些支管上分别安装有止阀、出水阀及冲便阀等。这些止阀供检修各管路或出水阀时使用，也可使局部管路停止供水。运用中这些阀处于开启位置。

动车组列车给排水系统主要由水箱装置（包括水泵及控制系统）、供水管路、饮水机、多功能洗面器、排水管路、自动感应水阀等主要部件组成。车上用水采用水泵供至各用水点，由压力开关和流量开关根据管路的水压及流量控制水泵工作。

动车组水箱装置以 CRH2 为例，单号车厢（设给排水系统和卫生系统）容水量为 700 L，双号车厢（仅设排水系统）容水量 200 L，采用轻量化、集成化设计。水箱装置由内箱体、泵室、供水管路、注水管路、溢水管路、验水管路、排水管路、保温层和外箱等部件组成，并与车体横梁连接固定。通过电气连接器与车上配线连接，通过供水软管与供水管连接。

（二）给水装置的运用

1. 注水

注水前，先关闭排水管上的止阀、锅炉室内的止阀、各处放水阀和补水箱下的排水阀，按照作业程序还需要关闭水压表止阀，以防止注水时压力过大冲坏水压表内的膜片盒，其余各阀可在开启位置。注水前还要确认对侧的注水口是否畅通；注水时，将地面自来水胶管插在一侧的注水口上，打开地面的阀门，则水由注水口—注水管—非锅炉端冷水箱和温水箱—锅炉端冷水箱和温水箱；注水一段时间后，待另一侧的注水管或溢水管开始排水，表示水箱已满，应立即停止注水。

注水完毕，将水压表止阀打开，这时可从表上观察到水已上满的显示。在给非运用客车初次注水时，还应检查管路是否漏水，各出水阀作用是否良好等。

注水口位置如图 2.21 所示。

图 2.21　客车注水口位置

2. 排水

排水作业在冬季的北方尤为重要。客车入段甩车或在途中临时甩车时，在无人管理的情况下必须进行彻底排水，以防止冻结。排水作业的操作顺序：打开各水箱的排水阀、锅炉室止阀和补水箱排水阀，水箱和采暖系统同时排水，待水箱及各管路的水排尽后，再开启各给水阀、冲便阀及下作用给水阀，以尽量排除水管内的残余水，防止局部存水冻裂水管。

排水作业最好选在该车运动状态下进行，这样可以借助车辆运行时的振动和摇晃作用，使局部残余水彻底排尽。

二、客车取暖装置

客车取暖装置是冬季客车运行中为旅客创造车厢内适宜的温度，以满足旅客冬季旅行的需要而设置的。目前，非空调客车主要采用燃煤锅炉独立温水取暖装置，在新型客车上则采用电热取暖装置。

（一）燃煤锅炉独立温水取暖装置

1. 燃煤锅炉独立温水取暖装置的原理

这种装置是利用安装在每一辆客车内的燃煤温水锅炉，将水加热后送入车内散热管，通过温水在锅炉与散热管之间不断地流动循环，达到提高车内温度的目的。由于这种取暖装置的各部件都装置在一辆客车内，温水仅在一辆车的循环系统内循环，与机车及其他客车无任何联系，故称独立温水取暖装置（见图 2.22）。

图 2.22　采暖燃煤锅炉

032

独立温水取暖装置的温水管路由锅炉、膨胀水箱、上部出水管、下部散热管、强迫循环系统和温水箱加热循环管等几部分组成。在未加热前，锅炉、循环系统和散热管内水的密度都相同，系统处于平衡状态，这时管路内的水不会流动。当锅炉端及循环系统点火加热后，水温升高，体积增大而密度变小，而散热管内的水温较低，管路内的水不能保持平衡，于是锅炉内的温水进入膨胀水箱，经过上部出水管、立管流入下部散热管散热，与车内空气热交换后，散热管内的水温下降，又流入锅炉重新加热，只要热源不中断，温水自然循环作用就会不断地进行下去。

2. 燃煤锅炉独立温水取暖装置的使用常识

正确使用温水取暖装置，对保证行车安全、保持车内温度、节约燃料以及延长装置的使用寿命非常重要。

锅炉尚未点火以前，应先确认各阀处于自然循环状态下的正常位置，再由注水口向锅炉及循环系统内注水，当锅炉溢水管开始溢水即可停止注水。锅炉点火后，便投入正常运用状态，要经常观察锅炉是否缺水，以免空气进入循环系统影响温水循环。打开锅炉验水阀，水持续流出3~5 s及以上时，证明锅炉不缺水。当判定锅炉缺水时，可用手动水泵或电动水泵补水。当自然循环满足不了车内温度要求时，也可使用手动水泵或电动水泵加速温水循环，提高散热管散热能力。

当锅炉熄火停止取暖时，必须打开系统中所有的排水阀、塞门等，排除整个系统内的水，以防冻结。

燃煤锅炉独立温水取暖装置在运用中，若发现锅炉水温急剧上升而车内温度反而下降时，说明管路循环系统发生故障，应及时通知检车乘务员处理。

燃煤锅炉旁，一般贴有使用说明及注意事项（见图2.23）。

图2.23 采暖燃煤锅炉使用说明

（二）电热取暖装置

电热取暖是一种新型的、比较先进的取暖方式。这种方式基于电流热效应原理，利用电热器通电后，将电能转变为热能使车内空气温度升高，因此这种取暖方式热效率高、工作可靠、容易控制和调节发热量，同时使用的取暖装置结构简单，并能按需要分散布置。但这种取暖方式耗电量大，因此电热取暖装置通常用于电气化铁道接触网供电的列车和由发电车集中供电的整列全空调列车上。

在严寒地区，单靠热风取暖满足不了要求，还必须采用其他地面式的取暖设备对客室内热损失进行补偿。在由发电车集中供电的新型空调客车上，采用电加热器进行热损失补偿。电加热器分散安装在客室、走廊、洗脸间、厕所等内侧墙下端；为了使用安全，在电加热器上安装安全外罩。操纵交流配电箱的相应开关、按钮，电流通过电加热器，便将车内空气加热，使车内保持一定的温度。

在使用电加热器取暖时必须注意：电加热器不能淋水，特别是洗脸间、厕所内的电加热器更应注意防水；不得将物品堆放在电加热器的外罩上；不能将纸屑、棉丝等易燃物品塞入外罩内，以免引起火灾；更不能用力踩踏外罩，以免引起漏电或其他事故。

三、客车电气装置

铁路客车的电气装置简称为车电装置，是为旅客旅行生活提供必要的照明、空调和其他用电需要而设置的一套电气设备，由供电设备（包括电源和控制设备）、用电器、电气附件及车体配线等组成。

（一）供电设备

目前，客车所采用的供电方式有车轴发电机供电和集中式供电两类。

1. 车轴式供电

车轴式发电就是在客车的底架或转向架上吊挂发电机，通过皮带与安装在车轴上的皮带轮连接，当列车运行时，车轮滚动，由皮带带动发电机转动而发电，供车上各种电气负载使用，并使蓄电池充电。当列车停靠时，车轮不动了，发电机就不再发电，此时利用蓄电池供电。

铁路上把安装有发电机和蓄电池的车厢称为"母车"，没有安装的车厢称为"子车"，母车与子车的比例一般为1:1。这种靠车轮转动，通过皮带带动发电机发电的供电方式，称为车轴发电机式供电。中国铁路普通列车均采用这种供电方式。这种供电方式的发电装置，运用数量最多的是J型三相交流感应子发电机，其发电量只有5 kW，显然不适于用电量功率为几千千瓦的新型空调客车。车轴发电机如图2.24所示。

采用车轴式供电的列车在停留时，除检修、实验外，不得长时间开灯，更不得开全灯，也不得通宵使用电扇和广播设备（以防蓄电池过度放电而损坏）。

图 2.24　车轴发电机

2. 集中式供电

新型空调客车采取的供电方式是集中式供电，就是在列车中的某一节车厢内设置发电站或在列车上设立变电站，向整个列车供电。该供电方式主要又分为两种：

一种是在专门的发电车或行李发电车内安装柴油发电机组，构成列车发电站。列车发电站的工作由专门的配电盘控制。发电站发出的电，通过贯穿全列车的输电干线和专门的车端联结器，送到列车各节车厢。

另一种是在电气化铁道的列车牵引区段，电力机车或带受电弓的动车升起受电弓，将接触网供给的 25 kV、50 Hz 的单相交流电引入列车变电站。然后，经过列车变电站或动车车顶的变压器、整流器、变流机等设备变换后，给整个列车供电。这种供电系统，配线经济、不用蓄电池、车辆构造成本较低、发电量不受列车速度的影响。但是，它也有缺点：一旦发电站、变电站出现故障或发电车从列车上摘挂下来，就会影响列车供电。为了弥补这种缺陷，列车可以同时装备轴驱式供电装置作为备用，以保证列车用电。

（二）用电器、电气附件及车体配线

1. 用电器

一般客车上的用电器有白炽灯、荧光灯、电风扇、电冰箱、电茶炉、燃油锅炉附属的各种电气设备，以及列车播音、闭路电视、列车有线电话等。近几年研制的新型快速列车、准高速列车、动车组列车增加了空调装置、车门集中遥控、粪便集存密封处理、燃油及电热两用取暖装置等电气设备，最大用电量高达 400 kW 及以上。

车内电灯分为两组：一组为终夜灯，包括座车半数顶灯、硬卧车走廊灯（地灯）、软卧车床头灯及厕所、通过台顶灯等；另一组为半夜灯，包括座车半数顶灯及卧车全部顶灯。夜间（22：00—7：00）行车时终夜灯不熄，后半夜旅客休息时可关闭半夜灯。始发、终到站和客流量大的停站，以及列车途经地区与北京时间存在时差时自行调整。

2. 电气附件

在有空调装置的客车上，除以上电器之外，还有制冷压缩机、冷凝器排风扇和空调通风机的电动机、取暖加热用的各种管式电热元件和电磁控制元件等电气附件。

各路负载的用电全部经过装在乘务室内的配电盘上的闸刀，由乘务员统一控制，一把闸

刀控制一种负载，其中摇头电扇、软卧车床头灯还设有分开关供旅客自己掌握。配电盘上还设有主回路开关和连接器开关，以控制本车厢与列车供电网路的连接与断开。

3. 车体配线

车电装置各部分的连接线叫车体配线，分为车内上部配线和车底架下部配线两部分。其作用是把电源设备、控制设备及用电器连成一个完整的供电网路，上部配线中还配置了一对列车播音线。

每辆客车的两端分别设有电力连接线、播音连接线、插销（连接器）及插座，当列车编组后能将全列车的电力网路连成一体，同时也便于车辆的连挂。

四、客车通风装置

为使客车车厢内有足够的新鲜空气，客车都装有通风装置。

通风装置有自然通风装置和机械强迫通风装置两种。普通客车一般采用自然通风装置，具有结构简单以及制造、维修方便等优点。新型空调客车则采用机械强迫通风装置，这是一种比较完善的通风设备。

（一）自然通风装置

自然通风装置是指圆柱形立式通风器（又称切式通风器），安装在车体顶部侧板上，由变向器、调节器和连接筒等组成。变向器呈圆柱形，能接受任何方向的风力；调节器包括调节器体、调节板和调节手柄，通过转动调节手柄可以得到全开、半开、关闭三个位置，以调节通风断面大小，控制通风量。

列车运行时，因受到空气阻力的作用，车体与气流接触的各个面承受着不同的压力。一般情况下，变向器的迎风面承受着比大气压力高的压力，称为正压；背风面则承受着比大气压力低的压力，称为负压。背风面通过连接筒、调节器与车内相通，车内空气一般为大气压力，因此在压力差的作用下，车内空气沿变向器背风面负压流向车外。随着车内空气的抽出，新鲜空气从门窗缝隙进入车内，从而达到通风换气的目的。列车停站时，只要外界有风吹过通风器，都将起到通风作用。

自然通风器的通风量取决于它的结构和空气流动的速度。空气流动速度与列车速度、风力有关。因此通风量变动范围大，不能保证车内均匀通风。尤其是在停车时间短、外界风力不够的情况下，自然通风很难满足旅客的需要。

（二）机械强迫通风装置

机械强迫通风装置由通风机组、空气通道、送风口、进风口和滤尘器等组成。这种装置利用通风机造成的空气压力差，借助空气管道输送而达到通风换气的目的。

车厢需要通风时，电动机带动通风机转动，将车外空气经进风口及滤尘器吸入，经过通风机将过滤后的空气强迫送入风道，再经送风口将送进来的空气分配至车内各处。为了配合通风机进行排风，车顶也装设数只圆柱形通风器。如果在风道前加装空气预热器和空气冷却器，即构成比较完善的空气调节装置。

五、客车空气调节装置

《铁路旅客运输服务质量规范（列车部分）》中关于客车空气状态的要求：有空调设备的室温夏季 26~28 ℃，冬季 18~20 ℃。人体感觉舒适的空气湿度是 30%~70%。这样的列车环境只有客车空气调节装置才能实现。

空气调节，就是把经过处理之后的空气，以一定方式送入室内，使室内空气的温度、相对湿度、气流速度和清洁度等控制在适当范围内。一般来讲，客车空调装置由通风系统、空气冷却系统、空气加热系统、空气加湿系统和自动控制系统组成。我们以 YZ$_{25}$ 型客车为例阐述上述各部分的组成和作用。

1. 通风系统

通风系统由离心式通风机、滤尘装置、送风道、回风道等组成，起着空气的滤清、输送及分配等作用。离心式风机将车外新鲜空气由新风口吸入，并与由回风道来的再循环空气混合，经滤尘网滤清灰尘和杂质后，送入蒸发器和预热器，然后再送入送风道，由各送风口均匀送入车内。其中一部分进入回风道作再循环空气用；一部分经排风扇排至车外，以保持客车内空气的洁净度和流动速度适宜。

2. 空气冷却系统

空气冷却系统由压缩机、冷凝器、节流装置、蒸发器、通风机等许多部件组成，一般采用蒸汽压缩式制冷设备的蒸发器作为空气冷却器。在夏季，制冷设备工作时，由通风机吸入的空气经冷却器冷却后送入客室，以保证客室的温度达到规定的控制指标。

3. 采暖系统

空调客车主要采用电热式采暖，其采暖系统由空气预热器和电加热器两部分组成。前者安装在空调机组里，主要是对进入车内的新鲜空气进行预热；后者分别安装在客车侧墙的下端，对客室内热损失进行补偿，在空气预热器顶部装有过热温度保护器和熔断器两个安全保护装置。一旦通风机停止工作或风量太小，通风温度升至（70±5）℃时，过热保护器断开，切断加热电路。如果保护器失效，送风温度继续升高到（139±5）℃时，熔断器熔断，彻底切断加热器电路，这样可起到安全保护、防止火灾事故的目的。

4. 自动控制系统

自动控制系统能根据车内外温度的变化，自动控制空调机组的工作，以保持车内空气具有一定的温度、相对湿度及流速。系统由自动调整和控制空气参数的各种仪表及设备组成（见图 2.25）。

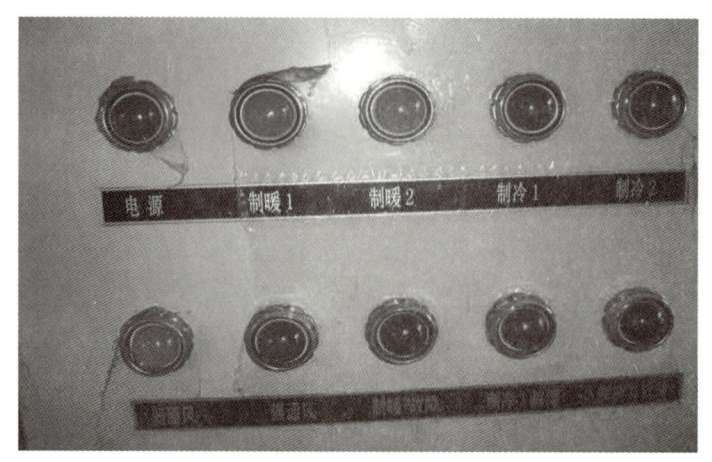

图 2.25　客车空调控制面板

第三节　客车安全设施

一、旅客列车制动设施

列车制动，泛指运行中的列车经操纵或启动制动装置后，使列车停止运行的一种状态。旅客列车的制动系统，一般分为正常制动和非正常制动。正常制动是司机使列车正常减速或停车的列车制动。非正常制动包括司机操作的紧急制动、自动停车装置启动后的紧急停车、有关乘务人员使用紧急制动阀或手制动机迫使列车停车等多种状态的列车制动。

（一）旅客列车正常制动相关要求

（1）牵引机车出库前必须达到机车运用状态。主要部件和设备必须作用良好，并符合《铁路技术管理规程》《机车运用规程》的有关规定。牵引最高运行速度超过 120 km/h 的旅客列车的机车，应分别向车辆的空气制动机、空气弹簧、自动塞拉门等装置提供风源。

（2）车辆编入列车应达到运用状态。主要部件必须作用良好，并符合《铁路技术管理规程》《铁路客车运用维修规程》的有关要求。车辆必须装有自动制动机、手制动机。最高运行速度超过 120 km/h 的客车应装有电控制动机、盘形制动装置和电子防滑器，其空气制动系统用风应与空气弹簧、自动塞拉门等其他装置用风分离。

（3）旅客列车在客车整备所检修作业、出库前以及始发站出发前，应按规定进行列车自动制动机试验。在列车运行中，遇列车在区间内停车防护、列车分部运行或紧急制动停车后再启动前，司机都要进行制动机试验。

（4）旅客列车的运行限速和紧急制动距离。

① 根据不同的运输设备、运行条件及运行方式，列车运行限制速度的有关规定如表 2.6 所示。

表 2.6 列车运行限速表

项 目	速度/(km/h)
四显示自动闭塞区段通过显示绿黄色灯光的信号机	在前方第三架信号机前能停车的速度
通过显示黄色灯光的信号机及位于定位的预告信号机	在次一架信号机前能停车的速度
通过显示一个黄色闪光灯光和一个黄色灯光的信号机	该信号机防护进路上道岔侧向的允许通过速度
通过减速地点标	标明的速度，未标明时为 25
推进	30
退行	15
接入站内尽头线，自进入该线起	30

② 为了提高旅客列车运行的安全性和满足列车制动距离的客观要求，《铁路技术管理规程》规定旅客列车（动车组列车除外）在任何线路坡道上的紧急制动距离限值为：

最高运行速度不超过 120 km/h 的列车为 800 m；

最高运行速度不超过 140 km/h 的旅客列车为 1 100 m；

最高运行速度不超过 160 km/h 的旅客列车为 1 400 m。

动车组列车的紧急制动距离限值为：

制动初速度 200 km/h，紧急制动距离限值 2 000 m；制动初速度 250 km/h，紧急制动距离限值 3 200 m；制动初速度 300 km/h，紧急制动距离限值 3 800 m；制动初速度 350 km/h，紧急制动距离限值 6 800 m。

（二）旅客列车非正常制动

列车运行需要采取非正常制动措施的，往往是遇到了突发性、临时性且对列车运行产生了一定影响，有时甚至还具有严重的危险性，如发生自然灾害、行车设备故障、列车火灾、有人或物体进入股道以及列车违章行驶等。旅客列车非正常制动中，司机操作的紧急制动、自动停车装置启动后的紧急停车在这里不再赘述，下面介绍列车乘务人员使用紧急制动阀或手制动机迫使列车停车的制动。

1. **列车乘务员使用紧急制动阀**

为确保旅客列车运行安全，每辆客车内均设置了紧急制动阀和风压表（见图 2.26），并保持作用良好。车辆部门定期进行检查、校对、施封。

图 2.26 客车紧急制动阀及风压表

列车紧急制动装置

客车紧急制动阀及风压表

紧急制动阀的安装位置，要求手把距地板高度为（1 800±50）mm。铅封线为红棉线，排风口与墙板平行，且安装铁纱网罩。紧急制动阀及风压表须安装防护、防盗装置，在其附近的墙上涂印或钉固"危险勿动"标记或标记牌。

动车组客车型号不同，则紧急制动阀式样和安装位置不同（见图2.27）。

图 2.27　各型动车组客车紧急制动装置

车辆乘务员、客运乘务组等列车乘务人员发现下列危及行车和人身安全情形时，应使用紧急制动阀（紧急制动装置）停车：

（1）车辆燃轴或重要部件损坏；
（2）列车发生火灾；
（3）有人从列车上坠落或线路上有人死伤；
（4）其他危及行车和人身安全必须紧急停车时。

使用紧急制动阀时，不必先行破封，应立即将阀的手把向全开位置拉动，直至全开为止，不得中途停顿和关闭。如果是弹簧手把，在列车完全停车以前，不得松手。在长大下坡道上，必须先看压力表，如压力表指针已由定压下降100 kPa时，不得再行使用紧急制动阀（遇折角塞门关闭除外）。

动车组列车遇上述情况时，随车机械师、客运乘务组等列车乘务人员应立即报告动车组司机采取停车措施；来不及报告时，应使用客室紧急制动装置停车。

为使列车停车后便于抢险、救援，在不严重危及列车运行安全的前提下，应尽量避开在长大隧道、大型桥梁上停车。

2. 列车乘务员使用手制动机

客车手制动机的操作手柄，一般设置在车厢一端，并涂成醒目红色（见图 2.28），在其上方墙板上涂印或钉固"危险勿动"标记或警示牌。

当列车运行途中遇自动制动机故障时，司机应通知运转车长（无运转车长的列车为列车长），运转车长（或列车长）根据机车鸣笛三短声的信号要求，立即组织列车乘务员拧紧（顺时针旋转）全列车的手制动机，保证列车就地制动。如果机车鸣笛两短声，则要求列车乘务员缓解（逆时针旋转）手制动机。

图 2.28　客车手制动机

二、旅客列车报警设施

为了保证旅客列车运行安全，当列车出现事故隐患或发生危急情况时，列车上的警报设施或列车乘务人员利用汽笛、口笛、广播等立即向列车发出警报信号，以便列车工作人员迅速组织，及时妥善处理，防止事故发生或最大限度地降低事故损失。

（一）轴温报警器

轴温报警器是一种以感温探头装置持续监测车辆轮轴外表温度，当温度达到规定限度时，传输轮轴高温信息并同时发出音响警报，以提示作业人员预防热切事故的重要设施。

《铁路技术管理规程》规定：编入特快旅客列车、快速旅客列车的客车，必须 100% 地装配轴温报警器，要求保持状态良好，达到 100% 的开机率；普通旅客快车的客车也应装有轴温报警装置。

轴温报警装置，一般有单个式和集中式两种。目前现场使用较多的是集中式报警器（见图2.29）。

轴温报警器

图2.29 集中式轴温报警器

客车轴温报警器的报警温度是外温加40 ℃。列车运行途中，车辆乘务员、列车员应注意监视，一旦发生轴温报警器报警，列车员要立即通知车辆乘务员或列车长。此时，有关工作人员必须跟踪观察、监控运行、正确判断、妥善处理。特快及快速旅客列车的轴温持续上升达到外温加60 ℃或轴温达到90 ℃时，应果断采取处理措施；必要时，立即通过运转车长通知司机停车或减速运行至前方停车站停车检查确认。危及行车安全时，必须摘车处理；同时，运转车长及车辆乘务员应详细记录报警的时间、运行区间、报警车号、轴位、外温、轴温变化情况以及轴箱检查情况。条件允许时，应及时报告列车调度员、车站值班员及有关部门。

客车轴温报警器由客车检车部门负责配置和管理，其控制显示器应随出乘列车备用2台，以备更换。在列车运行途中，轴温报警器应始终保持通电状态。为保证设备良好，非专业人员不得随意操作和拆卸轴温报警器及其相关配件。

（二）烟火报警器

烟火报警器是一种对烟火、温度等物理现象反应极为敏感的信息报警装置（见图2.30）。即烟火浓度或温度达到所设定指标限度时，该装置就会发出红色灯光闪烁并同时发出音响报警信号，以提示有关作业人员迅速扑灭火苗及启动火灾消防安全信息警告设施。

图 2.30　客车烟火报警器

烟火报警器一般设置为六工位火灾报警系统。各工位由烟、温探测器组合提供火警信息，微机巡回检测，判断火灾的发生，然后进行声、光报警。也有的烟火报警器其火灾显示和音响警报分为预警和火警两级，分别由工位矩阵灯显示和火炬灯显示，控制器发出多次或不同的音响警报。

烟火报警器由直流 48 V 供电，接线可以不分极性任接；一般设置在发电车、客车上，也有根据需要装设在其他位置（如动车组列车乘务间）的情况。烟火报警器报警后，有关值班人员应迅速判断火险及火情，立刻切断火源，扑灭初起火势。

（三）漏电报警器

我国普通客车中有相当一部分都是采用直流 48 V 电压制，停车由蓄电池供电、开行由发电机供电，电压常在 44 ~ 64 V 浮动。客车编入列车后，各供电系统一般为全列并联。由于负线漏电起火而烧毁客车的事故时有发生，现在旅客列车上采用的漏电报警器就是为了探测客车电线线路是否漏电而研制的（见图 2.31）。

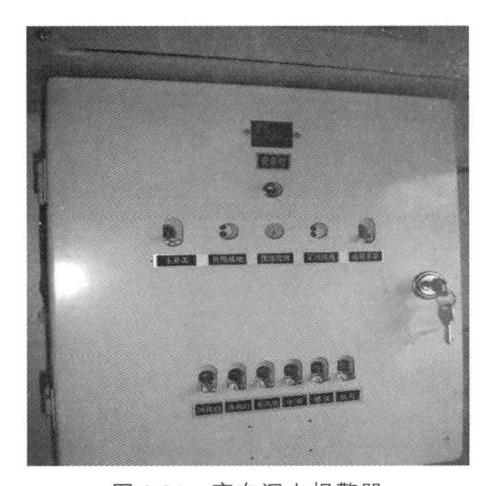

图 2.31　客车漏电报警器

043

漏电报警器主要由负采样电路以及比较器、报警电路、工作电源等组成，具有长期、稳定、连续的工作特性，兼有正极线或负极线漏电报警功能，无论列车在运行或停留时，编组中的任何一辆车发生漏电立刻报警。

漏电报警器一般安装在 48 V 供电客车配电盘的中间位置，4 只发光二极管（二红二绿）明显凸于盘面，当关上配电盘面门，合上主电源开关后，两只绿色二极管全部点亮，说明漏电报警器工作正常，线路绝缘良好。但由于客车供电线路破损裸露、电器松脱、设备老化等原因，导致发生客车供电线路短路、接地等非正常供电工作时，漏电报警器盘面显示红绿色灯光交替闪烁信号，同时发出音响警报，以提示有关作业人员迅速查处设备故障，消除隐患。

列车运行途中，当客车漏电报警器报警时，列车乘务员应立即向车辆乘务员或列车长报告。车辆乘务员发现或接到漏电报警报告后，应迅速仔细检查、认真判断，确认引起警报的车辆及故障位置，准确处理。

三、旅客列车消防设施

旅客列车的消防工作，应该坚持"预防为主，防消结合"的方针。完善消防设施的配备就是其中的重要措施之一。

旅客列车消防设施

（一）火灾的类型及对应的灭火器具

根据物质及其燃烧特性，火灾一般分为 A 类火灾、B 类火灾、C 类火灾、D 类火灾和 E 类火灾等几种。

A 类火灾，主要指含碳固体可燃物燃烧所形成的火灾，如棉、毛、木材、纸张等燃烧引起的火灾。对此类火灾的扑救，应选用水型、泡沫、磷酸铵盐干粉灭火器。

B 类火灾，主要指各类液体燃烧所形成的火灾，如汽油、煤油、柴油、甲醇等燃烧引起的火灾。对此类火灾的扑救，应选用干粉、泡沫、二氧化碳灭火器。

C 类火灾，主要指可燃气体燃烧所形成的火灾，如煤气、天然气、液化石油气等燃烧引起的火灾。对此类火灾的扑救，应选用干粉、二氧化碳灭火器。

D 类火灾，主要指可燃金属燃烧所形成的火灾，如钾、钠、镁、钛等燃烧引起的火灾。对此类火灾的扑救，应由设计单位和当地公安消防部门协商解决。

E 类火灾，即带电火灾，主要指带电物体燃烧引起的火灾。对此类火灾的扑救，应选用干粉、二氧化碳灭火器。

（二）旅客列车消防器具的配备

（1）旅客列车上，一般都配备 ABC 干粉灭火器或水型灭火器。餐车、发电车、行李车、邮政车等还应配备灭火毯、防烟毒面具等。

ABC 干粉灭火器的一般配备数量为：客车每节车厢各配置 2 kg ABC 干粉灭火器和 2 L 水型灭火器各 2 具（双层客车每层 4 具 2 kg ABC 干粉灭火器），分别挂在客车两端，每端 2 具；行李车、邮政车、餐车各配置 4 具 4 L 水型灭火器；发电车配置 8 具 4 L 水型灭火器；

餐车厨房配备 2 条灭火毯；发电车、行李车、邮政车各配备 2 具防烟毒面具。动车组列车除每节车厢配备灭火器外（带餐台的客车为 4 具 4 L 灭火器），头、尾车厢在司机室内各增加一具灭火器。

（2）灭火器悬挂部位应安装牢固，并采用套筒结构，以便于取放。套筒底部距地板高度不低于 1.4 m。动车组客车的灭火器则放在车厢通过台走廊的开放式壁柜上，需要时向外拉开挡板即可取出灭火器（见图 2.32）。

图 2.32 客车灭火器安装方法

（三）旅客列车消防器具的使用

旅客列车的消防器具常见的为便携式干粉或二氧化碳灭火器，使用方法为：提取灭火器，拔下保险栓，握住喷嘴，用力压下手柄压把，对准燃烧物着火根部直接喷射。

使用灭火器要注意的是：尽量迅速接近燃烧物 5 m 左右喷射，使用灭火器前先上下颠倒数次使筒内干粉松动，最好站在上风方向操作。若使用二氧化碳灭火器，可按住压把反复喷射，以达到最好效果。

旅客列车的消防器具，是扑救列车初起火灾的专用设施，除灭火扑救、消防演习、安全检查及维修养护外，任何人不得随意移动，更不得挪作他用；且应按规定要求，定期检查、维护、保养或更新消防器具，防止破封、过期、失效或丢失，确保旅客列车消防器材配备完整、作用良好。列车乘务组要建立健全消防器材的管理制度，落实责任人，加强监督及考核机制。

四、动车组客车的其他安全设施

（一）紧急破窗锤和紧急逃生窗

1. 紧急破窗锤

为外挂式，没有防护罩，仅限紧急逃生时使用。

使用方法：使用时，握住紧急破窗锤把手，用力向外侧拔出，拔出时铅封即开，然后敲击紧急逃生窗红色圆圈提示位置后，利用把手外侧保护框将未完全脱落的玻璃推向车体外侧。

动车组客车其他安全设施

2. 紧急逃生窗

数量及位置：全列共 46 个，其中 42 个紧急逃生窗与 42 把紧急破窗锤位置相吻合，其余 4 个紧急逃生窗分别在列车两端司机操作室两侧位置上，利用手柄开启（见图 2.33）。

使用方法：使用紧急破窗锤击破紧急逃生窗玻璃，组织旅客有秩序地逃生。

图 2.33　动车组客车破窗锤和紧急逃生窗

（二）紧急按钮

分布位置：CRH2 型客室两端通道的门框上，旅客信息显示屏左方（见图 2.34）。

使用方法：紧急按钮有 2 个，发生火灾时按下左边的按钮，蜂鸣器报警且司机室和乘务员室的 MON 显示屏显示报警信息；按右边按钮后列车即停车。

图 2.34　CRH2 型动车组客车紧急按钮

（三）疏散舷梯和乘降梯

1. 疏散舷梯

数量及位置：全列 1 套（2 架拼装式），位于四车二位端逃生梯室内。

主要性能：在动车组运行中途因故障不能继续运行时，将乘客从故障动车组上转移至相邻线路的列车上时使用。疏散舷梯使乘客可以在必要时从列车上下到站台上。它们既可用作一个桥来连接停靠在旁边的列车，也可用作梯子下到地面上（见图 2.35）。

使用方法：梯身自带扶手，向上拉起，用套管将扶手固定即可。

图 2.35　动车组客车疏散舷梯

2. 乘降梯

数量及位置：2 架（均为拼装式），位于四车二位端逃生梯室内（见图 2.36）。

主要性能：在动车组运行中发生紧急情况，停车后需将乘客从动车组上转移到地面时使用。但乘客下车时，要确保其在地面上的安全。

使用方法：将梯身拼装好，即可使用。

图 2.36　动车组客车乘降梯

（四）车厢车门控制装置

1. 车厢外车门控制装置

安装位置：位于车厢外车门面板（见图 2.37）。

主要性能：包括手动开门扳手、触摸式开门按钮、手动车门锁，在车厢外操作开启车门时使用。

使用方法：在车门外开门时，将手动开门扳手扳至 90° 位置不要松手，同时拉动车门即可开启车门；车门中间处的触摸式开门按钮，应在司机释放后方可使用，司机释放后按钮内部灯呈亮灯状态，未释放为灭灯状态。注意：在操作之前，必须先确认手动车门锁未被锁闭；若锁闭，用钥匙解锁后方可操作。

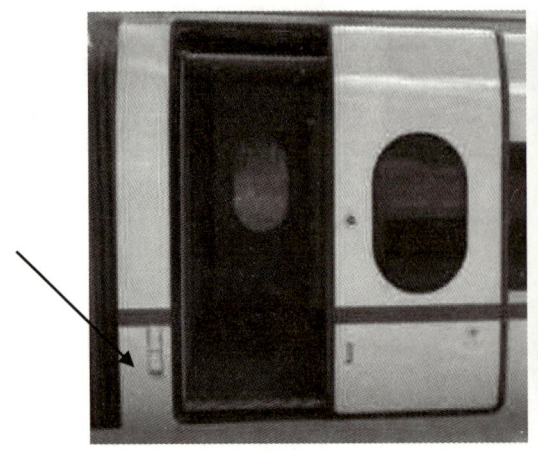

图 2.37　动车组客车外车门控制装置

2. 车厢内车门控制装置

安装位置：位于车厢内车门一侧电控挡罩上（见图 2.38）。

主要性能：由上至下分别为上解锁、蜂鸣器、紧急开门按钮（外侧有保护罩，是旅客在紧急情况下使用的紧急开门装置）、绿色开门按钮（为触摸式开门装置）、红色关门按钮（为触摸式关门装置）、下解锁、红色手动扳手，用于车厢内操作开、关车门。

使用方法（以图 2.38 中左图为例说明其使用方法）：上解锁为开门锁，使用钥匙向任意一侧拧动，向上搬动红色手动扳手至 90°位置后拉动车门即可打开；紧急开门按钮使用时，直接将按钮外部防护罩按破后，按下按钮，将红色手动扳手向上搬动至 90°位置后拉动车门即可打开；绿色开门按钮和红色关门按钮必须在司机释放后方可使用，司机释放后开关门按钮内部灯呈亮灯状态，未释放为灭灯状态；下解锁为关门锁，用钥匙向内侧拧动则关闭除当前操作的车门以外的一侧其他车门。注意：在操作之前，必须先确认车门右侧下方的手动车门锁未被锁闭；若锁闭，用钥匙解锁后方可操作。

图 2.38　动车组客车内车门控制装置

（五）防火隔断门

防火隔断门设置：位于车厢连接处（见图 2.39）。

防火隔断门使用方法：特殊情况下，可手动操作门板侧面拉手将隔断门拉出，将相邻两辆车隔断。

图 2.39 动车组客车防火隔断门

第三章 旅客列车乘务作业

【主要内容】 车厢服务；列车广播作业要求和管理；餐车经营与管理；铁路客运产品的质量特性和质量指标；铁路客运服务质量的监督监察

【重点掌握】 车厢服务、广播、餐车作业内容；服务质量规范及监督监察

第一节 车厢服务

一、车容整理

列车车容应保持庄重整洁、美观大方，具有时代气息和地方特色。

（一）出库标准

车窗起落一致，窗帘挂摆统一，外层窗帘垂直收拢，内层窗帘拉拢，茶几上铺设规格统一，台布清洁平整，台上正中摆放一只果壳盘；头靠套、座位套服帖、洁净、平展；四框位置统一，内容规范；列车长办公席电子显示屏、软座和餐车挂放的时钟准确，各种装饰美观完整、定位一致。

列车硬席车厢有质地良好的座套、小台布和遮光帘、纱帘。车内装饰应典雅、色泽协调。车内广告应符合《中华人民共和国广告法》有关规定，设置规范安全、美观大方，与车内环境相协调，不影响列车应有的服务功能，不挤占规定的铁路图形标志、业务揭示、安全宣传等内容和位置。不在车体、运行区间牌、门窗玻璃及厕所内设置广告。车厢内广告的位置和数量规定为：两端墙壁，每端1处；两侧墙壁，每侧2处。卧铺车仅限于走廊一侧设置2处。严禁采用粘贴方式设置广告。

动车组列车出库车容标准：有转向功能的座椅全部转为面向列车前进方向；座椅套干净、整洁，座椅靠背头巾干净齐全；座椅上无杂物、碎渣；扶手无污迹、水渍、粘胶；后兜内杂志、清洁袋、安全须知、服务手册按顺序整齐摆放；窗帘拉放位置统一；每个座位配备一个干净清洁袋。餐车内服务台、吧台台面干净整洁，餐台、餐桌、座椅、凳摆放整齐；座椅套干净、整洁。

（二）途中标准（普速列车）

1. 四条线标准

行李架、衣帽钩、窗帘、毛巾绳等四项设施物品，应做到线直物平、统一大方。行李架

上的物品做到长顺短横、外挡为准，整齐划一；衣帽钩上，不挂衣帽以外的其他物品；窗帘起放统一；毛巾绳上的毛巾整理成四折，卷放高低一致。新型空调列车一般没有毛巾绳，但其他三条线作业标准不变。

2. 物品安放标准

物品安放应当平稳、整齐、牢固。轻的物品放行李架上，重的物品放座位底下；行李架上不放扁担、长杆等易滑物品，也不放易碎、流质物品。硬卧车厢到夜间，旅客鞋子应摆放整齐，下铺旅客的鞋子放在铺下居中，鞋尖与铺边平齐，中、上铺旅客的鞋子放在铺旁扶梯下面，鞋尖朝里、鞋后跟与铺边平齐，保持车厢走廊一路通畅。

3. 乘务员室标准

乘务员室应保持清洁、整齐，物品摆放统一。桌面铺放白色台布，桌面一角放资料盒（内有本次列车作业程序、旅客去向登记表、备品交接簿、列车时刻表、针线包等），卧铺车票夹要放入抽屉内并加锁，服务设施定位放置。

4. 宿营车标准

宿营车应做到安全、整洁、肃静。专人值班，免进闲人；进出慢步低声，保持肃静；个人物品统放架上，窗帘、门布起落一致，卧具随时整理，保持营房气氛。

二、备品管理

备品管理应遵循庄重美观、挂摆统一整齐、作用良好的原则。

1. 固定备品

标准：齐全、光亮，作用良好。

四框（列车时刻表、旅客须知、安全宣传、广告或风景画）、示意牌（列车运行区间牌、内外车号牌、活动车号牌）配置齐全、规范统一。窗帘、台布、座套、头靠套及卧具色泽雅致，型号统一，数量齐全，平整完好，定期换洗。手烘干机、液体皂盒、厕所清洗垫圈架、卫生球盒齐全，作用良好。

2. 活动备品

标准：齐全、洁净，作用良好。

果盘、热水瓶洁净、光亮，固定位置摆放，热水瓶把手朝外；软卧车厢衣架型号一致，按钩挂放，钩口朝里，拖鞋数量齐全，定期清洗、消毒，放在铺下居中，鞋尖统一朝里。

茶具清洁、定位，符合要求；茶壶有套、戴帽、整洁光亮、定期擦洗；保温桶、送水车、送货车清洁、光亮，平直摆放，及时加锁。

清洁工具（水桶、刷子、拖把、抹布、铁钩、簸箕等）齐全、隐蔽、好用；垃圾箱架每车一只，放于洗漱间旁，垃圾袋内套，标志朝外。

卧铺车的走廊和包房内地毯应平整、干净。车窗有双层窗帘，卧具有棉被（或毛毯）、垫褥、褥单、被套、枕芯、枕头套，软卧车还有衣架、拖鞋、衣刷、带盖茶杯、卫生桶。卧具应整洁，直接接触人体的被套、褥单、枕头套应洁白无污渍、消毒烫平使用，做到一人一换，卧具的使用周期不应超过半年。褥单三边全包、表面平整，换下来的要分类装袋、入柜存放；被套对边四折，两头内藏，头里被外，光面齐平；枕头正面向上，枕巾铺平，标志朝外，放在棉被或毛毯上。

三、清洁卫生

搞好列车上的清洁卫生，为旅客创造一个良好的旅行环境，保证旅客的身体健康是列车服务工作的一项重要内容。列车的清洁卫生，应遵循"窗明几净、四壁无尘、器洁镜明、物见本色、严格消毒、消灭死角"的原则。

1. 卫生作业方法

"两头大搞，途中勤保，先上后下，先内后外，先冲后擦，先扫后拖。""上下"以窗台为界，上部是茶几、窗框、板壁、行李架、顶棚，下部是坐席、坐席和卧铺缝、下部板壁、暖气管面、缝及地面边角。"内外"以车厢两端板壁为界，客室为内，三间两头（乘务间、洗脸间、卫生间、两头通过台）为外。

扫地之前，先把烟灰盒、座位和卧铺缝以及暖气管下面的垃圾掏出来，然后再进行冲洗和擦抹。洗脸池里外都要用去污粉除去污垢、用抹布擦干净；用草酸烧去便池内的尿碱，再用水冲洗干净；对洗脸间、厕所地面进行彻底洗刷。最后用拧干的拖把拖干地面的积水。

2. 出库卫生标准

一切卫生做完后，列车长要按照《旅客列车服务质量规范》进行鉴定，检查验收。出库卫生要求达到"十无、四净、四光亮"。

"十无"即四壁无灰尘和污斑，窗沿、茶几无灰尘和茶渍，坐席、卧铺边缝无灰尘和垃圾，暖气盖板无灰尘和杂物，地板地毯无垃圾和污垢，凳角、边角无积垢，三间两头无积水和杂物，厕所无异味和涂写痕迹，连接处无灰尘和污垢，排水系统无堵塞。"四净"即通风器、行李架、平梯、扶手洁净。"四光亮"即标志醒目、光亮，瓷盆、镜子洁白光亮，铝合金边条鲜明光亮，不锈钢器皿擦净光亮。

3. 途中标准

列车运行途中，为了保持车内干净整洁，卫生工作要见缝插针，做到"一化、二锁、三不倒、四干燥、五个要"。

"一化"即垃圾装袋化、扎口，交规定处理站。"二锁"即停站锁闭厕所、到达列车终点站或通过市区、隧道、大桥时锁闭厕所（真空集便式厕所除外）。"三不倒"即车窗、车门、连接处不倒垃圾、污水。"四干燥"即厕所、洗脸间、连接处、通过台保持干燥。"五个要"即地面要随脏随扫、车容要随乱随整、茶几果盘要勤倒勤清，三间两头要勤冲勤保，车内空气要随时保持清新适宜。

4. 终到标准

列车即将进入终点站，卫生应做到"一消毒、二清洁、三不带"。

"一消毒"即严格消毒餐具、茶具，操作时按照"一倒二洗三擦四消毒"的程序进行，保持干净无菌。"二清洁"即车厢客室、三间两头清洁。"三不带"即不带垃圾、污水、粪便。

5. 动车组列车卫生

动车组列车卫生工作由保洁公司人员完成，保洁工作主要有下列三种：

（1）库内保洁：动车组在库内完成车体内外的全面保洁，包括动车组各车厢内各部位全面清洁，不含动车组驾驶室内保洁。

（2）折返保洁：动车组在折返站停车期间实行折返保洁，即在规定时间内，迅速对车厢进行基本清扫和整理。

（3）途中保洁：动车组运行途中由专业保洁人员随车对车厢内的环境卫生做到随脏随清。

四、旅客服务

旅客列车服务应坚持"人民铁路为人民"的宗旨，做到全面服务，重点照顾。要通过列车乘务人员热情、有礼貌的服务，为旅客创造亲切、舒适的乘车环境。

所谓全面服务，就是要做到"三要、四心、五主动"，对旅客不同需求提供相应服务。"三要"，即对待旅客要文明礼貌，纠正违章态度要和蔼，处理问题要实事求是；"四心"，即接待旅客热心，解答问题耐心，接受意见虚心，工作认真细心；"五主动"，即主动迎送旅客，主动扶老携幼，主动解决旅客困难，主动介绍旅行常识，主动征求旅客意见。重点照顾就是对重点旅客（老、幼、病、残、孕）做到"三知、三有"。"三知"，即知坐席、知到站、知困难；"三有"，即有登记、有服务、有交接。为有需求的特殊重点旅客联系到站，提供担架、轮椅，办理站车交接。

1. 车门立岗

在车门立岗迎接旅客时，应热情诚恳、礼貌周到。目光注视旅客，用亲切的语言表示欢迎："您好，欢迎乘车！请出示车票！"按顺序快速查验车票。

车门口旅客较多时，应组织排队，维持秩序，及时提醒旅客注意安全。遇到老人、小孩、行动不便的旅客要主动搀扶、给予帮助。

2. 引导入座

对乘车经验少、行李较多的旅客及老人应主动引导，注意对号入座。如果该座位有其他旅客，应礼貌地请其让座，旅客主动离座的应及时表示感谢，对拒绝让座的旅客应积极寻找其他座位，缓解矛盾，使车内气氛尽快平静下来。

3. 致迎宾词

列车从始发站开车后，乘务员要致欢迎词。致辞时，应两眼注视旅客，沉着自信，面带微笑，语言清晰，音调适中，用词恰当，营造一个轻松、温暖的乘车环境。

欢迎词一般是："各位旅客，大家好！欢迎大家乘坐本次列车，本次列车是由××开往××的列车。我是本车厢的乘务员，胸章号码是××号。在旅途中我将服务在大家周围，旅客们有什么困难和需要，请向我提出来，我会尽力帮助大家解决。"

"本车厢为无吸烟车厢，需要吸烟的旅客请到车厢两头的连接处去吸。旅客们对我们的服务工作有什么意见和要求，请您写在意见本上，以便我们改进，更好地为旅客服务。"

"最后祝大家旅途愉快，一路平安。"

4. 用水供应

用水供应是一个重要的服务项目，任何列车在始发和运行途中都要做到这一点。有电茶炉的客车，始发前将水烧开，并向旅客介绍电茶炉的位置。对重点旅客，坚持送水到位。卧铺车厢的热水瓶要注意续水。非空调列车按列车编组每三辆硬座车、每四辆卧铺车编挂不少于一辆茶炉车，热水瓶、保温桶始发开车前灌满开水，途中及时补水。

送开水要注意不要烫伤了旅客和自己。提水壶行走要保持平稳，随时提醒旅客注意避让。接旅客的茶杯时，手握茶杯的中下部；如果是带把的杯子，手把朝向旅客。倒水时，注意不倒过满。万一不小心水溅到旅客身上或物品上，应马上帮旅客擦干净。

车厢不间断供水。上水站到站前、开车后分别核记水位刻度，确认上水情况。

5. 对重点旅客的服务

（1）对各类残疾旅客和老人，应主动帮拿行李、安排座位或卧铺、介绍列车设施及作用、联系就餐、端茶送水、协助上厕所等，尽可能为他们提供方便。

（2）儿童活泼好动，应随时观察小孩的举动，发现有危险行为时，要及时制止，并提醒家长看好自己的孩子。

（3）对身体表现出不适的旅客，应主动询问是否需要找医生，在生活上多加照顾，必要时联系餐车做"病号饭"。

（4）孕妇容易疲劳，行动也不方便，可安排一个方便走动的座位或铺位，并动员周围的旅客说话、动作轻，尽量提供一个安全、宁静的休息环境。

【附】 动车组列车员作业流程

动车组列车员作业流程

1. 准备作业

（1）参加出乘会，整理仪容仪表，接受列车长命令，确认担当乘务情况，检查设备性能。做到按时出乘，仪容仪表规范，命令、指示记录准确，任务明确，设备齐全，性能良好。

（2）列车进站前 20 min 随列车长统一列队在站台接车。做到接车准时。

2. 始发作业

（1）座车列车员

① 对列车保洁整备质量进行检查验收，并向列车长汇报检查情况。做到检查认真，记录清楚。

② 在指定车厢边门处站台立岗，引导重点旅客就座，指引旅客放置行李。做到引导有序，安排妥善。

③ 确认旅客乘降完毕后，向列车长汇报。

（2）卧车列车员

① 对列车保洁整备质量及卧具备品进行检查验收，并向列车长汇报检查情况。做到检查认真，记录清楚。

② 锁闭卧车与座车间通过门。在指定车厢边门处站台立岗，引导重点旅客到位，指引旅客放置行李。做到引导有序，安排妥善。

（3）确认旅客乘降完毕后，向列车长汇报。

3. 运行中作业

（1）座车列车员

① 巡视车厢，检查行李摆放情况。做到行李物品摆放平稳，通道保持畅通。

② 根据剩余席位信息，协助列车长核对空余席位，查验车票并办理相关业务。做到核对仔细，态度和蔼，减少对旅客的干扰。

③ 掌握重点旅客动态，落实"首问首诉负责制"。做到重点旅客重点照顾，服务旅客耐心周到。

④ 督促检查途中保洁作业质量，及时跟踪整改情况。做到检查仔细，质量达标。

⑤ 发现设备故障、安全隐患等异常情况，及时向列车长报告。

（2）卧车列车员

① 做好旅客乘车登记，掌握旅客去向。做到登记及时，记录准确。

② 根据剩余席位信息，核对空余席位，协助列车长办理相关业务。

③ 掌握重点旅客动态，落实"首问首诉负责制"。做到重点旅客重点照顾，服务旅客耐心周到。

④ 督促检查途中保洁作业质量，如实填写验收记录。做到检查仔细，质量达标。

⑤ 发现设备故障、安全隐患等异常情况，及时向列车长报告。

4. 中途停站作业

（1）座车列车员

① 在指定车厢边门处站台立岗，引导重点旅客就座，指引旅客放置行李。做到引导有序，安排妥善。

② 确认旅客乘降完毕，向列车长汇报。

（2）卧车列车员

① 到站前提前通报旅客做好下车准备。

② 在指定车厢边门处站台立岗，引导重点旅客到位，指引旅客放置行李。做到引导有序，安排妥善。

③ 确认旅客乘降完毕后，向列车长汇报。

④ 更换中途下车旅客的卧具，做到一客一换。

⑤ 做好中途上车旅客乘车登记，掌握旅客去向。做到登记及时，记录准确。

5. 终到、折返站作业

（1）座车列车员

① 到站后，在指定车厢边门处站台立岗，与旅客道别，协助重点旅客下车。做到举止规范，主动热情。

② 旅客下车完毕，巡视检查车厢，发现问题，及时报告。做到动作迅速，检查仔细。

③ 遇交接班时，交接班列车员在餐车内交接。做到交接迅速，内容清楚。

（2）卧车列车员

① 到站前提前通报旅客做好下车准备。

② 到站后，在指定车厢边门处站台立岗，与旅客道别，协助重点旅客下车。做到举止规范，主动热情。

③ 旅客下车完毕，巡视检查车厢，发现问题，及时报告。做到动作迅速，检查仔细。

④ 清点卧具备品，办理交接。做到清点准确，交接清楚。

6. 退乘作业

（1）参加车班退乘会，向列车长汇报当趟乘务工作。做到简明扼要，准确无误。

（2）在列车长的带领下列队退乘。

第二节　列车广播

列车广播是铁路客运工作的一部分，是为旅客服务的工具之一；同时也是社会主义精神文明建设的一个重要阵地，是展现铁路风貌的重要窗口。做好列车广播工作，对于保证旅客旅行安全、丰富旅客旅行生活、组织指挥客运生产和服务、倡导社会主义精神文明具有重要作用。

一、列车广播的主要任务

列车广播的主要任务是为旅客服务，为铁路客运服务，广播内容以方便旅行生活为主。

（1）列车始发前，播放旅客引导、行李摆放、列车情况介绍以及禁止携带危险品、禁止吸烟等内容。

（2）列车运行中，介绍车内设备设施、旅行常识，宣传安全、服务、卫生以及防火、防爆、防盗知识，组织旅客乘降等有关事项。

（3）介绍沿途风光、城市概况、名胜古迹、革命纪念地，中转站列车车次及时刻。

（4）播放文艺、体育节目，介绍科普、健康知识和商品信息。

需要注意的是，列车音视频播放内容应依法取得相应的知识产权。播放境外电影、电视剧节目等，必须经国家广播电视管理部门审查批准。禁止制作、播放载有下列内容的节目：

（1）危害国家统一、主权和领土完整的。

（2）危害国家安全、荣誉和利益的。

（3）煽动民族分裂，破坏民族团结的。

（4）泄露国家秘密的。

（5）诽谤、侮辱他人的。

（6）宣扬淫秽、迷信或者渲染暴力的。

（7）法律、行政法规及铁路主管部门规定禁止的其他内容。

二、列车广播员的任职条件

客运段应设广播业务员或广播指导，负责列车广播员的技术业务工作。

列车广播员应经技术培训，考试合格后持证上岗。广播员的学习由客运部门组织，铁通公司负责设备操作、使用培训。此外，列车广播员还应满足以下条件：

（1）思想品质好，具有高中（中专、中技）以上文化程度。

（2）担任列车员职务实际工作时间满一年及以上。

（3）有一定阅读、分析、编写能力和欣赏水平，吐字发音准确，并获得国家或地方语言委员会普通话水平测试等级证书。

（4）动车组列车广播员由列车员兼任，须经铁路局有限公司组织的动车组设备使用培训，熟悉动车组车厢内上部服务设施的操作和设备操作注意事项，并考核合格，持《铁路岗位培训合格证书（CRH）》上岗。

三、列车广播作业要求

（1）列车广播工作应坚持全心全意为人民服务的原则，坚持同党中央宣传口径保持一致的原则，坚持思想性、艺术性、计划性、针对性的原则。广播宣传口径要以中央报刊文章和中央人民广播电台的稿件为准。广播资料用语由铁路局编写、统一使用，自编用语报客运段审批，临时用语由列车长审批。

（2）广播员在每次出乘前都要制定《广播趟计划》。计划的内容包括列车运行全过程中的播音项目、播出时间及节目内容，即对乘务中各阶段、各区间的播音内容作详细安排。制定的依据是当前上级对广播工作的要求、本车次线路作业过程、广播作业过程、上一趟乘务中旅客和添乘干部对广播工作的意见与建议。列车长必须检查广播计划，指出播音要点，批准广播员按计划执行。

动车组列车运行时间在 3 h 以内的，一般只播迎送词、服务设备介绍、安全提示、站名和背景音乐；运行时间超过 3 h 的，可在不干扰旅客休息的前提下，适当增加播放内容。列车旅客信息服务及影音播放系统播放的内容应由客运部门提供，由车辆部门录入。

（3）列车运行中除计划播音外，还可以根据实际情况，灵活、机动地穿插相关内容。例如，客流大时要做好列车超员、互相让座的宣传；临时停车做好维护秩序宣传；列车晚点 30 min 及以上时应代表列车长向旅客道歉；节假日期间做好防火防爆安全宣传；广播找人、寻医；遇有其他突发情况做好稳定旅客情绪的宣传等。

（4）广播应经常向旅客宣传铁路旅行常识，使广大旅客懂得铁路运输知识，自觉遵守铁路规章制度。为了防止旅客坐过站或下错车，应及时通告停车站站名和到开时刻，列车到站应报三次站名，即开车后预告下一站、进站前预报第二次、列车到站停稳后报第三次。开车后、到站前硬座车厢乘务员双车（边）通报。

（5）为了方便旅客就餐和使用卧铺，广播应准确介绍餐车供应和剩余卧铺发售情况。餐车供应通告，包括餐车供应时间、品种、售价、方式、餐车位置。剩余卧铺通告，应介绍发售的车厢、位置，做到公开发售。

（6）清晨第一次播音应介绍洗漱设备的使用方法，宣传节约用水，提醒旅客不要遗忘贵重物品等。夜间停止播音前要重点介绍安全注意事项、夜间停站预告及注意防盗等事项。

（7）列车广播的听众是广大旅客，旅客的年龄、职业、籍贯、文化程度、旅行目的不同，兴趣、爱好也千差万别。广播员应经常研究旅客心理、开动脑筋，将节目安排得丰富、生动、紧凑，既要进行时事宣传和业务通告，也要播放文艺节目。节目形式灵活多样、生动活泼，节目内容兼顾到大多数旅客的兴趣和需要。

【附】 旅客列车广播内容编排规范

旅客列车广播工作在为旅客服务和社会主义精神文明建设中，处于重要地位，发挥着突出的作用。为了进一步加强对这项工作的管理，丰富广播内容，提高广播水平，旅客列车广播内

容的编排必须遵循下列规范:

1. 始发前

(1) 向乘务员播送做好准备工作,迎接旅客上车的有关通知和要求;

(2) 宣传疏导旅客有秩序地上车,有条理地摆放行李物品;

(3) 通告本次列车的去向、发车时刻及有关注意事项,防止旅客乘错车;

(4) 宣传携带易燃、易爆、危险品上车的危害性和政府部门的有关规定,防止"三品"上车。

2. 起动后

(1) 播送列车起动辞,并配上《祝你一路顺风》的歌曲;

(2) 介绍本次列车的编组、服务设施和沿途主要停车站的到开时刻;

(3) 组织乘务员按作业程序进行工作,如组织乘务员向旅客做自我介绍,给旅客送水等;

(4) 预告列车广播节目;

(5) 预告本次列车全程各餐的开饭时间、饭菜品种、价格和沿途主要站的饮食供应品种。

3. 运行中

从实际出发,分区段、有计划地播送下列节目:

(1) 介绍安全旅行常识;

(2) 介绍铁路旅客运输的有关规定;

(3) 介绍途经大站的中转车次、时刻和城市概况、交通、旅游点以及名优土特产品等;

(4) 介绍沿线风光、名胜古迹、革命纪念地;

(5) 宣传党的路线、方针、政策,及时转播中央人民广播电台早、晚两次的新闻节目,如转播有困难,可委托前方站代录音的方法解决;

(6) 宣传我国改革成就和铁路建设取得的发展规划和成绩;

(7) 介绍铁道科技、工农业先进技术、天文、地理、历史、社会、卫生等方面的科普知识,介绍经济信息;

(8) 播送铁路优秀歌曲和其他文艺、体育节目;

(9) 宣传建设文明列车是每位旅客的共同责任,提倡人人做文明旅客,提倡讲究卫生、团结互助,宣传严禁在列车上进行各种形式的赌博活动和其他违法违纪行为。

4. 就餐前后

(1) 介绍开餐时间、饭菜品种和价格等;

(2) 介绍饮食卫生、饮食与健康等方面的知识;

(3) 适当播送一些轻松愉快的文艺节目。

5. 入夜前

(1) 介绍有关睡眠方面的卫生健康常识;

(2) 宣传防火、防盗等安全方面的注意事项;

(3) 停止播音前,预告列车途径各站的到开时刻。

6. 清晨

(1) 在徐徐的音乐声中,音量由小到大开始播音,介绍历史上的今天;

(2) 介绍清晨卫生健康常识;

（3）宣传节约用水，疏导旅客有秩序地洗漱；

（4）介绍当天的列车广播节目安排。

7. 临时通告

根据旅客列车的实际情况，如列车晚点、超员、找人、找药、请医生、临时停车等，应播送临时通告，以排除旅客由此产生的各种疑虑，解决遇到的一些实际问题。

8. 终到站前

（1）介绍终到站城市概况、交通、风光、名胜以及特产；

（2）介绍终到站的有关服务设施及其中转换乘车次、时刻；

（3）播送清扫卫生的通告和市容卫生、交通管理的有关规定；

（4）播送告别辞。

四、广播室管理

（1）列车广播机的功能和性能指标必须符合安装、使用和管理要求，具备可靠的过压、过流、过载、短路、温升等保护功能，在环境温度为 $-5 \sim 40\ ℃$、电压 $44 \sim 60\ V$ 的条件下能连续正常工作。

（2）广播室要张贴《广播员岗位责任制》，配备日历、字典、闹钟以及《旅客意见簿》《广播资料汇编》《列车广播作业过程》《列车时刻表》，建立《资料剪辑册》和《广播日志》。所有备品设施、台账资料齐全、到位。

（3）加强广播室安全管理。安装广播机的乘务室应采用专用门锁。列车运行途中，禁止无关人员进入广播室和擅动设备；检修人员进入广播室检修设备时，不得损坏广播设备。广播员在广播室内不准吸烟，不准堆放与工作无关的杂物，保持室内干净、整洁，保证广播机械安全和播音质量。

（4）广播员要爱护广播设备，开机后不能离开播音室。广播机在工作期间，广播员应定时巡视检查设备的工作状态，发现异常立即处理。广播员要离开广播室时，必须关闭广播机、关掉总电源、关灯、关好车窗，最后锁好广播室门。

（5）列车始发前和终到后，广播员应与设备维修人员共同对设备进行检查实验。列车广播机在途中发生故障时，由列车长负责通知终到站设备维修单位处理。折返站广播工区接到广播故障通知后，应负责处理，保证列车折返时正常播音。

（6）广播员应按规定时间播音。为了不干扰旅客正常休息，列车播音时间一般为 7：30—21：00（品牌列车为 7：00—22：00），夏季 12：00—14：00 为午休时间。每次连续播音时间不超过 1 h，间歇时间不少于 30 min。22 点以后始发的列车可在开车后广播 30 min，凌晨终到的列车可在到站前提前 30 min 广播。

（7）动车组列车无专门的广播室，采用旅客信息系统中的内部通信系统。该系统设于各乘务室，可为列车广播使用，也可用于司机与乘务人员、各车厢乘务人员之间的通话，如图 3.1 所示（图中 1 为听筒，2 为电话闸门）。

图 3.1　动车组列车内部通信系统

第三节　餐车经营

旅客列车餐车供应的基本任务是满足广大旅客在旅途中的饮食需要。由于餐车活动范围小、座位少、厨房（加工间）设备条件有限，餐车工作人员也少，要供应全列车上千名旅客的用餐，任务非常艰巨。旅客的年龄、生活习惯、身体条件不一样，饮食需求相差很大，因此要搞好列车饮食供应、满足各种不同层次旅客的需要，应树立服务理念，不断拓宽服务领域，增加经营品种，提高经济效益。

一、餐车经营的原则和任务

餐车经营

列车餐车经营不同于其他饮食服务行业，应遵循以下原则：
（1）认真贯彻执行国家政策和法令，做到面向旅客，经济实惠，保质保量，适应需要。
（2）由于品种受限制，不可能专业化。应在保证供应的基础上求质量，以照顾大多数旅客的饮食需求为主，适当兼顾各方面的需要。
（3）本着保本微利的原则，为旅客服务，为国家建设积累资金。
其具体任务是：
（1）全心全意地为广大旅客服务。
（2）保障旅客旅行途中的饮食供应和旅行用品需要。
（3）不断提高供应水平和服务质量，改善卫生状态。
（4）质量良好地完成供应计划指标。

二、专业管理

（一）动车组列车

（1）动车组列车餐饮服务由专业餐饮经营单位承担，客运段是动车组餐饮工作的监管主体。为动车组提供餐饮服务的单位必须通过ISO9000或HACCP质量认证。列车销售的食品、饮品应当为全国名优产品，并有"QS"标志。

（2）承担动车组列车餐饮服务的单位必须严格遵守国家食品安全法律法规以及铁路总公司、铁路局（集团公司）有关规定，建立健全食品采购、加工、运输、存储、销售等环节的管理和考核制度。各客运段要加强对餐饮服务单位经营过程的监督管理，确保餐饮的安全和质量。

（3）动车组列车上销售的食品和商品必须由餐饮经营单位统一采购、配送，实行明码标价、一货一签，并有"CRH"标记。餐饮经营单位销售人员应将上车食品和商品的出库单交列车长保管备查。

（4）加热后未售出的食品严格实行定时报废制度，报废的食品在未处理前应醒目标明"报废"字样存放。

（5）餐饮经营单位服务人员负责动车组运行中餐车的清洁卫生。餐车展示柜布置应当丰富美观，其他商品、备品存放不得侵占通道和影响安全。动车组列车到站、开车时，餐饮服务人员应当在餐车门内规定位置立岗迎送旅客。

（6）动车组列车供应的食品、饮品应当品种丰富，价格合理。餐饮经营单位应当经常征求旅客对饮食服务的意见，并根据旅客意见调整供应品种、品质，改善餐饮服务质量。

（7）动车组列车餐车内的餐饮相关设备由餐饮经营单位负责日常使用、保养，确保设备运用状态良好。

（二）其他旅客列车

除动车组列车外，其他旅客列车的餐车经营归客运段管理。客运段（列车段）设旅行服务车间，为独立的会计单位，实行专业化管理，在段长的领导下，负责经营旅客饮食供应工作。餐车是旅行服务车间的一个基层单位，目前大多数餐车班组实行承包经营。

（1）餐车是旅客列车乘务组的一个组成部分，是一个营业单位，在乘务中接受列车长的统一领导。但在业务经营上由餐车长负责，全面领导餐车业务，按照供应政策、原则以及铁路运营公司有关供应业务经营管理办法执行。

（2）餐车领班厨师在餐车长的领导下，负责后厨的全部财产责任，出乘前做好餐料上料单（见表3.1），认真执行各项制度，具体掌握调剂供应品种、投料标准、销售价格，以及组织餐车厨房人员提高烹饪技术。

表 3.1　××客运段
餐料上料单
年　　月　　日

餐料名称	单位	数量	单价	金额
餐料金额合计				
麻　袋				
蛋　篓				
燃　料				

领料人员　　　　　　　　厨师　　　　　　　　仓库员

（3）餐车长是餐车经营的领导者，应当具备良好的素质，思想端正、作风正派，懂得旅客饮食供应、食品卫生和经营管理的知识。其工作职责如下：

① 遵章守纪，听从列车长的指挥，负责餐车经营管理、食品加工、服务和商品供应工作，做好旅客饮食供应工作。

② 全心全意为旅客服务，做到主动热情、诚恳周到，尽量满足不同旅客在饮食方面的需求。首长和外宾就餐，要亲自接待，指派专人制作，遇有问题及时向列车长汇报。

③ 负责餐车的现金、物资、票券和备品管理，制订班组经济核算制，严格执行财务制度，做到餐清趟结、账目清楚。

④ 在进料、加工、保管、出售等环节中，组织餐车人员认真执行食品卫生"五四制"，做好防毒、防火、防盗工作，以保证旅客运输安全。

⑤ 做好餐车班组的基础管理，组织餐车人员学习业务技术，提高自身素质和管理水平。

（4）餐车服务员、炊事员除完成餐车长、领班厨师分配的工作任务外，根据岗位责任制的分工，良好地完成各自的任务。

三、业务经营

（一）经营范围

动车组列车餐饮供应主要是加工配送食品和出售副食、饮料、酒水等商品。其他旅客列车餐车供应以快餐为主，适当供应部分单炒菜，兼营商品。还可以根据季节和客流特点，开展夜宵、冷饮等延伸服务。列车售货组主要以供应食品为主，兼售烟、饮料、水果等。

一日三餐每餐的供应根据旅客的需求来安排。早餐可安排面条、粥、馒头、包子、牛奶、咖啡、面包、蛋糕等；中、晚餐可安排面食、快餐、单炒菜、卤菜、汤以及低度白酒、红酒、啤酒及其他饮料。快餐主食以米饭、面食（包括包子、饺子、花卷、烧卖等）并重，根据地区货源和旅客需要搭配副食（包括蔬菜、鸡蛋、鸡块、鱼肉、排骨、火腿等）。可以搭配供应，也可以单一快餐食品装袋或装盒供应。一般来说，进京、进沪和出入特区的列车以中档为主，根据旅客需要也可供应高档品种，其他列车以中、低档相结合供应。

随着人民生活水平的提高，旅行饮食也向着口味、风味和中高档层次发展。特别是外出旅游的旅客，把品尝美食、研究饮食文化作为旅游生活的一个重要内容。列车的饮食结构就得适应这些变化，除了了解全国各地的饮食习惯外，对少数民族、外籍旅客的饮食文化也应熟悉和掌握。尽量制作出有特色的风味菜、各地名菜，如咕佬肉、鱼香肉丝、宫保鸡丁、糖醋黄河鲤鱼、麻婆豆腐等，满足旅客需要，丰富其旅行生活。

为了满足旅客多方面的需要，报请铁路局审批后，餐车可以开办经营性休闲茶座，但是必须符合国家和铁路总公司的规定。具体条件如下：

（1）隶属旅行服务部门管理，由所在班组餐车负责经营。
（2）以新型空调特快、快速旅客列车为主，其他旅客列车具备条件的可比照办理。
（3）消费者自愿。
（4）购买休闲茶座票的旅客必须持有有效车票。
（5）经营项目、内容、收费价格、使用票据等符合国家相关法律法规的规定。
（6）开办的经验项目、服务内容、收费价格公开，明码标价，保证专人为休闲茶座服务，兑现服务承诺，杜绝变相卖座和只收费不服务。
（7）休闲茶座营业时间为22：00—次日6：00。
（8）办理休闲茶座时，须留出不少于2个餐桌席位。
（9）接受旅客监督，公布受理旅客投诉的部门、通信地址、邮政编码、电话号码（市电）。

（二）营业时间

餐车供应实行一日三餐定时供应或不间断供应，营业时间范围一般是：

早餐：6：00—8：00
中餐：10：30—13：30
晚餐：16：30—19：30
夜宵：19：30—21：00

由于各次列车始发、终到的时间不同，旅客对就餐的需求各异，各次列车可从方便旅客出发，考虑餐车加工条件，具体规定供应餐次、营业时间和区段。

（三）餐饮价格

餐车经营要遵守公开、公平、公正和诚实信用的市场原则，合理定价，自觉维护价格秩序，向旅客提供质价相符的服务。

餐车经营的饮食品价格，必须遵守国家关于禁止谋取暴利的规定，符合规定的饮食品价格毛利率及差价率。列车上的餐饮利率规定如下：

（1）自制的主食品、冷热菜、酒水、饮料等饮食品的综合毛利率最高不得超过55%，其中，制作简单、不提供就餐场所的盒饭等饮食品毛利率最高不得超过45%，包装盒价格按进价单独计算，不计入原材料成本。

（2）外购饮食品、饮料、酒水等的差价率不得超过50%。

根据以上规定的毛利率和差价率，餐车供应饮食品的价格计算如下：

$$自制饮食品销售价格 = 原材料成本 / (1 - 毛利率)$$

原材料成本包括主料、配料、调料和燃料，其中燃料费原则上按主料、配料、调料总和的5%~10%计算。

$$外购饮食品销售价格 = 进价 \times (1 + 差价率)$$

进价按实际进货价格确定。

餐车经营还必须遵守国家关于明码标价和价格结算的各项规定，使用价目表、价目簿进行标价，做好价目齐全，标价详细准确，字迹清晰，摆放位置醒目。使用标价签时，要做到一货一签，除盒饭外，结账时向旅客提供票据或结算清单。

（四）供应方法

列车餐车供应采用餐厅（动车组列车为吧台）供应与送盒饭（售货）到车厢供应相结合，实行一日三餐，准时营业或不间断供应的方法。

（1）长途列车，就餐旅客较多，时间也较为集中，应实行先送盒饭到车厢、餐厅后开的方法，保证多数旅客按时吃到饭，少数旅客可以到餐厅就餐，保证就餐秩序良好。

（2）短途列车，旅客上下频繁，就餐时间难以集中，可以实行先开餐厅后送盒饭的方法，满足不同层次旅客的要求。

（3）餐车供应，原则上应做到售票到座，送饭到桌，先票后饭，凭票取食。也可以根据不同对象，采用不同的供应方法：

① 旅客在车厢或餐厅先行购买餐票，服务员见票送饭；
② 送盒饭到车厢，现收款现卖饭，以提高供应速度，适应客流多的需要；
③ 外宾、首长等旅客在餐厅就餐，可以先就餐后结算。

四、餐车经营的卫生要求

（一）从业人员卫生

（1）食品生产经营人员每年必须进行健康检查，取得健康证后方可上岗。凡患有细菌性痢疾、伤寒、病毒性肝炎、活动性肺结核、渗出性化脓性皮肤病以及其他有碍从事直接为顾客服务的疾病，一律不得从事服务工作。

（2）餐车工作人员必须穿着规定服装，佩戴职务标志。作业前必须洗手，作业中不得抽烟，做到个人卫生"四勤"：勤洗手剪指甲，勤洗澡理发，勤洗衣服被褥，勤换工作服。不得面对食品打喷嚏和咳嗽、用勺子尝咸淡、手抓熟食及其他有碍食品卫生的行为。

（二）食品卫生

食品卫生的基本要求：食品应当无毒、无害，符合应当有的营养要求，具有相应的色、香、味等感官性状。

（1）原料到成品实行"四不制度"：采购员不买腐烂变质的原料，保管验收员不收腐烂变质的原料，加工人员不用腐烂变质的原料，服务员不卖腐烂变质的食品。

（2）食品存放做到"四隔离"：生与熟隔离，成品与半成品隔离，食品与杂物药物隔离，食品与天然冰隔离。

（3）销售无包装直接食用的食品要有防蝇、防尘措施，不徒手接触食品。

（4）动车组列车实行烹调加工的配送食品，冷藏温度持续不高于 10 ℃，供餐前应经充分加热，加热后中心温度应持续不低于 60 ℃；无适当存放条件的，存放时间不得超过 2 h。预包装食品应标明生产厂名、厂址、生产时间、保质日期和食用方法，符合国家卫生标准。

（三）餐车卫生

餐车是食品加工场所，也是接待旅客就餐的地方，必须保持整洁、窗明地净，无卫生死角。厨房操作台、水池无油污，地面无积水，排气扇无油垢。

（1）餐车出库应达到以下标准：

餐车车厢：保持车皮外墙干净，车内设备完好、无油垢，车厢连接处干净，通风窗、排烟罩无油垢，顶棚、四壁、暖气管无灰尘，边角压条干净无死角，通过门、储藏室整洁干净，清扫用具存放定位隐蔽。定期进行消、杀、灭工作，无蟑、鼠害。

厨房卫生：各种炊具、容器洁净无油垢，放置整齐，送饭车保持清洁，加盖饭车罩、定位存放；刀、板、盒生熟分用，有标志。炉台、作业台、地面保持干净，无积灰、污渍，蒸饭器、冰箱无油垢、无异味。

（2）途中卫生每餐一小扫，一日一大扫。小扫时，餐厅要一扫二拖三擦抹，保持储藏室、地面、陈列柜、台面、花瓶、台酒架、四味架、酱醋碟、烟灰缸、椅套整洁干净；厨房要一刷二冲三扫四擦抹，保持食品柜、冰箱、制作台、碗柜、餐具、炊具、用具、洗池、地面、炉灶干净。大扫即内外台全面清扫。到达终到站，要从上到下、从里到外，按照"出库标准"彻底清扫。

（3）一次性餐、饮具必须符合《一次性可降解餐饮具通用技术条件》（B18006.1—1999）标准，达到绿色环保的要求。餐具必须洗净、消毒，未经洗净、消毒的餐具不得供旅客使用。餐、茶具消毒方法如下：

① 物理消毒。

一般用蒸、煮、烫等方法：将洗净的餐、茶具放入专用的消毒柜消毒；用蒸笼汽蒸，开锅后继续蒸 10～20 min；将碗、筷、茶杯放入开水锅内煮 5～10 min。

② 药物消毒。

目前常用含氯制剂配制成有效氯浓度为 250 ppm（1 ppm = $1/10^{-6}$）的溶液，浸泡 3～5 min 即可杀灭病原微生物。但使用餐茶具前要用清水冲洗，去掉残留氯。

五、餐车安全管理

（1）餐车炉灶、烟囱、烟罩棚、排烟道每趟一清理；排气扇每月的上半月、下半月各清理一次，车辆部门负责拆卸和清洗，客运部门负责排气扇筒壁及顶帽的清洗。

（2）往炉膛内加煤时，应检查有无爆炸物；清理出来的炉灰应用水浸灭。不作业时炉灶要压火，过夜车、甩餐车要熄火；指定两人看车，要求坚守岗位，防火防盗。

（3）列车运行中不得炼油。

（4）餐车边门有专人负责，车动锁门，后厨房边门有防护栏，悬挂牢固，厨房后门锁闭。

（5）严禁非餐车工作人员进入厨房；厨房利器严禁出厨房，不准外借。

（6）锅炉操作人员要坚守岗位，经常检查炉内储水量，严禁干烧。

（7）现金、有价证券妥善保管，及时放入保险柜加锁。

（8）按规定配好灭火器、防火毯，做到定期检查，确保作用良好。餐车人员对消防知识做到"三懂、三会"。

（9）严格进货渠道，确保食品质量。

（10）餐料加工前检查有无变质，防止出现食物中毒事故；暑期禁止供应凉拌菜。

（11）做好旅客列车治安防控工作。

【例 3.1】 某日凌晨 2 点 08 分，××客运段所属×××次客车车底停放在客技站，因餐车守车人员接车后未按规定清理厨房油垢，生火后封火不严，导致炉火引燃油垢起火蔓延发生火灾，烧毁餐车内部分壁板、顶棚、两个吊柜等物，直接经济损失 4.7 万元。

六、乘务用餐

列车乘务餐只供应本列车乘务人员、机车便乘人员（交验司机报单和便乘证或调度命令进行登记），邮政乘务员、机要交通人员用乘务餐要核收加成。

本列车乘务人员包括机车乘务员、运转车长以及客运、公安、车辆乘务员。他们长年工作、生活在旅客列车上，以车为家。餐车工作人员应安排好他们的饮食，照顾好他们的生活，让他们全身心地为旅客服务。做到粗菜细做、细菜精做，在烹调上多下工夫，口味上以多数人为主，讲求花色变化，每餐的菜肴尽量避免重复。要照顾有特殊需求的乘务员用餐，为身体不好或临时生病的乘务员安排营养可口、易于吸收消化的食物。

乘务员就餐的时间应与旅客用餐分开，一般安排在 10：00、16：00、23：00 左右，凌晨 3：00 安排一次夜宵。乘务员要求集体用餐，按列车长分配的餐桌就座。餐具要严格消毒，餐厅要干净整洁，餐厅服务员要热情接待、微笑服务。对工作独立性较强，一时因工作繁忙而未能赶上集体就餐的人员，如列车长、广播员、行李员、乘警等，餐车长要交代厨房领班留好饭菜。特别是春运期间，列车超员严重，离餐车较远的列车员因人多拥挤无法及时赶到餐车就餐的，列车长或餐车长应派人送饭到位，让全体乘务人员体会到集体的温暖，从而提高工作的积极性。

动车组"六乘人员"的用餐由餐饮服务单位提供，按各局规定标准收费。乘务餐应当保证分量充足、营养搭配合理。

【附】 餐车长作业标准（普速列车）

一、出乘前准备作业

作业内容：

1. 按规定安排人员守车。

2. 请领餐券（票据）和各种凭证。

3. 按规定着装、佩戴职务标志。

4. 按规定时间到指定地点参加出乘会，听取上级指示、工作布置和接受业务提问。

5. 列队接车。

质量要求：

1. 严格纪律，坚守岗位，防火防盗。

2. 餐券票据请领齐全。

3. 着装统一，仪容整洁，职务标志佩带在左胸上方。

4. 准时到达，认真听记，接受提问，回答正确。

5. 按规定时间统一列队上站台或入库接车。

二、始发整备

作业内容：

1. 组织班组人员与看车组（或退乘组）交接。

2. 清点固定备品、设备，核对备品交接记录，指派餐车工作人员领取餐具、备品。组织召开班前会。

3. 车容整理：组织餐车人员与库内保洁人员按出库标准进行卫生清洁、餐厅整容；摆挂业务揭示牌；台面有台布、调味品容器、牙签盅、餐巾纸、清真餐具、席位牌；整理窗帘、座椅；整理陈列柜；餐具、茶具、炊具、容器、售货（饭）车清洗消毒。

4. 组织人员上料，按上料单清点商品，检查餐料的质量和保管、储存、加工执行情况。

5. 出库前检查餐车食品安全、服务设备设施及油垢清理等情况，督促餐车上水，做好台账记录。

6. 检查商品销售的准备工作。

7. 检查储藏柜的物品摆放。

8. 检查取暖锅炉间锁闭及卫生情况(非空调列车取暖期间)。

9. 整理餐券票据、业务资料、台账，发放发票；整理清扫工具及服务设施。

10. 接受列车长出库整备鉴定。

11. 列车出库前检查餐车厨房边门、走廊边门、厨房后门锁闭情况。

质量要求：

1. 接班准时，交接准确无误。

2. 餐具、备品完好无短少，工作布置到位。

3. 窗明几净，四壁无尘，物见本色，无死角；揭示牌干净按规定挂放；餐车橱、柜、箱干净无异味，分类标志清晰，餐料、商品、备品和餐、炊具等分类定位放置；地面、台面整洁，窗帘、椅套挂放整齐，无污渍、油垢；陈列柜摆放商品，加锁，达到美观、艺术；车厢环境优雅；餐茶具、炊具、容器"五过关"；售货（饭）车干净无污垢，四周有防撞胶带（条）、有制动装置，作用良好，有经营单位审定的价目表。

4. 对商品、餐料进行"三检、四核"，验收签字，按品种分类存放，蔬菜柜加锁，冰箱无私人物品。

5. 食品索票验证合格，标志明显，摆放分类定位，安全设备齐全有效，油垢清理达标，餐车水满，台账填记准确。

6. 明码标价，一货一签，有价目表。

7. 无杂物、无私人物品并加锁。

8. 锅炉间干净无杂物，人离加锁。

9. 餐券票据及时入保险柜加锁，柜内无私人物品，钥匙专人保管使用；检查健康证、上岗证；资料台账齐全完整；定位隐蔽摆放。

10. 整备质量达标。

11. 车门无漏锁。

三、运行中作业

（一）开餐前准备

作业内容：

1. 向列车长了解重点旅客（团体）及客流情况。

2. 根据上料单和菜谱会同厨师做好乘务餐、旅客餐的供应预制计划。

3. 检查餐厅开餐前各部位摆设、台面标准、餐用具、茶水准备情况。检查后厨加工、准备和炉灶使用情况。

4. 根据供应品种准备餐券（票据），提供菜谱，送广播室做好开餐宣传，分配服务员的工作。

质量要求：

1. 做好重点旅客开餐准备。

2. 乘务餐品种多样，粗料细作。旅客供应品种做到高、中、低档相结合、数量准确。

3. 准备充分，餐茶具洗净消毒完好，菜净、饭热。

4. 备有餐券（票据）、发票，开餐宣传到位，分工明确。

（二）开餐中作业

作业内容：

1. 安排服务员下车厢销售各类快餐，做好餐厅旅客餐开餐组织，介绍品种，售票到座，唱收唱付。

2. 安排好重点接待，开好乘务餐。

3. 随时检查饭菜质量和服务标准；做好重点旅客（团体）服务。

4. 向就餐旅客做好到站通告；督促上水，做好台账记录。

5. 做好禁烟和安全用电的宣传。

质量要求：

1. 15元盒饭不断供。文明礼貌、态度和蔼，开餐秩序良好，根据需要提供发票。

2. 重点接待食品留样24小时；乘务餐饭热、菜香、口味好，与旅客餐时间错开。

3. 饭菜达到"三热""四好"；服务规范、主动热情，坚持"三托"服务，台面清理及时。

4. 通告及时，无越站。餐车水满，台账填记准确。

5. 安全宣传到位。

（三）餐后作业

作业内容：

1. 做好餐后"三核对"工作，如实填写台账。

2. 有价票据及营收款及时进保险柜。

3. 组织内外台人员按途中标准进行卫生清扫、餐厅整容。

4. 督促上水，垃圾、炉灰（燃煤炉）定点投放。

5. 做好"餐车休闲茶座"供应工作。

质量要求：

1. 餐清趟结，账款相符，手续清楚，核对正确，计算无误。

2. 入柜及时并加锁。

3. 卫生整洁，备品定位，餐、茶具消毒入柜。

4. 餐车水满，台账填记准确；垃圾使用餐厨垃圾袋装袋扎口定点投放。

5. 经营合规、质价相符。

四、折返站作业

作业内容：

1. 组织班组完工会。

2. 检查各岗位到站前卫生整理、电器设备设施情况。

3. 督促厨师做好折返站餐料（段定点）的补充工作。

4. 按规定安排人员守车，列队到公寓休息。

5. 督促上水，组织班组人员与保洁人员共同搞好出库卫生，接受列车长出库整备鉴定。

6. 参加班组返乘会。

质量要求：

1. 账款相符，无短溢款。

2. 填写清楚、准确。

3. 认真总结，公开透明。

4. 终到卫生达标。

5. 交接记录清楚、准确，签字确认，不信用交接；落实守车制度。

6. 按时到达，认真听记。

7. 交款及时，有人护送，账目清楚，汇报准确。

第四节　列车服务质量管理

随着社会经济的发展和人民生活水平的提高，人们外出旅行的消费增长很快，整个客运市场的客运量明显增长。铁路由于具有运量大、成本低、速度快、能耗少、受气候影响小等优势，在各种交通方式中竞争力较强，市场发展的潜力很大。但由于客运市场的特点决定了运输企业的核心在于提供优质服务，所以服务质量是决定运输企业命运的关键。现在民航、铁路、公路、水运等客运方式之间的竞争日趋激烈，都在不断地推出新的服务举措。铁路要想在激烈的市场竞争中争取主动，就必须根据客运产品的特点不断挖掘旅客多方面的需要，一切从实际出发，不断创新，通过提高旅客运输服务质量来赢得更大的市场。

铁路企业具有很强的公益性，直接关系到广大人民群众的切身利益，提高客运服务质量能塑造良好的企业形象、体现社会主义精神文明。此外，广大旅客对铁路客运服务水平的要求越来越高，旅客不仅要求"走得了"，还要求"走得好"，要求较好的旅行环境和较高的服务水平，以得到身体和精神上的满足。因此，铁路旅客运输应坚持"人民铁路为人民"的服务宗旨，树立"以人为本，旅客至上"的服务理念，实现安全正点、方便快捷、设备良好、车容整洁、饮食卫生、文明服务的质量目标。

一、铁路客运产品与质量特性

（一）旅客运输产品

现代营销理论认为，产品的概念是一个整体性概念，它包含三个层次：① 核心产品；② 形式产品；③ 附加产品。客运产品的整体概念也包括这三个层次，如图 3.2 所示。

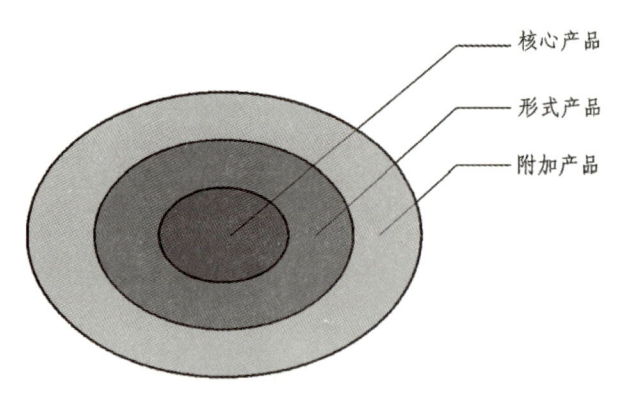

图 3.2　客运产品整体概念图

从核心产品层次上说，客运产品就是旅客的位移。旅客购买车票，在正常情况下就能满足自己从出发地到目的地的需求，通过运输生产加工，改变了旅客在空间上的位置——位移。也就是说，旅客运输产品是人在空间上的移动。这个层次的产品，是产品的核心内容。任何形式的客运产品,包括铁路、公路、航空、水路,都具备旅客位移这个内容。

从形式产品层次上说,铁路客运产品就是可供旅客选择乘坐的不同档次的列车或同一档次列车的不同席别,它是核心产品的载体。客运产品的基本功能只有通过形式产品才能实现。在这个层次上,铁路客运产品具有可感知的几个属性,如服务质量、乘车环境等。客运企业必须着眼于旅客购买位移产品时所追求的旅行需求,并以此为依据去改造已有产品或设计新产品。

从附加产品层次上说,铁路客运企业提供给旅客的是购票、候车、行李托运、列车旅行服务及其他延伸服务。这个层次的产品,是铁路客运企业提供给旅客的各种服务和旅行生活所需的保障条件。铁路运输企业只有把附加产品做好,使旅客旅行更为方便,才能增强竞争力,吸引更多的旅客。

客运企业设计和开发适销对路的新产品,不一定是完全创新开发的产品,只要产品的三个层次中有一个层次有较大的变化,能为旅客带来新的满足,为企业增加新的效益,就可以称为新产品。一般设计新产品主要是在形式产品层和附加产品层两个方面进行。

铁路旅客运输产品以"人·公里"为计量单位,旅客运输产品总量称为旅客周转量。旅客周转量和货物周转量是铁路运输工作中最重要的数量指标之一,是计算运输成本和劳动生产率的依据。注意:不要混淆了产品和产品计量单位这两个概念,如果把计量单位视为产品,就不能确定产品的质量特性,对产品的质量考核就无法进行。

办理客运业务的车站和列车段,是客运的基层生产单位,它们只参与旅客位移的部分过程。站、段的生产成果对于旅客位移的全过程来说,相当于半成品。但是为了加强站、段自身的管理,都可以把它的生产成果看成是本单位的产品,这个产品与客运产品的概念有着本质上的区别。基层站、段各自确定自己的产品概念,可以使生产的目的性更加明确,对于广泛深入开展全面质量活动具有重要的实际意义。

(二)旅客运输产品的质量特性

旅客运输产品虽然不具有实物形态,但和工农业产品一样,也有其质量特性。铁路旅客运输质量是指铁路旅客运输服务满足旅客、货主明确或隐含需要能力特性的总和。旅客运输产品的质量特性包括安全、迅速、准确、经济、便利、舒适和文明服务等方面。旅客根据这些质量特性能否满足或满足的程度来判断旅客运输产品质量的好坏。下面就这些质量特性加以说明:

1. 安全

确保旅客人身安全,是旅客运输工作的头等大事。在运输过程中,除了不可抗力或旅客本身的身体机能等因素影响而无法预防外,运输企业应尽量避免旅客受到心理上和生理机能上的损伤。目前全世界每年因车祸丧生的人数以百万计,各国政府都采取了许多保障安全的措施。在我国,铁路旅客运输市场正由供不应求的卖方市场向买方市场过渡,客运设备还不够现代化,可能产生火灾、爆炸、跳车、坠车、挤伤、烫伤、摔伤、轧伤、击伤、砸伤以及食物中毒等旅客伤亡事故。因此,尽可能地保障旅客安全是客运工作人员最基本的职责。

旅行过程中,除了保障旅客人身安全外,还应保证其财产安全。旅客携带品和托运的行李、包裹应做到完好无损。

2. 迅速

旅客输送速度是旅客运输服务最重要的质量指标之一。旅客在旅途中耗费的各种时间，是评价旅客旅行质量高低的主要依据。运送速度越快，花费的时间和精力就越少，这样旅客可以把更多的时间和精力投入到工作、学习和生活中去。

3. 准确

包括时间准确和空间准确两个方面。时间准确是指旅客列车应当按列车时刻表规定正点运行到目的地，不能随便晚点，也不能无故停运。广大旅客希望在保障安全的前提下，准时到达目的地，以便安排接送、办事或换乘其他交通方式。空间准确是指铁路必须将旅客运送到客票载明的到站，避免旅客误乘。因此，铁路运输企业必须采取一切措施，准时发车、正点运行、准时到达，满足旅客对准确性方面的要求。

4. 经济

车票的票价直接影响广大旅客的经济负担，是旅客普遍关心的问题，也影响着旅客对运输方式的选择。铁路在完成同样运输任务的条件下，应尽量节约运输过程中的物化劳动和活劳动，降低成本，以减少旅客的费用支出，为旅客提供经济的旅行条件。

5. 便利

狭义的便利是指旅客在办理旅行手续上的便利，如购票、上车、下车、行包托运和提取等，应一切从方便旅客出发，增加售票网点和售票窗口，开展多渠道售票方式和行包接取送达业务。广义的便利还包括铁路的发展，路网四通八达、畅通无阻，列车开行的数量更多、频率更高。总之，铁路运输越便利，旅客旅行的时间、物力、财力也越少，旅客出行的次数也会增加。因此，铁路应扩大运能，采取各种有效措施，为旅客创造便利条件。

6. 舒适

随着人们物质文化生活水平的提高及交通运输业的发展，广大旅客对旅行的舒适性有了更高要求。因此，要不断改善铁路客车车辆的技术性能和车厢内部设备、客运站服务设施等，最大限度地满足旅客对舒适性的要求，使旅客获得热情周到、文明礼貌的服务，全面提高旅行生活质量。

总之，提高客运服务质量是旅客运输工作的基本要求。服务质量的好坏，不仅直接影响旅客运输业务的开展和客运企业的形象，而且关系到国家的声誉。因此，必须加强客运职工的职业道德教育，使大家充分认识到，在市场经济的大潮中，良好的职业道德既是社会效益的需要，也是经济效益的需要，既是完善自身的要求也是竞争取胜的要求，要通过客运职工的文明服务来弘扬社会主义精神文明。

二、铁路客运产品的质量指标

客运产品的质量特性，需要用指标来衡量。有一些是可以直接衡量的，如列车速度、事故发生率、列车正点率、列车开行频率等；有一些是难以直接衡量的，但我们可以用间接指标来衡量，如旅客乘车舒适度可以用车内照明亮度、噪声大小、车体震动强度、横向加速度等因素间接地进行衡量。铁路客运服务的常用质量指标如下：

（一）速度指标

1. 旅客列车技术速度

技术速度是指旅客列车在运行区段的各区间内，平均每小时运行的千米数。即

$$V_{技} = \frac{\sum nL}{\sum nt - \sum nt_{停站}} \quad (km/h)$$

式中 $\sum nL$——旅客列车千米数；

$\sum nt$——旅客列车旅行总时间；

$\sum nt_{停站}$——旅客列车在中间站停留总时间。

2. 旅客列车旅行速度

旅行速度是指旅客列车在运行区段内，平均每小时运行的千米数。即

$$V_{旅} = \frac{\sum nL}{\sum nt} \quad (km/h)$$

3. 速度系数

速度系数是指旅客列车旅行速度与技术速度的比值，即

$$\beta = \frac{V_{旅}}{V_{技}}$$

（二）客车运用指标

1. 旅客列车车底周转时间

旅客列车所用车底从第一次由配属站发出之时起，至下一次再由配属站发出之时止所经过的全部时间，以天为计算单位。即

$$\theta_{车底} = \frac{1}{24}\left(\frac{2L}{V_{直}} + t_{配} + t_{折}\right)$$

式中 $t_{配}$——车底在配属站停留小时；

$t_{折}$——车底在折返站停留小时。

客车车底周转时间体现了车底周转全过程的运用效率，反映所有与客运有关部门的工作效率，是考核客车运用效率最重要的指标之一。

2. 旅客列车车底需要数

指为开行某一对旅客列车所需要的运用车底数。其计算公式为

$$N_{车底} = \theta_{车底} \cdot K_{客} \quad (列)$$

式中 $K_{客}$——平均每天开行的列车对数。

车底需要数是由车底周转时间和平均每天发出的列车数决定的。

3. 运用客车需要数

指为开行某一对旅客列车所需要的运用客车数。其计算公式为

$$N_{客} = N_{车底} \cdot M_{客}$$

式中 $M_{客}$——每个车底的编成辆数，辆。

各客车车辆段需要的运用客车辆数为

$$m_{运} = m_1 n_1 + m_2 n_2 + \cdots + m_n n_n \quad （辆）$$

式中 $m_{运}$——运用客车辆数；

$m_1, m_2, \cdots, m_n$——列车中编挂的车数；

$n_1, n_2, \cdots, n_n$——车底数，列。

以运用客车为基础，对于某车辆段配属车辆时，需用下列公式计算客车总数：

$$m_{总} = m_{运} \times (1 + \gamma) \quad （辆）$$

式中 $m_{总}$——配属车辆段的客车总数，辆；

γ——检修、备用车所占运用客车的百分比。

（三）客运安全及可靠性指标

1. 旅客伤亡事故件数和旅客伤亡人数

指车站、列车段、铁路局或全路在一定时期内由于本单位责任事故造成旅客死亡和受伤的事故件数及总人数。

通常用旅客伤亡事故发生率作为考核旅客运输安全的相对指标。它是铁路局或全路在一定时期内，每完成一亿人·千米旅客周转量所发生的旅客伤亡事故件数。即

$$\alpha_{旅客} = \frac{G_{旅客}}{\sum(AL) \times 10^8}$$

式中 $G_{旅客}$——旅客伤亡事故件数。

2. 行李包裹责任事故件数

指车站、列车段、铁路局或全路在一定时期内结案的由于本单位责任事故造成的行李包裹事故的总件数。它包括由本单位结案属于本单位责任和由外单位结案属于本单位责任的事故件数。即

$$G_{行包} = G_{行李} + G_{包裹}$$

$$G_{行包} = G_{自结行包} + G_{外结行包}$$

为了全面考核行李包裹运输质量，常用行李包裹责任事故发生率作为考核指标。即一定时期内，行李包裹事故件数占全部行李包裹运送件数的百分比。

还可以用每万元行李包裹收入中行李包裹责任事故赔偿率（简称行包赔偿率）作为经济方面反映铁路行包运输质量的指标，即

$$\alpha_{赔行包}=\frac{P_{行包}}{R_{行包}/10\ 000}$$

式中　$P_{行包}$——行包赔偿金额；
　　　$R_{行包}$——行包总收入。

3. 旅客列车始发正点百分率

指一定时期内，全路、铁路局有限公司、车务段正点发出的旅客列车次数在发出旅客列车总数中所占的百分比，即

$$r_{发}=\frac{n_{正点发}}{n_{发}}\times100\%$$

旅客列车始发正点百分率是反映铁路工作和服务水平的一个综合性指标。保证旅客列车始发正点是保证按图行车的关键。该指标越大越好。

4. 旅客列车运行正点百分率

指一定时期内，全路、铁路局、车务段正点到达的旅客列车次数在到达旅客列车总数中所占的百分比，即

$$r_{发}=\frac{n_{正点到}}{n_{到}}\times100\%$$

（四）方便性指标

方便性指标是指旅客在旅行过程中能否得到便捷的服务。

1. 旅客列车开行间隔（频率）

指在合理开车时间范围内开行同方向列车的间隔时分。开行间隔时间短，旅客在站滞留时间就短，旅客旅行就越方便。

$$I_{间}=\frac{t_{时}}{n}$$

式中　$t_{时}$——24小时中适合开行旅客列车的时间段（时分数）；
　　　n——合理开车时间范围内开出的同方向旅客列车数。

2. 旅客旅行总时间

旅客旅行总时间是指旅客从始发地到达旅行目的地花费的总时间，包括上车前在车站等候的时间、在列车运行途中经过的全部时间以及在旅行途中换乘中转时间。

$$t_{总旅}=t_{站候}+t_{旅}+t_{换}$$

3. 购票时间

购票时间是指旅客有了旅行需求，从住宿地出行开始到购票处所买到车票时止所需要的时间，包括从住宿地到购票处所花费的时间、在购票处等候的时间和办理购票手续的时间。即

$$t_{购票} = t_{出行} + t_{候票} + t_{办票}$$

购票是旅客接受旅行服务过程的开始，也是旅客感受某种旅行方式是否方便的敏感点。要压缩购票时间，必须采用先进的购票方式、拓宽购票渠道、增设购票网点。

（五）舒适性指标

舒适性指标是指旅客在旅行过程中，从精神到物质条件上享受心理和生理愉悦和舒适的程度。

1. 旅客乘车人均占有面积

指按标准坐席，旅客在列车上人均占有的基本面积。旅客乘车人均占有面积的大小在客车设计规范中有明确的规定。例如，日本规定不得小于 0.82 m^2/人，其他发达国家规定为 0.82 ~ 1.18 m^2；目前我国仅为 0.57 m^2/人。

2. 乘车舒适度

指旅客在乘坐列车过程中的舒适程度。其影响因素有线路曲线半径、横向加速度临界值、外轨超高时间变化率、车体震动加速度及横向加速度、噪声频率等，这些参数应按评价实验或国外经验值确定。

3. 站车环境舒适度

旅行环境是旅客舒适度不可忽略的一个重要方面。要提高旅行生活质量，必须有良好适宜的环境。

（1）旅行卫生环境标准。

① 温度：有空调设备的室温夏季 26 ~ 28 ℃、冬季 18 ~ 20 ℃，没有空调设备的室温冬季应大于 14 ℃。

② 湿度：室内相对湿度 30% ~ 70%。

③ 气流：夏季风速不超过 0.35 m/s，冬季不超过 0.2 m/s。

④ 客室内空气细菌总数：夏秋季不宜超过 4 500 个/m^3，冬季不宜超过 6 000 个/m^3。

⑤ 客室内空气中 CO_2 浓度不得超过 0.15%，CO 浓度不得超过 10 mg/m^3。

⑥ 室内噪声强度不得超过 70 dB，列车车厢内采光、照明要求在 0.8 m 高处阅读面的照度为 80 ~ 150 lx。

⑦ 茶具未使用前，不应有大肠菌群；卧具使用前的清洁状态，细菌总数为 0 ~ 10 个/10 cm^2；生活饮用水的细菌总数不得超过 100 个/mL，总大肠菌群小于 3 个/L，水中氯元素小于 0.3 mg/L。

⑧ 旅客车厢内夏季每人每小时补充新鲜空气 20 ~ 25 m^3，冬季 15 ~ 20 m^3。

（2）动车组车厢卫生和防疫要求。

① 车厢内微小气候、空气质量、噪声、照明符合国家《公共交通工具卫生标准》（GB9673—1996），禁止吸烟。

② 空调通风设施应定期清洗消毒，定时强制通风，保持车厢内空气清洁。
③ 车厢内公共卫生设施性能良好，能够正常使用，车内卫生、清洁，无积尘、无积垢、无杂物，座椅头枕片定期更换。
④ 厕所通风良好、无臭味，便池便器清洁、无积便尿垢，坐便器应配备一次性垫圈。
⑤ 动车组应达到无鼠蟑虫害的卫生要求，餐饮、食品售货场所需配备防鼠、防虫设施和药品。

（六）服务满意性指标

1. 万名旅客投诉率

指一定时期内，车站、铁路局或铁路总公司每完成1万人旅客发送量其中投诉的旅客人数。

2. 旅客人身伤害按期赔偿率

指一定时期内，发生旅客人身伤害事故后，按期赔偿事故件数占全部事故件数的比例。

3. 员工服务满意率

指一定范围内，被调查旅客对铁路客运职工服务满意（包括对职工文化、技术、形象、服务、态度等方面）的评价占全部被调查的比例。

4. 服务设施配置满意率

指一定范围内，被调查旅客对铁路服务设施配置情况（包括服务设施布置品种、数量、状态等）满意的评价占全部被调查的比例。

三、旅客服务质量标准与服务标准化

旅客乘坐铁路旅客列车的全过程，就是铁路客运部门的工作人员为旅客提供旅行服务的过程。为了安全、准确、迅速、便利、优质地运送旅客，树立良好的客运服务企业形象，在站、车的旅客服务工作中有必要为大量重复的工作内容、程序、方法、服务活动等制定统一的作业标准，实行标准化作业程序，以保证客运服务质量和提高作业效率。

（一）执行服务标准的重要性

1. 为提高服务质量提供充分的依据和明确目标

在客运服务工作过程中，任何一个作业环节如果没有统一的标准来要求，每个服务人员完成的效果都不同。实行标准化就是要求每一个人的服务工作都达到同样的质量。例如，车厢卫生整容作业中，"礼貌"的标准是"清扫时，移动旅客物品要先打招呼，清扫工具不触及旅客衣物，麻烦旅客要道谢，失礼时要道歉"。客运工作人员在工作中，只要认真按标准去做，就可实现卫生整容的质量标准。

2. 为考核服务质量提供了考核标准和检验的手段

由于客运服务产品自身的特殊性，对客运服务质量的考核无法用检测手段去检验，也不能仅仅依靠旅客的反映来评价，必须制订服务标准，以标准为依据和检验手段，去衡量、考核和检查服务质量。

3. 标准化是以科学的管理方法和手段来提高服务质量

标准化活动本身属于现代化管理企业的手段，因此铁路客运部门推行标准化活动，实质上是采用科学的管理方法和手段来提高服务质量。

4. 标准化能适应客运服务工作不断发展的需要

服务标准本身具有先进性、科学性。各级领导机关制定和发布的服务标准，必须是代表了所管辖范围内的先进水平，否则就失去了"标准"的意义。服务工作是动态的、无形的、无止境的。一方面，客运服务人员在实际工作中认真按现有标准去做；另一方面，在服务实践中不断总结新的、先进的服务方法和经验，经过筛选和提炼，再充实到服务标准中去，使服务始终保持先进性。

（二）服务标准的概念和分类

1. 概念

（1）标准是对那些需要协调统一的重复性事物和概念所作的统一规定。它以科学技术和实践经验的综合成果为基础，经有关方面协调一致，由主管机构批准，以特定形式发布，作为共同遵守的准则和依据。

（2）标准化是在经济、技术、科学及管理等实践中，对重复性事物和概念通过制定、发布和实施标准，达到统一，以获得最佳秩序和社会效益的全部活动过程。

（3）服务标准就是针对客运服务工作中大量重复进行的作业、程序和方法，以现行规章为依据，利用科学原理，在深入调查研究、认真总结先进经验的基础上，遵循有关规定，为保证旅客安全运输和提高客运服务质量，而作出的统一规定和技术文件。

（4）服务标准化是客运服务部门推行标准化活动的总称，是客运部门制定、发布服务标准，贯彻、落实、实施标准，不断完善服务标准的全过程。

2. 分类

（1）标准的分类。

按照标准的级别可以分为：

① 国家标准，即由国务院标准化行政部门制定，由国家技术监督局审查批准发布的，必须在全国统一执行的标准。

② 行业标准，即由国务院有关主管部门制定，由中央各有关部门或专业化标准组织批准发布的，在该行业内执行的标准。

③ 地方标准，即由省、自治区、直辖市政府标准化行政部门制订并批准执行的标准。

④ 企业标准，即企业自己制订的标准。企业标准又分为三类，即技术标准、管理标准、工作标准。

（2）服务标准的分类。

铁路客运部门推行标准化活动，是以管理和组织工作为主，其工作重点应放在服务组织、作业和管理上。因此，客运部门的服务标准基本上分为三类，即工作标准、作业标准和管理标准。

这三个标准之间是互相联系、互相作用的。由于客运部门具有服务性强的特点，服务工作标准就是服务质量标准，工作标准是作业标准和管理标准制定、实施的主要依据和基础。客运部门通过贯彻、实施作业标准和管理制度来保证工作标准的实现，通过实现工作标准来提高服务质量，达到推行服务标准化的目的。

新版《铁路旅客运输服务质量规范》源自铁路总公司（国铁集团）于2016年颁布的铁总运〔2016〕247号文件，自2017年1月1日起施行。该规范由高铁中型及以上车站服务质量规范、高铁小型车站服务质量规范、普速大型车站服务质量规范、普速中型车站服务质量规范、普速小型车站服务质量规范、动车组列车服务质量规范、空调列车服务质量规范、非空调列车服务质量规范8个部分组成。其中列车部分制定了安全秩序、设备设施、服务备品、车辆整备、文明服务、应急处理、列车经营、行包快件、人员素质、基础管理等方面的服务质量要求。该规范的制定，体现了时代特色，是适应市场、参与竞争的需要，是树立"以人为本，旅客至上"的服务理念，做到安全、准确、便利、优质地运输旅客及行包、快件，也是塑造铁路运输企业新形象的需要。

【附】 动车组列车服务质量规范

1. 适用范围

本规范对中国铁路总公司所属铁路运输企业的动车组列车旅客运输服务提出了质量要求。

2. 术语和定义

2.1 动车组列车：由若干带动力和不带动力的车辆以固定编组组成、两端设有司机室的一组列车。

2.2 重点旅客：老、幼、病、残、孕旅客。特殊重点旅客是指依靠辅助器具才能行动等需特殊照顾的重点旅客。

3. 安全秩序

3.1 防火防爆、人身安全、食品安全、现金票据、结合部等安全管理制度健全有效。

3.2 出、入动车所前，由车辆、客运人员对上部服务设施状态进行检查，办理一次性交接；运行途中，发现上部服务设施出现故障时，客运乘务人员立即向列车长报告，并通知随车机械师共同确认、处理。

3.3 各车厢灭火器、紧急制动阀（手柄或按钮）、烟雾报警器、应急照明灯、防火隔断门、紧急门锁、紧急破窗锤、气密窗、厕所紧急呼叫按钮及车门防护网（带）、应急梯、紧急用渡板、应急灯（手电筒）、扩音器等安全设施设备配置齐全，作用良好，定位放置。乘务人员知位置、知性能、会使用。

3.4 安全使用电源，正确使用电器设备。电器元件安装牢固，接线及插座无松动，按钮开关、指示灯作用良好；不乱接电源和增加电器设备，不超过允许负载。配电室（箱）、电气控制柜锁闭，无堆放物品。不用水冲刷车内地板、连接处和车内电器设备。

3.5 餐车配置的微波炉、电烤箱、咖啡机等厨房电器符合规定数量、规格和额定功率，规范使用，使用中不离开操作区域，用后及时断电、清洁。

3.6 执行车门管理制度。

3.6.1 列车到站停稳后,司机或随车机械师开启车门,并监控车门开启状态。开车前,列车长(重联时为运行方向前组列车长)确认站方开车铃声结束、旅客乘降、高铁快件和餐车物品装卸完毕后,通知司机或随车机械师关闭车门。

3.6.2 CRH5型动车组列车停靠低站台时,到站前乘务人员提前锁闭辅助板指示锁并打开翻板,开车后及时将翻板及辅助板指示锁复位。

3.6.3 餐车上货门仅供餐车售货人员补充商品、餐料时使用,无旅客乘降。

3.6.4 列车运行中,车门、气密窗锁闭状态良好。定期巡视,保持通道畅通。发现车门未锁闭或锁闭状态不良时,指派专人看守,并及时通知随车机械师处理。

3.7 安全标志设置齐全、规范,符合标准。采用广播、视频、图形标志、服务指南等方式,宣传安全常识和车辆设备设施的使用方法,提示旅客遵守安全乘车规定。

3.8 运行中做好安全宣传和防范,车内秩序、环境良好,无闲杂人员随车叫卖、捡拾、讨要。发现可能损坏车辆设施和影响安全、文明的行为及时制止。

3.9 全列各处所禁止吸烟,加强禁烟宣传,发现吸烟行为及时劝阻,并由公安机关依法查处。

3.10 行李架、大件行李存放处物品摆放平稳、牢固、整齐。大件行李放在大件行李存放处,不占用席(铺)位,不堵塞通道。锐器、易碎品、杆状物品及重物等放在座(铺)位下面或大件行李存放处。衣帽钩限挂衣帽、服饰等轻质物品。使用的小桌板不超过承重范围。

3.11 发现旅客携带品可疑及无人认领的物品时,配备乘警的列车通知乘警到场处理;未配备乘警的列车由列车长处理,对危险品做好登记、保管及现场处置,并交前方停车站(公安部门)处理。

3.12 发现行为、神情异常的旅客时,重点关注,配备乘警的列车通知乘警到场处理;未配备乘警的列车由列车长处理,情形严重时交列车运行前方停车站处理。

3.13 发生旅客伤病时,提供协助,通过广播寻求医护人员帮助;情形严重的,报告客调。

3.14 乘务人员进出车站和动车所(客技站)时走指定通道,通过线路时走天桥、人行地道,走平交道时做到"一停二看三通过",不横越线路,不钻车底,不跨越车钩,不与运行中的机车车辆抢行。进出车站时集体列队。

3.15 乘务人员在接班前充分休息,保持精力充沛,不在班前、班中、折返站饮酒。

4. 设备设施

4.1 车辆设备设施齐全,符合动车组出所质量标准。

4.1.1 乘务员室、监控室、多功能室、洗脸间、厕所、电气控制柜、备品柜、储藏柜、清洁柜、衣帽柜、大件行李存放处、软卧会客室等不挪作他用或改变用途。多功能室用于照顾重点旅客。

4.1.2 车辆外观整洁,内外部油漆无剥落、褪色、流坠;车内顶棚不漏水,内外墙板及车内地板无破损、无塌陷、不鼓泡;渡板及各部位压条、压板、螺栓不松动、无翘起;脚蹬安装牢固,无腐蚀破损;手把杆无破损、松动。各部位金属部件无锈蚀。

4.1.3 广播、空调、电茶炉、饮水机、照明灯具、电子显示屏、电视机、车载视频监控终端、控制面板、电源插座、车门、端门、儿童票标高线、地板、车窗、翻板、站台补偿器、窗帘、座椅、脚蹬、小桌板、靠背网兜、茶桌、坐席号牌、衣帽钩、行李架、垃圾箱、洗手盆、水龙头、梳妆台、面镜、便器、洗手液盒、一次性座便垫盒、卫生纸盒、擦手纸盒、婴儿护理台、镜框、洗脸间门帘、干手器、商务座车小吧台、呼唤应答器、阅读灯、软卧车铺位号牌、包房号牌、卧铺栏杆、扶手、呼叫按钮、沙发、报刊栏、餐车侧门、餐桌、吧台、冰箱、展示柜、微波炉、电烤箱、售货车等服务设备设施齐全，作用良好，正常使用，外观整洁，故障、破损及时修复。

4.1.4 车厢通过台外端门框旁设儿童票标高线。儿童票标高线宽 10 mm、长 100 mm，距地板面分别为 1.2 m 和 1.5 m，以上缘为限，距内端门框约 100 mm。

4.2 车内各种服务图形标志型号一致，位置统一，安装牢固，齐全醒目，符合规定。

4.3 车厢外部的电子显示屏显示列车运行区间、车次、车厢序号等信息，车内电子显示屏显示列车运行区间、车次、车厢序号、停站、运行速度、温度、中国铁路客户服务中心客户服务电话（区号+电话号码）、安全提示等信息，显示及时、准确。

5. 服务备品

5.1 服务备品、材料等符合国家环保规定，质量符合要求，色调与车内环境相协调。

5.2 服务备品齐全，干净整洁，定位摆放。布制、易耗备品备用充足，足够使用。布制备品按规定时间使用和换洗，有启用时间（年、月）标志，使用年限见附件 9，换洗期限见附件 10。

5.2.1 软卧车（含高级软卧车）

——包房内有被套、被芯、枕套、枕芯、床单、垫毯、卧铺套、靠背套、茶几布、一次性拖鞋、衣架、不锈钢果皮盘、带盖垃圾桶、热水瓶、积水盘、面巾纸盒及服务指南、免费读物。

——备有托盘、热水瓶和一次性硬质塑料水杯。

5.2.2 软卧代座车

——包房内有卧铺套、靠背套、不锈钢果皮盘。

——包房门框上原铺位号牌处有坐席号牌。

——备有热水瓶和一次性硬质塑料水杯。

5.2.3 商务座车

——提供小毛巾，就餐时提供餐巾纸、牙签。

——有耳塞、靠垫、鞋套、一次性拖鞋、清洁袋和专项服务项目单、服务指南、免费读物。

——备有防寒毯、耳机、眼罩、托盘、热水瓶和一次性硬质塑料水杯。

5.2.4 特、一、二等座车

——有清洁袋、免费读物和服务指南，放置在座椅靠背袋内或其他指定位置。

——有座椅套、头枕片；特、一等座车座椅有头枕。

——电茶炉配有纸杯架的，有一次性纸杯。

——乘务组备有热水瓶、耳塞和一次性硬质塑料水杯。

5.2.5 餐车

——有座椅套。

——有售货车、托盘、热水瓶、一次性硬质塑料水杯。

——备有餐巾纸、牙签。

5.2.6 洗脸间有洗手液、擦手纸（或干手器）。

5.2.7 厕所内有芳香盒和水溶性好的卫生纸、擦手纸，坐便器有一次性座便垫圈，小便池内放置芳香球。

5.3 贴身卧具（被套、床单、枕套）和头枕片干燥、清洁、平整，无污渍、无破损，已使用与未使用的折叠整齐，分别装袋保管。卧具袋防水、耐磨、干净、无破损。贴身卧具与其他布质备品分类洗涤；洗涤、存储、装运及更换不落地、无污染。

5.4 卧车垫毯、被芯、枕芯等非贴身卧具备品干燥、清洁，无污渍、无破损，定期晾晒。被芯、枕芯先加装包裹套，再使用被套、枕套。包裹套定期清洗，保持干燥整洁。

5.5 布制备品定位存放在储物（藏）柜内。无储物（藏）柜或储物（藏）柜容量不足的，软卧车定位放置在3、7、11号卧铺下。

5.6 有厕所专用清扫工具，与车内清扫工具分开定位存放在清洁柜内；无清洁柜的定位隐蔽存放。商务座、特等座、一等座车厢不存放清洁工具。清扫工具、清洁剂材质符合规定。

5.7 清洁袋质地、规格符合规定，具有防水、承重性能。

5.8 每标准编组车底配备2辆垃圾小推车，垃圾小推车、垃圾箱（桶）内用垃圾袋，垃圾袋符合国家标准，印有使用单位标志，与垃圾箱（桶）规格匹配，厚度不小于0.025 mm。

5.9 列车配有票剪、补票机、站车客运信息无线交互系统手持终端和GSM-R通讯设备；乘务人员配置手持电台。设备电量充足，作用良好。站车客运信息无线交互系统手持终端在始发前登录，途中及时更新信息。

6. 整备

6.1 出库标准

6.1.1 车厢内外各部位整洁，窗明几净，四壁无尘，物见本色。

6.1.1.1 外车皮、站台补偿器内外、窗门框及玻璃、扶手干净、无污渍。

6.1.1.2 天花板（顶棚）、板壁、边角、地板、连接处、灯罩、座椅（铺位）、空调口、通风口、电茶炉、靠背袋网兜内等部位清洁卫生，无尘无垢无杂物。

6.1.1.3 热水瓶、果皮盘、垃圾箱（桶）、洗脸间内外洁净。

6.1.1.4 餐车橱、柜、箱干净无异味，分类标志清晰，商品、餐、饮品和备品等分类定位放置。

6.1.1.5 厕所无积便、积垢、异味，地面干净无杂物。污物箱内污物排尽。

6.1.2 深度保洁结合检修计划安排在白天作业，范围包括车厢天花板、板壁、遮阳板（窗帘）、灯罩、连接处、车梯、商务座椅表面、座椅（铺位）缝隙、座椅扶手及旋转器卡槽、小桌板脚踏板、暖气罩缝隙、洗手液盒、车厢边角以及电茶炉、饮水机内部。

6.1.3 布制品、消耗品和保洁工具等服务备品配备齐全，定位放置，定型统一。

6.1.3.1 卧具叠放整齐，摆放统一，床单、头枕片、坐席套、茶几布等铺设平整，干净整洁。

6.1.3.2 清洁袋、洗手液、卫生纸、擦手纸、一次性座便垫圈、服务指南、免费读物、商务座专项服务等备品补足配齐，定位放置。服务指南中含有旅行须知、乘车安全须知、本车型的设备设施介绍、主要停靠站公交信息、客运服务质量标准摘要以及本趟列车销售的商品价目表、菜单。

6.1.3.3　垃圾小推车等保洁工具及售货车等备品定位放置，不影响旅客使用空间。

6.1.4　可旋转式座椅转向列车运行方向。

6.1.5　定期进行"消、杀、灭"，蚊、蝇、蟑螂等病媒昆虫指数及鼠密度符合国家规定。

6.2　途中标准

6.2.1　使用垃圾小推车和专用工具适时保洁，保持整洁卫生。旅客下车后及时恢复车容。

6.2.1.1　各处所地面墩扫及时、干燥、干净；台面、桌面、面镜擦抹及时、干净、无水渍。

6.2.1.2　洗脸（手）池、电茶炉沥水盘清理、擦抹及时，无污渍，无残渣，无堵塞，无积水；垃圾车、垃圾箱（桶）、清洁袋、靠背袋网兜、果皮盘清理及时，无残渣；厕所畅通无污物，无异味，按规定吸污。

6.2.1.3　餐车餐桌、吧台、工作台、微波炉及各橱、箱、柜内保持洁净。

6.2.2　清洁袋、洗手液、卫生纸、擦手纸、一次性座便垫圈等备品补充及时；卧具污染更换及时。

6.2.3　垃圾装袋、封口、无渗漏，定位放置，在指定站定点投放；不向车外扫倒垃圾、抛扔杂物。

6.3　终到标准

终到站时车内无垃圾、污水、粪便、异味。垃圾装袋、封口、无渗漏，到站定点投放。

6.4　到站立即折返标准

6.4.1　站台侧车外皮、门框、车窗干净，无污物、无积尘。

6.4.2　车内地面清洁，行李架、大件行李存放处、扶手及座椅（铺位）、窗台上和靠背网兜内干净整洁；垃圾箱（桶）内无垃圾，无异味。

6.4.3　热水瓶、果皮盘内外洁净，垃圾箱（桶）、洗脸间四周洁净。

6.4.4　餐车橱、柜、箱干净无异味，分类标志清晰，商品、餐、饮品和备品等分类定位放置。

6.4.5　洗脸间、厕所面镜洁净，洗脸（手）池、便器无污物、无异味。电茶炉沥水盘洁净。

6.4.6　布制品、消耗品和保洁工具等服务备品配备齐全，定位放置，定型统一。

6.4.6.1　卧具叠放整齐，摆放统一，床单、头枕片、坐席套、茶几布等铺设平整，干净整洁。

6.4.6.2　清洁袋、洗手液、卫生纸、擦手纸、一次性座便垫圈、服务指南、免费读物、商务座专项服务等备品补足配齐，定位放置。

6.4.6.3　保洁工具、售货车等备品定位放置，不影响旅客使用空间。

6.4.7　可旋转式座椅转向列车运行方向。

7. 文明服务

7.1　仪容整洁，着装统一，整齐规范。

7.1.1　头发干净整齐、颜色自然，不理奇异发型、不剃光头。男性两侧鬓角不得超过耳垂底部，后部不长于衬衣领，不遮盖眉毛、耳朵，不烫发，不留胡须；女性发不过肩，刘海长不遮眉，短发不短于两寸。

7.1.2　面部、双手保持清洁，身体外露部位无文身。指甲修剪整齐，长度不超过指尖 2 mm，不染彩色指甲。

7.1.3 女性淡妆上岗，唇线与口红的颜色一致；眉毛修剪整齐，眉笔和眼线为黑色或深棕色；眼影的颜色与制服一致；使用清香、淡雅型香水。工作中保持妆容美观，端庄大方。补妆及时，在洗手间或乘务间进行。不浓妆艳抹。

7.1.4 换装统一，衣扣拉链整齐。着裙装时，丝袜统一，无破损。系领带时，衬衣束在裙子或裤子内。外露的皮带为黑色。佩戴的外露饰物款式简洁，限手表、戒指各一只，女性还可佩戴发夹、发箍或头花及一副直径不超过 3 mm 的耳钉。不歪戴帽子，不挽袖子和卷裤脚，不敞胸露怀，不赤足穿鞋，不穿尖头鞋、拖鞋、露趾鞋，鞋跟高度不超过 3.5 cm，跟径不小于 3.5 cm。

7.1.5 佩戴职务标志，胸章牌（长方形职务标志）戴于左胸口袋上方正中，下边沿距口袋 1 cm 处（无口袋的戴于相应位置），包含单位、姓名、职务、工号等内容。菱形臂章佩戴在上衣左袖肩下四指处。按规定应佩戴制帽的工作人员，在执行职务时戴上制帽，帽徽在制帽折沿上方正中。除列车长外，其他客运乘务人员在车厢内作业时可不戴制帽。

7.1.6 餐车加热、供应餐食时，服务人员戴口罩、手套；女性穿围裙。

7.2 表情自然，态度和蔼，用语文明，举止得体，庄重大方。

7.2.1 使用普通话，表达准确，口齿清晰。服务语言表达规范、准确，使用"请、您好、谢谢、对不起、再见"等服务用语。对旅客、货主称呼恰当，统称为"旅客们"、"各位旅客"、"旅客朋友"，单独称呼"先生、女士、小朋友、同志"等。

7.2.2 旅客问讯时，面向旅客站立（工作人员办理业务时除外），目视旅客，有问必答，回答准确，解释耐心。遇有失误时，向旅客表示歉意。对旅客的配合与支持，表示感谢。

7.2.3 坐立、行走姿态端正，步伐适中，轻重适宜。在旅客多的地方，先示意后通行；与旅客走对面时，要主动侧身面向旅客让行，不与旅客抢行。列队出（退）勤（乘）时，按规定线路行走，步伐一致，箱（包）在同一侧。

7.2.4 立岗姿势规范，精神饱满。站立时，挺胸收腹，两肩平衡，身体自然挺直，双臂自然下垂，手指并拢贴于裤线上，脚跟靠拢，脚尖略向外张呈"V"字形。女性可双手四指并拢，交叉相握，右手叠放在左手之上，自然垂于腹前；左脚靠在右脚内侧，夹角为 45°呈"丁"字形。

7.2.5 列车进出站时，在车门口立岗，面向站台致注目礼，以列车进入站台开始，开出站台为止。办理交接时行举手礼，右手五指并拢平展，向内上方举手至帽檐右侧边沿，小臂形成 45°角。

7.2.6 清理卫生时，清扫工具不触碰旅客及携带物品。挪动旅客物品时，征得旅客同意。需要踩踏坐席、铺位时，带鞋套或使用垫布。占用洗脸间洗漱时，礼让旅客。清洁厕所时，作业人员戴保洁专用手套。

7.2.7 夜间作业、行走、交谈、开关门要轻。进包房先敲门，离开时应倒退出包房。

7.2.8 不高声喧哗、嬉笑打闹、勾肩搭背，不在旅客面前吃食物、吸烟、剔牙齿和出现其他不文明、不礼貌的动作，不对旅客评头论足，接班前和工作中不食用异味食品。餐车对旅客供餐时，不在餐车逗留、闲谈、占用坐席、陪客人就餐。

7.2.9 客运乘务人员进出车厢时，面向旅客鞠躬致谢。

7.3 温度适宜，环境舒适。

7.3.1　通风系统作用良好，车内空气清新，质量符合国家标准。始发前对车厢进行预冷、预热，车内温度保持冬季 18～20 ℃、夏季 26～28 ℃。

7.3.2　车内照明符合规定。夜间运行（22:00—7:00）时，座车关闭半夜灯；始发、终到站和客流量大的停站，以及列车途经地区与北京时间存在时差时自行调整。

7.3.3　广播视频

7.3.3.1　广播常播内容录音化。使用普通话。经停少数民族自治地区车站的列车可根据需要增加当地通用的民族语言播音。过港列车可增加粤语播音。直通列车可增加英语播报客运作业信息。

7.3.3.2　广播语音清晰，音量适宜，用语准确，不干扰旅客正常休息。自动广播系统播报正确。

7.3.3.3　视频系统性能良好，使用正常，始发前开启系统播放节目，播放内容符合规定并定期更新。

7.3.3.4　广播、视频内容以方便旅行生活为主，介绍宣传安全常识和车辆设备设施的使用方法，提示旅客遵守安全乘车规定，播报前方停站、到站信息等内容，适当插播文艺娱乐、文明礼仪、沿线风光、民俗风情、餐食供应、广告等节目。

7.4　用水供应

7.4.1　饮用水保证供应，途中上水站按规定上水。使用饮水机的备有足量桶装水。

7.4.2　列车始发后为旅客送开水，途中有补水服务；售货车配热水瓶，利用售货时为有需求的旅客提供补水服务。

7.5　运行途中，厕所吸污时或未供电时锁闭厕所，其他时间不锁厕所。厕所锁闭时，为特殊情况急需使用厕所的旅客提供方便。

7.6　公共区域的电源插座保证符合标示范围的旅行必需的小型电器正常使用。

7.7　通过图形符号、电子显示、广播、视频、服务指南等方式宣传旅客运输服务信息及客运服务质量标准摘要，引导旅客自助服务。

7.8　卧具终点站收取，贴身卧具一客一换。到站前提醒卧车旅客做好下车准备，不干扰其他旅客。夜间运行，卧车乘务员在边凳值岗，并定时巡视车厢。始发后和夜间，客运乘务人员核对卧车铺位。列车剩余铺位在列车办公席或指定位置公开发售，公布手续费收费标准。

7.9　发现旅客遗失物品妥善保管，设法归还失主；无法归还时，编制客运记录交站处理。无法判明旅客下车的车站时，交列车终到站处理。

7.10　根据旅客乘坐列车等级和席别提供相应服务。

7.10.1　商务座车配有专职人员，主动介绍专项服务项目，提供饮品、餐食、小食品、小毛巾、耳塞等服务。

——饮品有茶水、饮料，品种不少于 6 种，茶水全程供应。

——逢供餐时间的，免费供应餐食。供餐时间为：早餐 8:00 以前，正餐 11:30—13:00、17:30—19:00。

——正餐以冷链为主，配用速溶汤，分量适中，可另行配备面点、菜品、佐餐料包等。品种不少于 3 种，配有清真餐食，定期调整。

——选用非油炸类点心、蜜饯类、坚果类等无壳、无核、无皮、无骨的休闲小食品，品种不少于 6 种，独立小包装。

7.10.2　G字头跨局动车组特、一等座车提供饮品、小食品等服务，全程提供送水服务。

7.11　全面服务，重点照顾。

7.11.1　无需求无干扰。通过广播、电子显示屏等方式宣传服务设备的使用方法，方便旅客自助服务。

7.11.1.1　有需求有服务。在各车厢电子显示屏公布中国铁路客户服务中心客户服务电话（区号+电话号码）。实行首问首诉负责制。受理旅客咨询、求助、投诉，及时回应，热情处置，有问必答，回答准确；对旅客提出的问题不能解决时，指引到相应岗位，并耐心做好解释。

7.11.2　重点关注，优先照顾，保障重点旅客服务。

7.11.2.1　按规范设置无障碍厕所、座椅、专用坐席等设施设备，作用良好。

7.11.2.2　对重点旅客做到"三知三有"（知坐席、知到站、知困难，有登记、有服务、有交接）；为有需求的特殊重点旅客联系到站提供担架、轮椅等辅助器具，及时办理站车交接。

7.11.3　尊重民族习俗和宗教信仰。经停少数民族自治地区车站的列车可按规定在图形标志上增加当地通用的民族语言文字，可根据需要增加当地通用的民族语言播音。

8. 应急处置

8.1　火灾爆炸、重大疫情、食物中毒、空调失效、设备故障和列车大面积晚点、停运、变更径路、启用热备车底等非正常情况下的应急处置预案健全有效，预案内容分工明确，流程清晰。日常组织培训，定期组织演练，培训、演练有记录，有结果，有考核。

8.2　配备照明灯、扩音器等应急物品，电量充足，性能良好。灾害多发季节增备餐料、易于保质的食品、饮用水和应急药品，单独存放。

8.3　遇火灾爆炸、重大疫情、食物中毒、空调失效、设备故障和列车大面积晚点、停运、变更径路、启用热备车底等非正常情况时，及时启动应急预案，掌握车内旅客人数及到站情况，维持车内秩序，准确通报信息，做好咨询、解释、安抚、生活保障等善后工作。

8.3.1　列车晚点 15 min 以上时，列车长根据调度、本段派班室（值班室）或车站的通报，向旅客公告列车晚点信息，说明晚点原因、晚点时间。广播每次间隔不超过 30 min，可利用电子显示屏实时显示。

8.3.2　遇列车空调故障时，有条件的，将旅客疏散到空调良好的车厢；需开启车门通风的，在车门安装防护网，有专人防护。在停车站，开启站台一侧车门；在途中，开启运行方向左侧车门。运行途中劝阻旅客不在连接处停留，临时停车严禁旅客下车。在站停车须组织旅客下车时，站、车共同组织。按规定做好旅客到站退还票价差额时的站、车交接。

8.3.3　热备车底的乘务人员、随车备品和服务用品同步配置到位。遇启用热备车底时，做好宣传解释，配合车站共同组织旅客换乘其他列车，或者按照车站通报的席位调整计划组织旅客调整席位，按规定做好站、车交接。

8.3.4　遇变更径路时，做好宣传解释，组织不同径路的旅客下车，按规定做好站、车交接。

8.3.5　车门故障无法自动开启时，手动开启车门，并通知随车机械师处理；无法关闭时，由专人看守并通知随车机械师处理。使用车门紧急解锁拉手后，及时复位。

8.3.6 发生烟火报警时，随车机械师、列车长和乘警根据司机通知立即到报警车厢查实确认，查看指定车厢的客室、卫生间，随车机械师重点查看电气设备。若发生客室或设备火情，列车长或随车机械师立即通知司机按规定实施制动停车，并启动应急预案进行处理；若确认因吸烟等非火情导致烟火报警时，由随车机械师做好恢复处理，乘警依法调查，并向旅客通告。

8.3.7 发生人身伤害或突发疾病时，积极采取救助措施，按规定办理站、车交接，客运乘务员不下车参与处理。必要时可请求在前方所在地有医疗条件的车站临时停车处理。

9. 列车经营

9.1 餐饮经营

9.1.1 餐饮经营符合有关审批、安全规定，证照齐全有效。食品经营单位的食品安全管理制度健全。

9.1.2 餐车销售的饮食品符合国家有关规定。销售的商品质价相符，明码标价，一货一签，价签有"CRH"标志，提供发票。餐车、车厢明显位置、售货车、服务指南内有商品价目表和菜单，无变相卖座和只收费不服务。

9.1.3 餐车整洁美观，展示柜布置艺术，与就餐环境相协调；厨房保持清洁，各种用具定位摆放。商品、售货车等不堵通道，不占用旅客使用空间。售货车内外清洁，定位放置，有制动装置和防撞胶条。

9.1.4 商品柜、冰箱、吧台、橱柜不随意放置私人物品（乘务员随乘携带的餐食等定位存放）。餐食、商品在餐车储藏柜、冰箱内定位放置，不占用旅客使用空间。

9.1.5 餐车配置的微波炉、电烤箱、咖啡机等厨房电器符合规定数量、规格和额定功率，保持洁净。

9.1.6 经营行为规范，文明售货，不捆绑销售商品。非专职售货人员不从事商品销售等经营活动。餐车实行不间断营业，并提供订、送餐服务。销售人员不在车内高声叫卖，频繁穿梭，销售过程中主动避让旅客。夜间运行时，不得进入卧车销售；座车可根据情况适当延长或提前销售时间，但不得超过1 h。

9.1.7 供应品种多样，有高、中、低不同价位的预包装饮用水、盒饭等旅行饮食品，2元预包装饮用水和15元盒饭不断供。尊重外籍旅客和少数民族的饮食习惯。盒饭以冷链为主，热链为辅，常温链仅做应急备用，有清真餐食。

9.1.8 餐饮品、商品有检验、签收制度，采购、包装、贮存、加工、运输、销售符合食品卫生安全要求。

9.1.9 不出售无生产单位、生产日期、保质期和过期、变质，以及口香糖、方便面等严重影响列车环境卫生的食品。超过保质期限的食品单独存放、回收销毁。

9.1.10 一次性餐饮茶具符合国家卫生及环保要求。

9.2 广告经营规范。广告发布的内容、形式、位置等符合有关规范，布局合理，安装牢固，内容健康，与列车环境协调，不挤占铁路图形标志、业务揭示、安全宣传等客运服务内容或位置，不影响安全和服务功能，不损伤车辆设备设施。

10. 高铁快件

10.1 高铁快件集装件按装载方案指定位置码放；码放在车厢内最后一排座椅后的空当

处时，不影响座椅后倾，高度不超过座椅；需中途换向的列车，不使用最后一排座椅后的空当处。利用高铁确认列车运输时，可使用纸箱、集装袋等集装容器；集装件可码放在大件行李处、通过台、车厢过道及座椅间隔处等位置，但不码放在座椅上；单节车厢装载的集装件总重量不超过列车允许载重量（二等座车厢标记定员乘以 80 kg）。

10.2 列车乘务人员在运行途中巡视、检查高铁快件集装件码放、外包装、施封等状况。发现高铁快件集装件短少或外包装、施封破损立即报告列车长。短少的，列车长确认后，组织查找，上报运行所在局客调；破损的，会同乘警或其他列车乘务人员共同检查，并拍照留存（含可视的内装高铁快件）。开具客运记录，并通知到站。

10.3 遇列车故障途中需更换车底时，列车长报告高铁快件装载情况。在车站换乘更换乘务组的，救援车乘务组确认集装件换车情况，并办理交接。在区间换乘的，集装件不换至救援车。故障车乘务组随故障车返回的，由故障车乘务组负责途中看管，与动车所在地高铁车站办理交接。故障车乘务组随救援车继续担当乘务的，铁路局安排专人与乘务组办理集装件交接。

11. 人员素质

11.1 身体健康，五官端正，持有效健康证明。

11.2 具备高中（职高、中专）及以上文化程度，保洁人员可适当调整。

11.3 持有效上岗证，经过岗前安全、技术业务培训合格。从事餐饮服务的人员有卫生知识培训合格证明。广播员有一定编写水平，经过广播业务、技术培训合格。

11.4 列车长从事列车乘务工作满 2 年。列车值班员从事列车乘务工作满 1 年。列车长、商务座、软卧列车员能够使用简单的英语。

11.5 熟练使用本岗位相关设备设施，熟知本岗位业务知识和职责，掌握担当列车沿途停站和时刻，沿线长大隧道、桥梁、渡海等线路概况，以及上水、吸污、垃圾投放等作业情况。熟悉本岗位相关应急处置流程，具备应对突发事件的能力。

12. 基础管理

12.1 管理制度健全，有考核，有记载。定期分析安全和服务质量状况，有针对性的具体整改措施。

12.2 按规定配置业务资料，内容修改及时、正确。除携带铁路电报、客运记录、车内补票移交报告外，车上不携带其他纸质资料台账。

12.3 各工种在列车长的领导下，按岗位责任各负其责，相互协作，落实作业标准，有监督，有检查，有考核。

12.4 业务办理符合规定，票据、台账、报表填写规范、内容准确、完整清晰。配备保险柜，营运进款结算准确，票据、现金及时入柜加锁，到站按规定解款。

12.5 客运乘务人员配备统一乘务箱（包），集中定位摆放；洗漱用具、茶杯等定位摆放。

12.6 库内保洁作业纳入动车所一体化作业管理，动车所满足一体化吸污、保洁等整备作业条件。

12.7 备品柜、储藏柜按车辆设计功能使用，备品定位摆放。单独配置的备品柜与车身固定，并与车内环境相协调。

12.8 定期开展职业技能培训，培训内容适应岗位要求，评判准确。

四、铁路旅客运输服务质量监督监察

为保证铁路旅客运输服务质量，维护旅客和行李、包裹托运人、收货人（以下简称货主）的合法权益，加强对铁路旅客运输服务质量的监督监察，铁路运输企业必须确定负责铁路旅客运输服务质量监督监察工作的职能部门（以下简称客运职能部门），并确定铁路旅客运输服务质量监督监察人员（以下简称客运监察）；必须明确受理旅客、货主投诉的部门，向社会和在铁路客运营业场所公布投诉电话号码、通信地址、邮政编码、电子信箱等，并报国铁集团备案。受理投诉的工作人员要热情接待、积极处理和答复旅客、货主的投诉。

国铁集团设客运监督监察职能部门，根据工作需要可聘任兼职客运监察。

（一）分级监督监察

铁路旅客运输服务质量实行分级监督监察制。

国铁集团客运职能部门负责全路旅客运输服务质量监督监察；各铁路局有限公司客运职能部门负责本局和进入本局管辖内外单位担当的旅客列车的旅客运输服务质量监督监察。下级客运职能部门接受上级客运职能部门监督检查和指导。

（二）持证监督监察

对铁路旅客运输服务质量实行持证监督监察。证件为客运监察证，填发时加盖钢印和"证件专用章"。

客运监察证的持证人员、填发和使用规定：持证人员必须是铁总客运职能部门工作人员和铁总聘任的客运监察及铁路局确定的客运职能部门的客运监察人员。客运监察证的有效期为一年，不跨年度填发，本年度客运监察证的有效期可延期使用至次年1月15日。填写客运监察证使用区间的自至站名，必须与填写的铁路乘车证区间自至站名相一致。

客运监察在执行公务时原则上不得少于两名，须出示客运监察证，客运监察必须做到廉洁自律，秉公执法，办事公正。对滥用职权者，被检查单位或个人有权向上级举报，受理部门要认真调查处理。

（三）客运监察职责与权利

1. 客运监察的职责

（1）监督监察旅客运输工作中执行国家政策、法规的情况。

（2）监督监察旅客运输部门、单位、个人执行规章制度、文电、命令、办法、标准等的情况。

（3）监督监察客运服务质量：① 车站售票，旅客候车，检票，旅客进出站、上下车和行包托运、交付等服务的质量；② 旅客列车验票、旅客乘降、行包运输、列车服务的质量；③ 车站、车辆环境卫生，饮食供应，治安秩序，广播宣传的情况；④ 客运职工职业道德、职业纪律、文明服务、礼仪规范、作业标准等情况。

（4）客运服务设备、设施、备品质量和运用情况。

（5）对与国家铁路办理直通运输业务的其他铁路旅客运输企业进行服务质量监督、指导。

（6）受理、查处旅客、货主对铁路旅客运输服务质量的投诉。

（7）负责查处上级和新闻媒体及有关部门提出的铁路旅客运输服务质量问题。

2. 客运监察的权利

（1）听取被检查单位负责人和有关人员的情况介绍，参加或组织召开与客运服务质量有关的会议。

（2）查阅各级客运职能部门和客运公司、客运分公司（客运事业部）、站、段及相关部门的有关文件、档案、案卷、记录、票据等资料。

（3）对违章违纪和影响旅客运输服务质量的单位、个人，给予通报批评，责令限期改进，予以经济处罚及建议给予行政处分。

（4）对工作质量优良的单位和个人，给予通报表扬或建议嘉奖。

（5）上级客运职能部门可调用下级客运监察对本级管辖范围内的旅客运输服务质量进行监督监察。

（6）各单位要为客运职能部门和客运监察提供必要的办公条件和设备。

（四）服务质量问题分类

1. 服务质量不良反映（以下简称不良反映）

未构成服务质量一般问题的称不良反映。

2. 服务质量一般问题（以下简称一般问题）

（1）旅客、货主投诉或新闻媒体曝光，在社会上造成不良影响的。

（2）站、车设备、设施、备品未达到规定标准，影响服务质量或旅客、货主提出批评意见的。

（3）站、车各项工作标准、基础管理未达到规定要求影响服务质量的。

（4）未按国家或铁路总公司有关规定对运价、杂费、商品实行明码标价的。

（5）站、车存在安全隐患，但尚未发生旅客、货主伤害和责任事故的。

（6）站、车治安秩序差，但尚未发生旅客、货主伤害事故的。

（7）站、车环境卫生、饮食卫生差，但尚未发生旅客伤害事故的。

（8）站、车工作人员在工作中与旅客、货主发生争执造成不良影响的。

（9）责任造成旅客10人以下漏乘、误乘、误降、坐过站的。

（10）责任造成旅客列车晚点的。

（11）责任造成旅客、货主财产损坏、丢失、被盗价值在500元以下的。

【例3.2】　某日，周先生乘坐K10××次列车，在餐车用晚餐时，对面好几个工作人员聚堆在一起，又是抽烟，又是脱鞋子，其中一位女乘务员行为极为不雅。周先生觉得气味难闻，影响用餐，便拿出手机拍照；随即听见一名工作人员对另一名工作人员说："那**是不是在拍你"。双方因此发生争执。经调查，旅客投诉属实，被认定为服务质量一般问题。

3. 服务质量严重问题（以下简称严重问题）

（1）旅客、货主投诉或新闻媒体曝光，在社会上造成较坏不良影响的。

（2）责任造成旅客、货主轻伤的。

（3）站、车设备、设施、备品故障、缺损，严重影响服务质量，旅客、货主反映强烈或给旅客、货主造成人身伤害或带来经济损失的。

（4）利用职权运输无票人员、货物，勒卡、索要旅客、货主钱物，价值在200元以下的。

（5）责任发生食物中毒事故未造成人员死亡的。

（6）站、车工作人员在工作中刁难、打骂旅客、货主造成较大影响的。

（7）责任造成旅客10人及以上漏乘、误乘、误降、坐过站的。

（8）责任造成旅客、货主财产损坏、丢失、被盗价值在500元及以上且不足1 000元的。

（9）违反国家和铁路总公司有关收费标准、规定，乱收费、乱加价造成较大不良影响的。

【例3.3】 某日，申先生通过手机投诉，其当日在湖南境内某高铁站候乘G6164次列车（图定9点54分开），因列车晚点5分钟，直到9点54分车站才开始检票作业，旅客进入站台时发现列车已启动。事情造成10余名旅客漏乘。当旅客向站台工作人员反映是因为车站检票时间过短致使其未能乘车时，对方反而埋怨旅客行走缓慢，也未做后续处理。因该名旅客在开车前已改签过车票，所以也无法办理退票。该件投诉被当时铁总定为服务质量严重问题。

4. 服务质量重大问题（以下简称重大问题）

（1）旅客、货主投诉或新闻媒体曝光，在社会上造成严重不良影响的。

（2）责任造成旅客、货主重伤及以上伤害的。

（3）利用职权运输无票人员、货物，勒卡、索要旅客、货主钱物，价值在200元及以上的。

（4）责任发生食物中毒事故造成人员死亡的。

（5）站、车工作人员在工作中殴打旅客、货主造成严重影响或轻伤及以上伤害的。

（6）责任造成旅客、货主财产损坏、丢失、被盗价值在1 000元及以上的。

（7）违反国家和铁路总公司有关收费标准、规定，乱收费、乱加价造成严重不良影响的。

（二）服务质量问题的处罚原则

对服务质量问题的处罚，坚持实事求是、惩前毖后、治病救人的原则。处罚种类分为通报批评、罚款、行政处分。

（1）通报批评：对发生服务质量问题的单位和个人予以通报批评。

（2）罚款：发生"服务质量严重问题"之一，能够确定款额的，对责任者处以发生款额的1~2倍罚款，责任单位处以2~4倍罚款；不能确定款额的，对责任者处以1 000~2 000元罚款，责任单位处以4 000~10 000元罚款。发生"服务质量重大问题"之一，能够确定款额的，对责任者处以发生款额的1~2倍罚款，责任单位处以2~4倍罚款；不能确定款额的，对责任者处以2 000~4 000元罚款，对责任单位处以8 000~20 000元罚款。两名以上责任者可累计处罚。

（3）行政处分：分为警告、记过、记大过、降级、撤职、留用察看、开除。发生"服务质量严重问题"的，根据情节轻重对责任者可给予警告至撤职处分；发生"服务质量重大问题"的，根据情节轻重对责任者可给予记过至开除处分。对发生服务质量问题的责任单位，要追究领导责任。

（4）对发生"服务质量严重问题、服务质量重大问题"，涉及无票运输人员、货物的，对责任单位和责任者的经济处罚、行政处分按原铁道部《关于违反铁路运输收入纪律的处罚规定》（铁财〔2002〕81号）的规定执行。

（5）对发生"服务质量严重问题""服务质量重大问题"中涉及乱收费、乱加价、敲诈勒索、以票谋私的，对责任单位和责任者的经济处罚、行政处分按《中国铁路总公司路风监察办法》（铁总监〔2014〕234号）的规定执行。

此外，对发生"服务质量严重问题"及以上问题的责任者给予行政处分的同时，可给予一次性罚款。

对隐瞒事实、出具伪证、包庇纵容、阻挠妨碍客运监察执行公务或对举报、执行公务人员进行打击报复的，一经查实从严处理。

对涉嫌触犯刑律的，移交司法机关依法处理。

（三）监察与处理

（1）各级客运职能部门实施监察时，应填发《客运服务质量监督监察记录》一式两份：一份交被检查单位，一份自存。被检查单位现场负责人和客运监察均要在《客运服务质量监督监察记录》上签字或加盖名章。客运监察的名章为"铁路总公司客运监察""××局客运监察"。被检查的单位在15日内按要求逐级上报查处结果和整改措施。

（2）决定处罚时，应填发《客运服务质量问题处罚决定书》一式四份：一份交责任单位，一份自存，一份交同级财务部门，一份交责任单位上级（路局）客运职能部门。责任单位（责任者所在单位）要在15日内逐级上报查处结果和整改措施至实施检查部门，并将罚款按照处罚决定书要求汇交财务部门运营财务账户。

（3）检查进入本局管辖内外单位担当的旅客列车时，发现构成"服务质量严重问题"及以上问题时，应编制《客运服务质量监督监察记录》，注明存在的问题，提出处理意见，交责任单位及其所属的上级客运职能部门。责任单位应在规定的期限内作出处理，并将处理结果反馈给实施检查的客运职能部门。

（4）被查处的单位或个人对客运职能部门的处罚决定不服时，可在接到《客运服务质量问题处罚决定书》15日内，向上级客运职能部门提出复查申请。上级客运职能部门应当认真审查，发现处罚有错误的，应当主动改正。

五、违反铁路运输收入纪律行为的认定与处罚

（一）违反铁路运输收入纪律行为的认定

违反铁路运输收入纪律行为是指铁路运输企业及其所属的工作人员，在办理客货运输业务和开展延伸服务活动中，以及对完成的运输收入的核算、列账、报缴时，为了局部利益或个人利益，违反有关铁路运输收入管理的规章制度，有意侵犯铁路运输收入和因工作失职致使铁路运输收入遭受损失的行为。

列车上乘务人员或单位有下列行为之一的，属于违纪行为：

（1）利用工作或职务之便，篡改票证、报表或以其他方式侵吞票款。
（2）为长途旅客开短途票。
（3）私带无票人员。
（4）安排旅客（包括持有铁路乘车证的铁路职工）越席乘车。
（5）无票运输货物。
（6）列车行李员与车站或货主串通，装载超过票记重量、件数的行包货物或为其提供便利。
（7）违规占用卧铺、坐席。
（8）其他违反铁路运输收入管理或客运管理的规定，造成运输收入少收的行为。

（二）处罚规定运用原则

（1）对违反铁路运输收入管理规定，致使铁路运输收入损失的行为，无论金额大小，都应当区别情况做出如下处理：
① 没收非法所得。
② 追收应当上缴的收入。
③ 追还被侵占、挪用的资金。
④ 调整有关账目。
（2）对构成运输收入违纪行为的单位，根据情节按照下列规定处罚：
① 警告，通报批评。
② 罚款。罚款金额除本规定明确规定者外，一般不超过违纪金额的一倍；情节特别严重的，经上一级收入管理部门批准，可处以违纪金额5倍以下的罚款。
③ 取消年度有关先进表彰的评比资格。
（3）对构成运输收入违纪行为的直接责任者、主要领导责任者和重要领导责任者，根据事实和情节，按照下列规定给予行政处分、经济处罚：
① 行政处分：警告、记过、记大过、降职、撤职、留用察看、开除。
② 经济处罚。
直接责任者，是指在职责范围内不履行或不正确履行自己的职责，违反纪律，在收入违纪问题中起主要和决定性作用的人员；主要领导责任者，是指对主管的部门发生违纪问题负有领导责任的人员；重要领导责任者，是指对主要领导责任者负有教育管理责任的人员。对连续发生收入违纪问题或发生严重收入违纪问题的，在对直接责任人员实施处分的同时，可根据事实和情节对主要领导责任者、重要领导责任者给予行政处分。

（三）处罚的具体规定

（1）构成列车违纪行为第一款，违纪金额不满200元的，给予警告处分；200元以上不满1 000元的，给予记过至记大过处分；1 000元以上不满2 000元的，给予记大过至留用察看处分；2 000元以上的，给予留用察看至开除处分。实施行政处分的同时，给予违纪金额2~5倍的罚款。未开除的，要调离现工作岗位。
（2）构成列车违纪行为第二、三、四、五、六款行为之一的，违纪金额按应收款与已收款差额和获取的好处费合并计算。对责任者按以下规定处罚：

违纪金额不满 400 元的，给予警告至记大过处分，其中情节轻微的可免予行政处分；400 元以上不满 1 500 元的，给予记大过至撤职处分；1 500 元以上不满 4 000 元的，给予撤职或留用察看处分；4 000 元以上的，给予留用察看至开除处分。

实施行政处分的同时，可给予违纪金额 1~2 倍的罚款（但最多不超过 2 万元）。未开除的，要调离现工作岗位。

（3）构成第七款行为的，按所占卧铺、坐席补收票款。

（4）属于第八款行为的，可比照类似的条款处理。

单位为谋取小集体的利益，构成违纪行为之一的，除向其追补损失的运输收入外，同时处以违纪金额 20%~100% 的罚款。

收入稽查人员在检查列车时，发现列车班组因工作失职未按规定查验列车或查验不彻底，造成车补收入漏、少收的，稽查人员应开具《列车漏少收罚款通知书》，对其处以漏收款 20%~50% 的罚款。该项罚款从其当月堵漏奖中扣除。

收入稽查人员在本管辖区段内检查外单位的通过列车时，如发现上述违纪行为或因工作失职造成漏、少收情况的，应编制《稽查工作记录》交该列车管辖单位的收入管理部门按本规定处理。处理单位应将处理结果反馈给实施检查的收入管理部门。实施检查的收入管理部门认为情节严重的或未在要求时间内接到处理结果的，可拍发电报向上级有关部门报告。

六、铁路路风问题的认定与处罚

路风系指铁路的行业风气，是铁路的性质、宗旨和经营方向在运输企业和职工中的综合表现。路风工作是铁路精神文明建设、党风廉政建设和企业经营管理的组成部分。加强路风工作，对于提高职工队伍素质，提升运输服务质量，促进铁路发展，推进和谐铁路建设，具有重要作用。

（一）路风问题分类

路风问题是指企业违反相关规定利用运输资源等谋取不当利益，从业人员凭借职务、工作便利条件营私谋利，或违背职业道德，服务质量低劣，给旅客货主造成经济损失或精神、身体伤害，给企业形象造成不良影响的行为。其主要包括以车谋私、以票谋私、乱收费乱加价、勒卡索要、粗暴待客、违规经营、违规贩运等七类。

属于旅客列车的路风问题有：

1. 以车谋私

以车谋私指凭借职权或通过关系，以车皮、集装箱等运输资源谋取个人或小团体私利的行为。

2. 以票谋私

以票谋私指凭借职务或工作之便，利用车票谋取个人或小团体私利的行为。

（1）利用旅客列车开行、票额分配、代售点审批、管理、团体票办理等铁路客票业务谋取私利；
（2）为旅客代办车票收取好处费，或收钱不补票、收长途钱补短途票，为旅行团体代办车票、违规贩运等提供方便，获取不当利益；
（3）私带无票人员和货物，违规安排越席及其他不符合乘车条件人员乘车；
（4）接送无票人员进出站、上下车，装运超过票记重量、件数的行包货物；
（5）利用车票资源谋取私利的其他行为。

3. 粗暴待客

粗暴待客指在客货服务过程中违背职业道德和基本服务规范，侵害旅客货主人身、财产权利，给企业形象、声誉造成不良影响的行为。
（1）对旅客生冷硬顶，言语污秽，行为粗鲁；
（2）有意设置障碍，刁难旅客；
（3）殴打旅客；
（4）侵害旅客人身、财产权利的其他行为。

4. 勒卡索要

勒卡索要指在客货运输服务过程中凭借职务或工作便利，采取刁难、要挟或威胁等手段，敲诈勒索旅客货主的行为。

5. 乱收费乱加价

乱收费乱加价指违反国家有关部门及总公司规定的客货运输相关收费项目和标准，收取或变相收取不合理费用的行为。

6. 违规经营

违规经营指在经营活动中违反相关规定，违背合同约定或旅客货主意愿，采用强制、误导、诱导、搭售等手段侵害旅客货主利益的行为。
（1）不按规定公示收费依据、标准，指定或禁止客户选择服务项目，不按规定签订合同，只收费不服务、多收费少服务，收费不提供合法票据；
（2）强卖、强制搭售商品，出售假冒伪劣商品；
（3）列车开办茶座、夜宵等不按标准提供服务，变相卖座；
（4）在代办转乘车船、住宿、旅游等业务中违背承诺，欺诈旅客；
（5）经营活动中其他侵害旅客货主利益的行为。

7. 违规贩运

违规贩运指凭借职务或工作便利，利用列车携带禁运、限运物品或违规办理禁运、限运物品运输的行为。

（二）路风问题定性

路风问题定性为重大路风事件、严重路风事件、一般路风事件和路风不良反映四个级别。

1. 重大路风事件

（1）以车谋私金额（含实物折算价值，下同）5 000元以上，以票谋私金额3 000元以上；

（2）私带无票人员、货物，违规安排越席及其他不符合乘车条件人员，按已乘（运）区间票价（运价）计算，同时收取好处费合并计算，金额在3 000元以上；

（3）殴打旅客、货主造成重伤、死亡，或侵害旅客货主人身、财产权利情节特别严重；

（4）敲诈勒索旅客货主2 000元以上；

（5）乱收费乱加价金额（从行为发生之日起累计计算，下同）客运在100 000元以上；货运在500 000元以上；

（6）违规经营造成特别恶劣影响；

（7）违规贩运香烟200条以上，或贩运其他禁运、限运物品情节特别严重；

（8）其他造成特别恶劣影响，使路风路誉遭受严重损害的行为。

2. 严重路风事件

（1）以车谋私金额2 000元以上不足5 000元，以票谋私金额1 500元以上不足3 000元；

（2）私带无票人员、货物，违规安排越席及其他不符合乘车条件的人员，按已乘（运）区间票价（运价）计算，同时收取好处费合并计算，金额在1 500以上不足3 000元；

（3）殴打旅客货主造成轻伤，或侵害旅客货主人身、财产权利情节严重；

（4）敲诈勒索旅客货主不足2 000元；

（5）乱收费乱加价金额，客运在50 000元以上不足100 000元；货运在200 000元以上不足500 000元；

（6）违规经营造成恶劣影响；

（7）违规贩运香烟100条以上不足200条，或贩运其他禁运、限运物品情节严重；

（8）其他造成恶劣影响，使路风路誉遭受较大损害的行为。

【例3.4】 一旅客某日从商丘乘K36×次去上海。列车长查票时发现其无票，也不相信他是从商丘上车的，于是让其补票时双方发生争执，列车长一气之下动手打伤旅客，造成旅客投诉不止，影响恶劣，被认定为严重路风事件。

3. 一般路风事件

（1）以车谋私金额1 000元以上不足2 000元，以票谋私金额500元以上不足1 500元；

（2）私带无票人员、货物，违规安排越席及其他不符合乘车条件的人员，按已乘（运）区间票价（运价）计算，同时收取好处费合并计算，金额在500以上不足1 500元；

（3）殴打旅客货主，或侵害旅客货主人身、财产权利情节较重；

（4）乱收费、乱加价金额，客运在30 000元以上不足50 000元；货运在50 000元以上不足200 000元；

（5）违规经营造成很坏影响；

（6）违规贩运香烟50条以上不足100条，或贩运其他禁运、限运物品情节较重；

（7）其他造成很坏影响，使路风路誉遭受损害的行为。

【例3.5】 2005年某日，公安检查组在K19×次列车部分车厢顶棚内查获香烟28箱722条。经调查，列车在始发站车库时，烟贩到休息车找到乘务长、检车员、空调电工3人，提出带运11件香烟，每件给好处费50元，合计550元，到达目的地后收钱。根据烟草局认定的重量，应补收运费886.2元。补收费用和好处费合计1 466.20元，认定为一般路风事件。

4. 未构成路风事件的路风问题，定为路风不良反映

路风不良反映由站段或铁路局集团认定；一般路风事件由铁路局集团认定；严重以上路风事件按照"谁调查谁认定"的原则由国铁集团、铁路局有限公司认定；铁路局有限公司认定的重大路风事件，应报国铁集团备案。

上级对下级定性不准或处理不当的路风问题可予纠正，必要时可直接认定。跨单位的路风问题，由上级路风监察机构协调处理。对定性与处理有争议的，由上级路风监察机构裁决。

（三）路风问题的监察监督

（1）路风监察人员执行职务时，应持"路风监察证"，必要时佩戴"路风监察"臂章。国铁集团"路风监察证"和"路风监察"臂章发至铁路局、专业运输公司专职路风监察人员。

（2）路风检查采取明查、暗访两种形式，由两人以上实施。明查时应主动出示"路风监察证"，在受检查单位配合下开展工作。凡不出示有效证件的，受检查单位可以拒绝检查。

（3）路风监察人员查出路风问题，应填发《路风监察通知书》，也可视情况拍发铁路电报。《路风监察通知书》的填写要符合监察内容，事实清楚、表述准确、客观公正，并加盖路风监察人员名章。

（4）检查结束后，应向受检查单位通报检查情况。凡填发《路风监察通知书》的，由受检查单位现场负责人签字，一式两份，一份交责任单位处理，一份由检查人员报路风监察工作机构留存。责任单位应在15日内做出定性处理，并逐级上报查处结果。受国铁集团委托检查的，《路风监察通知书》应24小时内报总公司路风监察工作机构。

（5）路风监察人员履行职务时，持"路风监察证"可免予签证登乘各次列车（国际列车、进港直通车等按有关规定办理），准予使用铁路电报、电话，在乘务员公寓食宿。

（6）路风监察人员执行职务时，受检查单位应支持配合工作，任何单位或个人不得拒绝、阻碍或打击报复。

（四）路风问题的处罚原则和方式

凡是发生路风问题，都必须予以追究。

1. 处分的原则

（1）坚持实事求是的原则，以事实为依据，准确定性，依规处理。
（2）坚持严肃执纪的原则，对发生路风问题的单位、个人，不迁就、不袒护。
（3）坚持惩教结合的原则，既注重追究责任，又注意教育引导。

2. 处分的方式

（1）对路风问题责任人员的追究方式：① 组织处理：包括书面检查、通报批评、调整工作岗位、免职等；② 经济考核；③ 纪律处分。
（2）对路风问题责任单位的追究方式：① 通报批评；② 经济考核；③ 纳入企业责任人经营业绩等考核；④ 取消有关荣誉称号和评先资格。

第四章 客运服务礼仪和技巧

【主要内容】　客运服务礼仪；涉外旅客服务礼仪禁忌和服务技巧；客流高峰期及长途旅客服务

【重点掌握】　客运服务的基本礼仪

第一节 礼仪概述

一、礼仪的含义

礼仪是文明的象征，属道德的范畴。礼仪是指人们在社会交往活动中形成的行为规范与准则，是礼节、礼貌、仪表、仪式等的总称。它是社会道德、习俗、宗教等方面人们行为的规范，是文明道德修养程度的一种外在表现形式。礼仪不是随便制定的，是以约定俗成的程序、方式表现的律己、敬人的过程，涉及穿着、交往、沟通、情商等内容。各个国家、各民族在不同时期常有不同的礼仪规范，说明礼仪源于民族、国家长期形成的伦理道德观念和社会生活习俗，是一种约定的行为规范。人类社会要发展，就必须弘扬、推行礼仪，这是因为礼仪具有重要的功能，既有助于个人，也有助于社会。

礼仪的社会功能主要有以下几方面：

1. 礼仪有助于提高人们的自身修养

在人际交往中，礼仪往往是衡量一个人文明程度的准绳。它不仅反映了一个人的交际技巧和应变能力，还反映了一个人的气质风度、阅历见识、道德情操和精神风貌。可以说，礼仪即教养，有教养才能文明，有道德才能品德高尚。通过一个人对礼仪运用的程度，可以察知其教养高低、文明程度和道德水准。因此，学习礼仪、运用礼仪，有助于提高个人的修养，提高个人的文明程度。

2. 礼仪有助于人们美化自身、美化生活

个人形象是一个人仪容、表情、举止、服饰、谈吐、教养的集合，礼仪在这些方面都有详尽的规范。学习礼仪，将有益于人们更好地设计和维护个人形象，更充分地展示个人的良好教养和优雅风度。当每个人都重视美化自身，彼此之间都以礼相待时，人际关系将会更加和睦，生活会变得更加美好。

3. 礼仪有助于促进社会交往，改善人际关系

世事洞明皆学问，人情练达即文章。人类的社会生活免不了相互往来，一个人要同其他人打交道，则不得不讲礼仪。运用礼仪，可以使个人在交际活动中充满自信，还能帮助人们规范彼此的交际活动，更好地向交往对象表达自己的尊重、敬佩和友善，增进彼此之间的了解和信任。长此以往，必将促进社会交往的进一步发展，帮助人们交际取得成功，对造就和谐、完美社会有着重要作用。

4. 礼仪有助于净化社会风气，推进社会主义精神文明建设

一般而言，人的教养反映其素质，素质又体现于细节。反映个人教养的礼仪，是人类文明的标志之一。一个人、一个单位、一个国家的礼仪水准如何，反映了这个人、这个单位、这个国家的文明水平、整体素质。古人指出"礼义廉耻，国之四维"，将礼仪列为立国的精神要素之本。荀子也说："人无礼则不立，事无礼则不成，国无礼则不宁。"反过来说，遵守礼仪、应用礼仪，将有助于净化社会风气，提升个人乃至全社会的精神品位。我国大力提倡的社会主义精神文明建设，与礼仪的要求完全吻合。可以说，提倡礼仪的学习、运用，对推进社会主义精神文明建设是不可或缺的。

礼仪的上述功能主要是通过以下作用来实现：

（1）约束作用——礼仪作为一种约定俗成的行为规范，一旦形成，对人们的行为就形成了一种强大的约束作用，人们都将受其制约。

（2）协调作用——由于人们受教育程度不同、成长环境各异，加上个性、职业、年龄、性别等方面的差异，导致人们产生价值取向的不同。在人际交往中，人们为了维护自身利益，就会发生不同程度的矛盾和冲突。礼仪的原则和规范，就能协调人与人之间的关系，使人们能够相互理解、相互尊重，从而友好相处。

（3）教育作用——礼仪作为一种道德行为规范，对全社会的每一个成员都起着潜移默化的作用。有的国家把礼仪教育列为国民素质教育的主要内容，在短时间内提高全体国民综合素质取得了举世瞩目的成就。

二、礼仪应遵循的原则

1. 尊重原则

在现代礼仪中，尊重原则是指在礼仪行为实施的过程中，要体现出对他人真诚的尊重，而不能藐视他人。礼仪本身从内容到形式都是尊重他人的具体体现。在交往中，任何不尊重他人的言行，都会引来他人的反感，更不会赢得他人对自己的尊重。心理学认为，人们对尊重的需要分两类，即自尊和来自他人的尊重。自尊包括对获得信心、能力、本领、成就、独立和自由的愿望；来自他人的尊重包括威望、承认、接受、关心、赏识等。自尊往往是人们容易做到的，但要获得来自他人的尊重，首先要学会尊重他人。尊重他人是礼仪的重要原则。与人交往，不论对方的地位高低、身份如何、相貌怎样，都要尊重其人格，使其感到自己在他人心目中是受欢迎的，从而得到一种心理上的满足，进而心情愉悦。

在人际交往中如何才是尊重别人呢？第一，要热情、真诚。热情的态度会使人产生受重

视、受尊重的感觉。相反，对人冷若冰霜，则会对其造成伤害。当然，热情要有度，如果过分热情，会使人感到虚伪、缺乏诚意。第二，要给人留面子。所谓面子，就是自尊心。每个人都有自尊心，失去自尊心对一个来说，是件非常痛苦的事。伤害别人的自尊是严重的失礼行为。维护自尊，希望得到他人的尊重，是人的基本需要。第三，允许他人表达思想，表现自己。当别人和自己的意见不同时，不要把自己的意见强加给对方。当个人和与自己性格不同的人交往时，也应尊重对方的人格和自由。

2. 平等原则

在现代礼仪中，平等原则是基础，是最重要的。所谓平等，是指以礼貌待人，礼尚往来，既不盛气凌人，也不卑躬屈膝。从心理学的角度看，人都有友爱和受人尊重的心理需求。人人都渴望平等，成为家庭和社会中真正的一员。任何抬高和贬低自己的语言和行为，都不利于建立和谐的人际关系。平等原则要求我们在处理人际关系中，尤其在服务接待工作中，服务对象不管是外宾，还是国内宾客或侨胞，都要满腔热情、一视同仁地对待，决不能有任何看客施礼的意识，更不能以衣帽取人。应本着"来者都是客"的真诚态度，以优质服务取得宾客的信任，使他们乘兴而来，满意而去。

3. 适度原则

适度原则是指在交往中把握分寸，根据具体情况、具体情境而行使相应的礼仪。例如，在与人交往时，要彬彬有礼，又不能低三下四；既要热情大方，又不能轻浮谄媚。要自尊，不要自负；要坦诚，不能粗鲁；要信任人，但不要轻信；要活泼，但不能轻浮。这是因为凡事过犹不及，运用礼仪时，假如做得过了头或者做得不到位，都不能正确地表达自己的自律、敬人之意。当然，运用礼仪要真正做到恰到好处、恰如其分，只有勤学多练，积极实践。

4. 自律原则

礼仪作为行为的规范、处事的准则，反映了人们共同的利益，每个人都有责任、义务去维护它、遵守它。各种类型的人际交往，都应当自觉遵守现代社会早已达成共识的道德规范，如社会公德、守时重信、真诚友善、谦虚随和等。在人际交往中，交往双方都希望得到对方的尊重。在这种情况下，我们应该首先检查自己的行为是否符合礼仪的规范要求，主动做到严于律己、宽以待人，"得理也让人"。只有这样，才能在人际交往中塑造自身良好的形象，掌握交往的主动权，得到别人的尊重。

5. 信用原则

言必行，行必果。承诺是一种沉重的付出，对待任何已经做出的承诺都应该竭尽全力地去做到。因此在必要的时候，如果个人实在无法帮助别人做到一些事情的时候，应该学会拒绝，并掌握好拒绝的艺术。

三、礼仪的内容和分类

1. 礼仪的内容

从内容上讲，礼仪是由礼仪的主体、礼仪的客体、礼仪的媒体和礼仪的环境四项基本要素组成的。

（1）礼仪的主体，指的是礼仪活动的操作者和实施者。它既可以是个人，也可以是组织。当礼仪活动规模较小、较为简单时，其主体通常是个人。当礼仪活动规模较大、较为复杂时，其主体则通常是组织。没有礼仪主体，礼仪活动就不可能进行，礼仪也就无从谈起。

（2）礼仪的客体，又叫礼仪的对象，指的是礼仪活动的指向者和承受者。从外延上讲，它可以是人，也可以是物；可以是物质的，也可以是精神的；可以是具体的，也可以是抽象的；可以是有形的，也可以是无形。没有礼仪客体，礼仪就失去了对象，就不成其为礼仪。礼仪的客体与礼仪的主体二者之间既对立又依存，而且在一定条件下可相互转化。

（3）礼仪的媒体，指的是礼仪活动所依托的一定的媒介。进而言之，它实际上是礼仪内容与礼仪形式的统一。任何礼仪都必须使用礼仪媒体，不使用礼仪媒体的礼仪不可能存在。礼仪的媒体，具体是由人体礼仪媒体、物体礼仪媒体、事体礼仪媒体等构成的。在具体操作礼仪时，这些不同的礼仪媒体往往是交叉、配合使用的。

（4）礼仪的环境，指的是礼仪活动得以进行的特定时空条件。大体说来，它可以分为礼仪的自然环境与礼仪的社会环境。礼仪的环境制约着礼仪的实施，不仅实施何种礼仪都由环境所决定，而且具体礼仪的实施方法也由环境所决定。

2. 礼仪的分类

按照适用对象、适用范围的不同，礼仪大致上可以被分为政务礼仪、商务礼仪、服务礼仪、社交礼仪、涉外礼仪等几大分支。

（1）政务礼仪，亦称国家公务员礼仪，是指国家公务员在执行公务时所应当遵守的礼仪。

（2）商务礼仪，是指公司、企业的从业人员以及其他一切从事经济活动的人士，在经济往来中所应当遵守的礼仪。

（3）服务礼仪，是指各类服务行业的从业人员在自己的工作岗位上所应当遵守的礼仪。

（4）社交礼仪，亦称交际礼仪，是指社会各界人士在一般性的交际应酬之中所应当遵守的礼仪。

（5）涉外礼仪，亦称国际礼仪，是指人们在国际交往中，同外国人打交道时所应当遵守的礼仪。

不同的社会交往要求不同类型的礼仪行为，不同种类的礼仪行为不能相互混淆。所以，对各类礼仪应该了解其适用范围，灵活运用。

四、铁路客运服务礼仪

铁路客运服务礼仪，是指铁路车站、列车服务工作中向旅客表示敬意的仪式，是在服务工作中形成的得到共同认可的礼貌、礼节和仪式，是客运工作人员必须遵循的服务规范。掌握服务礼仪，做到礼貌待客，是做好铁路客运工作的先决条件。塑造铁路客运服务的礼仪礼貌，不仅是服务人员的工作需要，也是一个人文化修养的直接表现。

对于广大铁路客运服务人员来讲，提升自己的服务礼仪水平和质量，首先要加强爱岗敬业和职业道德教育，树立正确的人生观和价值观，形成讲奉献、比进取的良好氛围；其次要注重提高自己的服务意识，关注细节服务，掌握整个服务过程中旅客的需求；最后，要从服务形象、服务礼仪、服务姿态、服务用语等基础的技能培训着手，认识到服务意识是前提，服务技能是基础，不断改进服务工作、提升服务礼仪水平，树立铁路服务的良好窗口形象。

（一）学习客运服务礼仪的意义

为创建铁路客运优质服务，提高铁路客运职工的综合素质，学习服务礼仪有着十分重要的意义：

（1）铁路客运服务工作的特点是直接为旅客提供服务，良好的服务礼仪可以弥补某些客运设施条件的不足，会产生积极的社会效果，满足旅客的心理需求。

（2）铁路客运服务礼仪体现铁路企业的管理水平和服务水平。客运服务是铁路企业精神文明的窗口，员工的礼仪规范不单是个人形象的问题，也反映了铁路的企业形象，同时还反映出国家和民族的道德水准、文明程度和精神面貌。

（3）学习铁路客运服务礼仪可以塑造铁路职工爱岗敬业的完美自我形象。每位站、车服务人员在工作中体现的良好礼仪和内在美，既是自尊自爱的表现，也是事业心、责任感、自豪感的具体反映。

（二）客运服务礼仪的具体要求

1. 树立"以旅客为中心"的思想观念

走进铁路车站、列车的人，都是铁路的客人、朋友，是服务的对象。尊重旅客，树立以旅客为中心的观念，是提供优质服务的基础。以旅客为中心，就是在考虑问题、提供服务、安排工作时，都要想旅客之所想、急旅客之所急。在接待旅客的过程中，不仅要满足旅客在物质方面的需求，还应该通过服务人员的优质服务，使旅客心情愉快、得到精神上的满足，留下美好难忘的印象。具体说来，应做到如下几个方面：

（1）主动服务，指在旅客开口之前提供服务，意味着客运服务人员有很强的感情投入，细心观察旅客的需求，为旅客提供个性化服务。

（2）热情服务，指服务人员发自内心用满腔热情向旅客提供良好服务，做到精神饱满、动作迅速、满面春风。

（3）周到服务，指在服务内容和项目上能细致入微，处处方便旅客，千方百计为旅客排忧解难。

2. 时时处处见礼貌

每一位客运服务人员都是礼仪大使，在服务工作中都应承担服务大使的责任，以主人翁的精神，通过语言、动作、姿态、表情、仪表等体现对旅客的友好和敬意；同时也应注意各国、各民族一些独特的礼节风俗习惯，灵活运用到服务接待中去，使旅客感受到服务的热情和真诚，赢得旅客的尊重。

在服务过程中，还应注意的是服务产品具有完整性。一个环节、一个时刻出现差错，就会损害铁路的整体形象，就难以使旅客获得愉快的感受，正是"100 - 1 = 0"这个礼仪服务公式所表达的含义。所以，讲究礼仪应自始至终，体现在服务过程的每一个细微之处。

3. 旅客永远是对的

坚持"以人为本，宾客至上"的原则，已经成为服务行业的共识。旅客花钱到列车上来是为了买享受、买尊重，如果感到客运服务人员的怠慢无礼，就会觉得是花钱买罪受。客运服务人员应树立强烈的服务意识，遵循"旅客永远是对的"原则，妥善处理各类服务事项。即便遇到一些不讲理的旅客，也应该把"对"让给旅客，得理也应让人，这样，旅客就能感受到受尊重，从而"化干戈为玉帛"。

作为客运服务人员，首先要为旅客着想，不能从主观愿望去设想或要求旅客怎样，这样容易出现挑剔旅客、排斥旅客、冷落旅客、怠慢旅客的情形。不管旅客是什么身份，都要积极、主动、热情地接近对方，淡化彼此之间的冷漠和戒备，为服务大开方便之门。其次要学习和掌握服务技巧，处理问题时，语言表达应语气委婉、巧妙得体，尽量照顾旅客的面子，既解决了问题，又尊重了旅客。这样可以使旅客感受到铁路的服务水平，展现铁路的风貌。

第二节　客运服务的基本礼仪

仪容仪表

一、仪容仪表

仪容仪表即人的外表，包括容貌、服饰、姿态、个人卫生等方面，是一个人精神面貌的外观体现。一个人的仪表往往与其生活情调、思想品质、道德修养密切相关。客运服务人员应充分关注自己的仪容仪表，维护好自身形象，这不仅反映了个人的精神面貌，也代表了铁路企业的形象。

注重仪表美，首先应该认识到仪表美是自然美和修饰美的和谐统一，人的容貌、形体、姿态协调优美属于自然美，后天的修饰也是必不可少的。通过得体的服饰打扮、恰当的面容修饰、整洁美观的外形设计，才能具备仪表美。其次要强调内在美的重要作用，一个人缺乏文化修养、文明礼貌，那么外表美会显得肤浅、做作，缺乏深度和内涵。慧于中才能秀于外，所以个人要加强内在修养，提高审美情趣，才能真正具有仪表美。最后要注意仪表美应符合行业规范，不同行业、不同领域对仪表美的要求有各自的标准，如战士的仪表要求就与舞蹈演员不同，铁路客运服务行业则要求仪表端庄、举止大方、打扮得体、训练有素。

（一）容貌

1. 头发的修饰与卫生

客运服务人员选择的发型，应与自己的年龄、脸型、身高、性别相称。在工作期间，女职工不披长发（长发可以使用颜色稍深、大方美观的发夹扎起来），头发不遮脸，刘海不遮眉，不染彩发，不戴花哨的头饰；男职工的头发应前不垂额、遮眉，后不触领，不留鬓角，不留长发或扎小辫子，不留过于新潮、怪异的发型，也不能染彩发或剃光头。

客运服务人员应注意头发的清洁。平时勤洗头，一般两天洗一次，避免头发有异味、头屑或过于油腻；每天适时梳理，避免头发凌乱。发质不好的职工要注意加强营养和护理，保持头发的健康和柔顺。

2. 面部的修饰与卫生

客运服务人员应保持面部皮肤健康，正确保养面部皮肤；注意清洁，每天早、中、晚洗脸，去除面部的油脂、灰尘，使自己容光焕发、清新自然。

客运女职工在工作时应施淡妆，不得浓妆艳抹，可以表现自己美的一面，保持美好的精神状态。男职工应将胡须剃净，常修剪鼻毛，保持面容整洁。

3. 口腔、手部、身体卫生

客运职工应注意口腔卫生，每天早晚刷牙、餐后漱口，消除口腔内的食物残渣，保持口气清新。班前忌饮酒，忌吃大葱、大蒜等气味浓烈的食物，注意消除口臭，必要时，可嚼口香糖或含茶叶以消除异味。

手的清洁能反映一个人的卫生习惯。平时应勤洗手，保持双手清洁。经常修剪指甲，不留长指甲，上班不涂带色指甲油。

为保持身体卫生，应勤洗澡，勤换衣服，上班前避免剧烈运动。天气炎热时，应提前到岗，防止匆匆上岗带给旅客一身汗味。工作时最好不要使用香水，尤其要避免使用气味浓烈的香水。

客运服务人员上岗前，应细心在镜子前全面检查一次仪容、卫生。在服务过程中，注意修饰妆容时要避开他人，不可当着旅客的面梳头、化妆、修剪胡须等。这不仅是尊重旅客的需要，也体现了敬业爱岗的精神。

（二）服饰

铁路客运职工工作时应穿着统一制服，整洁大方，佩戴职业标志。铁路制服属于职业装，穿着要遵守以下原则：

（1）要干净清爽。穿职业装必须保持干净清爽的状态。上班时穿的制服特别容易被弄脏，要定期或不定期进行换洗，一旦发现被弄脏，应尽快进行换洗。此外，与之配套的内衣、衬衫、袜子等也应勤换洗，皮鞋保持干净、光亮。

（2）要熨烫平整。穿着职业装，要整整齐齐，外观完好。由于职业装所采用的面料千差万别，并非所有的职业装都挺括悬垂、线条笔直，因此，在换洗职业装后必须将其熨烫平整。如果职业装皱皱巴巴、褶痕遍布，就会给人邋遢、消极、懒惰之感。此外，外衣口袋内不宜放入过多物品。

（3）要扣好纽扣。穿着职业装，要严守规矩。不可敞胸露怀，不系纽扣、领扣，给人散漫、自以为是的印象。系领带或领结时，要按规范系好。

（4）不卷不挽袖口、裤腿。穿着职业装，要有整体造型。在工作中，要尽量避免一些不雅的动作，如高卷袖筒、高挽起裤腿等。

（5）要慎穿毛衣。职业装内慎穿厚的毛衣，毛衣宜薄而保暖；同时，毛衣的领口不可露在职业装的外面，应穿低"V"字领的毛衣。穿毛衣时，领带应置于毛衣和衬衫之间。

（6）要巧配衬衫。职业装衬衣的搭配也相当重要。首先，衬衫颜色的搭配要与职业装相协调，一般白色最适宜搭配；其次，衬衫的花色要暗，不可零乱，不可花哨；再次，穿着衬衫时要将下摆束入外裤内。

（7）注意鞋袜的穿着。一般穿深色皮鞋，配同色系的袜子。皮鞋保持干净、光亮，无破损。不穿钉子鞋、拖鞋，不赤足穿鞋。为安全和舒适起见，女职工工作期间不宜穿高跟鞋，如图 4.1 所示。

图 4.1 铁路制服示例

（三）姿势（见图 4.2）

图 4.2 坐姿、站姿、蹲姿、行姿示例

1. 站姿

站立是人们日常交往中一种最基本的举止，更是服务人员最常用的工作姿势。站立不仅要挺拔，还要优美典雅，站姿是优美举止的基础。

（1）标准的站姿：对站姿的要求是"站如松"。具体要求：头正，双目平视，嘴唇微闭，下颌微收，面部平和自然；双肩放松，稍向下沉，身体有向上的感觉，呼吸自然；躯干挺直，收腹、挺胸、立腰；双臂放松，自然垂于体侧，手指自然弯曲；双腿并拢立直，膝、两脚跟靠紧，脚尖分开呈"V"字状，身体重心放在两脚中间。标准的站姿，不仅可以使人显得挺拔、精神，还有助于呼吸和血液循环，有利于身体健康。

（2）对客服务的站姿要求：男职工站立服务时，可以双脚与肩同宽、分开站立，双手握于腹前、身后或自然下垂，体现男性阳刚之美。女职工站立时，双脚平行紧靠，也可呈"V"字或丁字，双膝并拢，将右手搭握在左手四指上放于腹前或身后，体现女性轻盈、典雅之美。要注意，无论是哪种站姿，都要注意颈部、躯干伸直，否则显得消极懒散，无精打采。

与旅客谈话时，应注意保持适当的距离，一般为 60 cm 左右，过近、过远都会显得失礼。为坐着的旅客服务时，应在旅客身边弯腰站立，面带笑容，此时身体直立也会显得傲慢无礼。在服务过程中，尽量面向旅客站立，回答旅客问话要站稳，不要边走边答，也不要一边做事一边回答。旅客到办公场所问事，要主动让座；没有座位时，必须站起来接待应答。

（3）站姿四忌：一忌身体歪斜，即站立时不得偏头、弯腰、驼背、肩斜、腿曲，这些都会影响线条美；二忌前伏后靠，在工作中不得伏在桌子上，也不应该倚墙靠柜；三忌动作过多，工作时不要有多余的小动作，如摆弄衣角、头发、双腿轮换站立、腿脚抖动等；四忌手脚位置不当，双手抱胸、叉腰、插袋，双脚间距过大、歪脚站立等。

2. 坐姿

优雅的坐姿传递着自信、友好、热情的信息，能体现一个人的良好修养和对他人的尊重。

（1）标准的坐姿：对坐姿的要求是"坐如钟"。具体要求：从座位左侧入座，走到座位前转身，将右脚后移半步，轻稳坐下，坐下后最好占椅面的 3/4 左右。女子如穿着裙装，先用手轻抚裙的后摆，坐下后两腿自然弯曲、双膝并拢，上身保持正直，双手相握或平放在膝上，目平视，嘴微闭，面带笑容。端坐时间过久感觉疲劳时，可变换为侧坐，即向左或右摆 45°，双脚、双膝靠拢，手臂可轻靠于椅背上。

（2）对客服务的坐姿要求：需要与旅客一起入座时，应请旅客先坐；服务中如果处于坐姿，身体要立直，面带微笑，交给旅客钱款、车票等物品时，要轻轻递给对方，不得扔摔；与旅客交谈可以身体稍向前倾，态度诚恳，容易获得旅客的配合。

（3）坐姿四忌：一忌落座有声，入座应避免碰撞椅子发出噪声；二忌前趴后仰，入座后头不应该靠在椅背上，上身不趴向前方或两侧，保持身体正直；三忌手位不当，入座后双手不应抱臂，不应将肘部支于桌上，也不应该将双手压在大腿下或夹在双腿之间；四忌腿脚动作不雅，坐下后要避免大腿分开过大、抖动、跷二郎腿、脚尖朝天、脚踏其他物品等。

3. 行姿

行姿是站姿的延续动作，是在站姿的基础上展示人的动态美。无论是在日常生活中还是在社交场合，凡是协调稳健、轻松敏捷的步态都会给人以美感。正确的步态可以表现出一个人朝气蓬勃、积极向上的精神状态，呈现出一种健美的姿态，走路最能表现一个人的风度和活力。

（1）标准的行姿：对行姿的要求是"行如风"。具体要求：双目向前平视，微收下颌，面带微笑；双臂平稳，双肩前后自然摆动，摆幅以 30°～35°为宜，双肩不要过于僵硬；上身挺直，头正挺胸，收腹，立腰，重心稍前倾；注意步位，两只脚的内侧落地时应走出两条平行直线；注意步幅适当，一般应该是前脚的脚跟与后脚的脚尖相距为一个脚长。行进时，要注意保持轻快的步速。

客运人员集体进出站车时，要列队行走，女性在前，男性在后，列车长在队列左侧中后部同步行走。携带箱包行走，拎（背）包或拉箱时，应队列整齐，步伐统一，箱（包）应在同一侧。

（2）对客服务的行姿要求：服务中行走要注意步速，使旅客感到安定。走路过慢、东张西望，会显得懒散、漫不经心，且工作效率低；走路过快，风风火火，会使旅客产生紧张情绪，也会增加工作中的差错。多人行走时，不要排成一排或勾肩搭背。总之，男职工行走应刚健有力，女职工行走应轻盈、柔美。

（3）行走三忌：一忌步态不雅，走成"内八"、"外八"字，或横向摇摆、蹦蹦跳跳，或手插裤袋都是不雅的姿势；二忌制造噪声，行走时脚步声过重或拖着鞋行走，都会发出令人厌烦的声音；三忌不守秩序，行走时横冲直撞、与人抢道、阻挡通道等违反公共秩序，妨碍他人行走，也有损自身形象。

4. 蹲姿

女性在公共场所拿取低处的物品或拾起落在地上的东西时，不妨使用下蹲和屈膝动作，可以避免弯上身和翘臀部。特别是穿裙子时，如不注意背后的上衣自然上提，露出臀部和内衣很不雅观；即使穿着长裤，两腿展开平衡下蹲，撅起臀部的姿态也不美观。

蹲姿的基本要领是，站在所取物品的旁边，蹲下屈膝去拿，不要低头，也不要弓背，要慢慢地把腰部低下；两腿合力支撑身体，掌握好身体的重心，臀部向下，速蹲速起。

下蹲时一般采用的姿势：左脚在前，右脚稍后（不重叠），两腿靠紧向下蹲。左脚全脚着地，小腿基本垂直于地面，右脚脚跟提起，脚掌着地。右膝低于左膝，左膝内侧靠于左小腿内侧，形成左膝高右膝低的姿势，臀部向下，基本上以右腿支撑身体。从地上取物时，东张西望会让人产生猜疑，一边言谈、身体放松、弯腰曲背的姿势会影响人体外形美观。

如果物体位于正前方，采用全蹲姿态会使人的正面形象看上去不美，也不便于取物。不能采用翘臀姿势取地上的物件，那样非常不雅观，如果是穿着短裙就更不雅了。简便的弯腰拾取姿势可能要比下蹲快速，但需注意两点：一是腿取半蹲的姿态；二是女性穿着低领上装时，一手可以护着胸口。

5. 手势

手势是人际交往中运用较多的动作，包含着丰富的礼仪信息。恰当地运用手势能够起到良好的沟通作用，也有利于树立自己的美好形象。

客运服务中，手势的运用要规范和适度。介绍客人、引领客人、指引方向、清点人数等时，都需要使用规范的手势。做自我介绍时，应用右手掌轻按自己的左胸；谈到别人的时候，切不可用手指指点，清点旅客人数的时候应使用右手掌心向上来数；介绍他人、指引方向时，应掌心向上，手指自然并拢，以肘关节为轴指示目标，同时身体稍向前倾，当指明方向后作短暂停留，确认旅客看清后再将手放下，不要随便一挥手就立即放下，如图4.3所示。

使用手势时要注意：一忌手势不敬，掌心向下、伸出手指指点、手持物品指示方向都是对人不敬的手势；二忌手势过多、过大，要注意动作的幅度，手舞足蹈、动作夸张也会引人反感，双手乱动、乱摸、乱举、乱扶、乱放或是咬指尖、折衣角、拍胳膊、抱大腿等，也是应当禁止的不稳重的手势；三忌乱用手势，要了解手势在不同国家和地区的含义，不懂各地风俗乱用手势，会引起客人的不满。

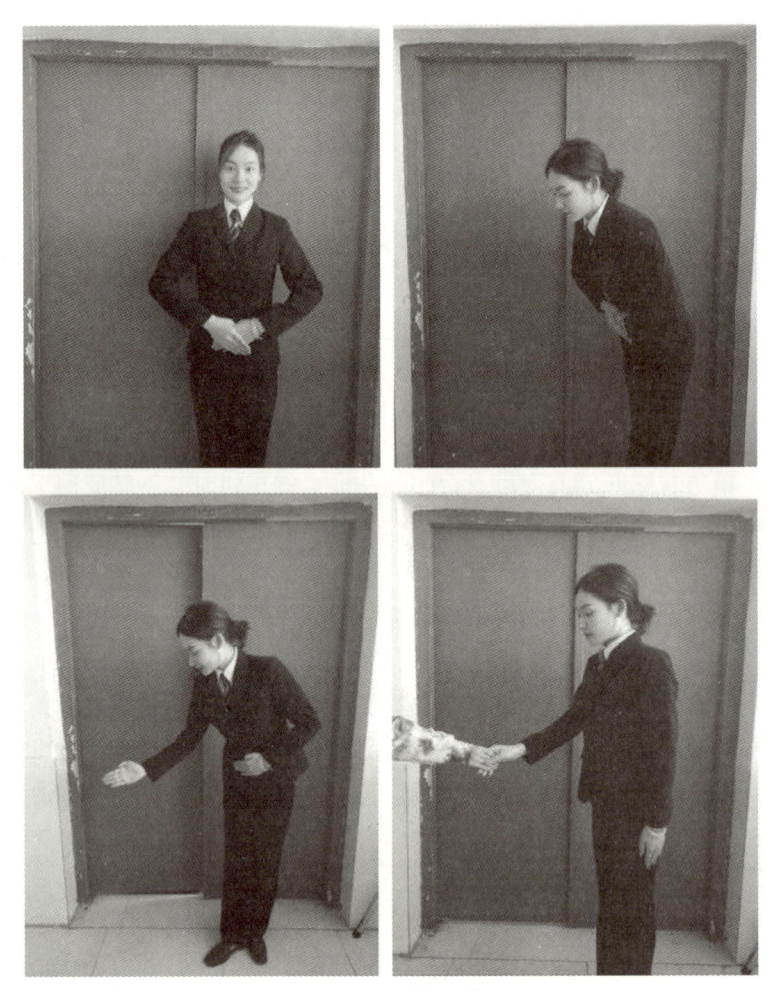

图 4.3　手势示例

6. 表情

（1）目光。

在人际交往中，特别是与别人进行面对面的谈话、谈判、讨论时，首先目光要注视对方，尤其要注意尽量平视对方。如果目光不注视对方或游走不定，对方就会觉得你态度冷淡、心不在焉、缺乏诚意和耐心，引起对方的误解。

在服务中，良好的目光应该是坦诚、亲切、和蔼、有神的，这样可以使自己富于魅力，也会给客人更多的信赖与美感。而漠然的、疲倦的、左顾右盼的目光则说明自己对他人的不重视，怀疑的、不安的目光则表现了对他人的不信任，至于冰冷的、轻蔑的、敌视的目光则是对他人极大的不尊重，这些不正确的目光在工作中是绝对应该注意和避免的。眼睛直勾勾地盯着对方看，或是上下打量，也很不礼貌，应该自然地与对方进行目光交流，以表示对他人的关注和尊重。而长时间盯着对方，则表示的是一种好奇或敌意，也是一种失礼行为。

（2）微笑。

微笑是指微露牙齿、嘴角的两端略提起的笑。人际交往中为了表示相互敬重，相互友好，保持微笑是必要的。微笑是一种健康、文明的举止，是无声的语言，是人际交往中的润滑剂，是人们表达愉快感情的自然流露，是善良、友好、赞美的象征。微笑同时也是服务人员的一项基本功，只要对工作、对客人怀有诚挚的感情，就会发出真心的微笑。微笑表现出的温暖和亲切，能有效地缩短双方的距离，给对方留下美好的心理感受，从而形成融洽的交往氛围。

微笑时，嘴角微翘（以上翘15°为好），嘴唇微启，表情真诚、自然（以露出上排6~8颗牙齿较好）。女性客运人员的微笑要甜美，男性客运人员的微笑要亲切。微笑虽然是服务人员的一项基本功，但切不可流于形式，真正的微笑应发自内心，仅仅"为笑而笑"是不行的。

也要注意到，微笑并不是什么时候都畅通无阻，比如在客人投诉或极度恼怒时，如果服务人员还只是一成不变地微笑，可能会让客人误以为是不以为然或是嘲笑他，从而火上浇油。因此，服务人员在微笑服务的同时，也要注意到在一些特殊场合，要给客人留下与之"同声同气"、"站在他那一边"的印象。

二、行为举止

行为举止

客运服务工作中，要做到举止端庄、动作文明。

（1）接待旅客要起立，迎接旅客应走在前面，送走旅客走在后面。与旅客相遇时要缓行、点头致意并主动侧身让路，不可与旅客抢道、并行。在急速超越前面的旅客时不可跑步，要口头示意并致歉后再加紧步伐从旅客左侧超越。

（2）在旅客多的地方行走时，要先打招呼，不得硬挤硬撞。旅客给自己让路时，要表示谢意。

（3）夜间在卧铺车厢作业、行走、关门，动作要轻，不得喧哗。进包房要先敲门，经允许后方可进入；离开时，应面向旅客退出包房。

（4）在办理补票、查验车票过程中，要双手或右手接递，切忌随手一扔。对重点旅客要主动询问，热情关心，伸以援手。

（5）组织旅客上、下车时，不得强拉硬拽。做扫除时，不得将清扫工具触碰旅客及其物品；需要移动旅客物品时，应事先征得旅客同意并对旅客的配合表示谢意。

（6）对旅客要一视同仁，不能怠慢任何旅客或厚此薄彼。遇有工作失误之处，应向旅客表示歉意，不得强词夺理。

（7）与旅客接触要热情大方、举止得体，但不得有过分亲热的举动，更不能做有损国格、人格的事情。

（8）旅客相互之间谈话时，不得在旁窥视、倾听或插话；不能对旅客的穿着、言谈、举止品头论足或讥讽嘲笑。

（9）在旅客面前不得衣冠不整、赤膊、蓬头垢面、睡眼惺忪。不得有打哈欠、挖鼻孔、抓耳挠腮、抽烟、吃零食等不雅行为。不得指点、推拉旅客，也不得随意搬动或翻动旅客行李物品。

三、服务语言

语言是社会交际的工具，是人们表达意愿、思想感情的媒介和符号。语言也是一个人道德情操、文化素养的反映。在与他人交往中，如果能做到言之有礼、谈吐文雅，就会给人留下良好的印象；相反，如果满嘴脏话，甚至恶语伤人，就会令人反感、厌恶。

服务语言

（一）服务语言使用的原则

1. 时间原则

时间原则就是要求客运服务人员见到旅客时应主动使用礼貌服务语言，并贯穿客运服务的全过程。

客运服务中，使用礼貌语言应成为客运服务人员主动自觉的行为，恰到好处的礼貌语言能表现出对旅客的亲切、友好和善意。客运服务中要做到"五声"，即宾客到来时的问候声、遇有宾客时的招呼声、得到协助时的致谢声、麻烦旅客时的致歉声、宾客离开时的道别声；杜绝"四语"，即不尊重宾客的蔑视语、缺乏耐心的烦躁语、自以为是的否定语、刁难他人的斗气语。使用服务语言必须口到、心到、意到，才能体现服务语言的交际和服务功能。

2. 机智原则

机智原则要求客运服务人员以诚实为前提，根据具体的对象和场合，灵活地运用服务语言。

客运服务人员运用服务语言接待旅客时，应该做到诚实为本，以实为先，以真为先。在此前提下，客运服务人员在使用服务语言要注意，在不同场合、对不同对象要察言观色、灵活机智，不可一概而论。语言表达应抓住重点，注意所运用的语言能否为旅客理解和接受，以便更好地开展工作。

3. 宽容原则

宽容原则是指客运服务人员应将心比心，以宽容的态度、善意的语言接待旅客，处理客运工作中的各种情况。

客运人员要经常站在旅客的立场上考虑问题，这样才容易理解旅客。在客运服务中，友好的旅客易于以礼相待，但是也有少数旅客故意挑剔或者蛮不讲理，这就要求客运人员坚持宽容礼让的原则，用真诚有礼的语言和辛勤的劳动去解决旅客的困难，感化旅客，矛盾才会消融，切不能恶语相向，扩大矛盾。

（二）客运服务人员常用文明用语

（1）"十字"文明用语：

"您好""请""对不起""谢谢""再见"。

（2）欢迎语：

"欢迎您乘坐本次列车。"

"欢迎您来我站检查指导工作。"

（3）问候语：

"您好。"

"请坐，请用茶。"

（4）告别语：

"再见。"

"欢迎您再来。"

"祝您旅途愉快。"

（5）称谓语：

"各位旅客、货主。"

"先生""女士""小朋友"。

"同志。"

（6）征询语：

"您有什么事情需要帮助吗？"

"您还有别的事情吗？"

"请您慢些讲。"

"我没听清您的话，您能再说一遍吗？"

（7）应答语：

"不必客气。"

"没关系。"

"愿意为您服务。"

"这是我应该做的。"

"好的。"

"非常感谢。"

（8）道歉语：

"实在对不起。"

"请原谅。"

"请不要介意。"

"让您久等了。"

"谢谢您的提醒"。

总之，语言文明看似简单，但要真正做到并非易事。这就需要我们平时多加学习，提高个人修养，才能使客运服务工作更好地进行开展，才能使我们中华民族"礼仪之邦"的优良传统得到进一步的发扬光大。

（三）正确使用服务语言

1. 态度诚恳，举止恰当

客运服务人员运用服务语言时，应该做到态度温和、诚恳，不能傲慢无礼，要通过言行、态度与旅客进行感情交流，做到以情动人、以理服人。俗话说"言为心声"，客运人员首先要注意说话的神情和态度。例如，当客运服务人员向旅客表示慰问时，如果嘴上说得十分动听，而表情却是冷冰冰的，旅客一定认为这只是在敷衍而已，甚至产生不满和反感。所以，说话必须做到态度诚恳和亲切，才能使对方对你的说话产生表里一致的印象。

行为举止被称为人的"肢体语言"，是语言表达的另一种形式。行为举止恰当、恭敬，能向旅客表达友好、尊重的信息。与旅客说话，一般应保持站立的姿势，面带微笑，用友好的目光关注对方，在谈话过程中，可以通过点头和简短的提问及应和语，表示对旅客谈话的注意和兴趣，不要随意打断对方的谈话。

2. 口齿清晰，语音优美动听

使用客运服务语言，要使用标准的语音，嗓音要动听，最好讲普通话，一般不讲本地方言，少数民族人数多的地区可以同时使用民族语言。接待外宾时尽量讲外语。讲普通话、外语、民族语，都要吐字清楚，尽可能讲得标准。

语调是一个人说话时的具体腔调，体现在语音的高低、轻重上。客运人员在说话时，应注意音量适中，以旅客听清楚为宜。切忌大声说话，语惊四座；也要避免音量过小，旅客听着困难，感觉沉闷。此外，语调应婉转动听、抑扬顿挫、富有情感，使旅客体会到服务人员的大方气质和友好感情。客运人员讲话时还应该注意语速，过快会使听的人紧张、厌烦，过慢又会使人焦虑，适中的语速能创造一种和谐、安定的气氛。

3. 用语文雅，合乎规范

选择语言表达的词语非常重要，表达同一种意思时，选择词语的不同，会给人留下不同的感受。例如，称呼对方为"您"、"先生"、"小姐"等；以"贵姓"代替"你姓什么"，以"用饭"代替"要饭"，以"洗手间"代替"厕所"。多用敬语、谦语和文雅用语，能体现出一个人的文化素养以及尊重他人的良好品德。

选择用语时应回避粗俗不雅的用语，不讲粗话，不讲脏话，不讲怪话。骂人的话、带有恶意的话最伤人，即使旅客无礼在先，也不能使用。客运人员谈吐应文雅得体，切忌讲一些庸俗、低级、下流的话，以免有损形象，引起旅客的不满。客运人员在工作中要尊重旅客，讲究职业道德，不能将个人委屈、不满向旅客发泄、满腹牢骚、乱讲怪话或指桑骂槐，都是违背客运服务宗旨的行为。

4. 表达简练，通俗易懂

服务用语的表达要简单明了，使旅客容易理解、明白。说话啰唆、拐弯抹角，不仅不能讲清用意，还会浪费旅客时间；尽量不用模糊语言，如"或许"、"大概"、"可能"等。语言表达要做到言简意赅，就应加强学习，重视日常词语的积累，提高文化水平。

客运服务人员为旅客服务时，应根据旅客的文化水平和需要选择通俗易懂的语言，使对方明白；与旅客交谈注意只讲与服务工作有关的内容，不要东拉西扯、家长里短，更不能询问人家的私事，不得随意打听其年龄、婚姻、收入、地址、经历、工作、信仰、身体状况等。谈话时也要避免长时间与某一位旅客交谈，以免冷落其他人。

5. 注重效果，讲究语言艺术

客运服务人员运用礼貌语言时，要避免生搬硬套、机械使用，服务礼貌用语是文雅、规范的，同时也应该是生动、丰富的。客运服务人员应在岗位规范的基础上，根据不同的时间、对象、场合灵活运用恰当得体的语言，使旅客感觉新鲜和亲切，从而获得良好的服务效果。

客运服务人员每天与旅客打交道，虽然要求树立"旅客永远是对的"服务理念，但是实际上，旅客并不永远是对的，工作中难免会与旅客产生矛盾，遇到旅客的刁难。这时候，应该在服务态度上、服务语言上礼让旅客，使用巧妙得体的语言感化旅客、解决问题。婉转巧妙的语言是服务技巧的重要组成部分，是影响服务质量的关键环节。客运服务人员要在思想上重视，加强日常练习，在练习中摸索经验，再通过实践的磨炼，才能自然、恰当、得体地运用服务用语。

第三节　涉外旅客服务

近年来，随着国际交往越来越频繁，交往范围不断扩大，与各国之间的友好往来、文化交流和经济合作日渐增多，加之旅游事业的发展，来我国参观、访问、讲学、旅游的外宾越来越多，铁路旅客列车服务对象中也出现了越来越多的西方旅客，做好对他们的运输和服务工作，可体现党和国家的外事政策，对于增进与各国人民的友谊、增加外汇收入、促进国家建设，有着十分重要的意义。因此，了解基本的西方礼仪特点，不但可以有针对性地进行服务，而且还可以提升我国铁路的良好企业形象，展示我国礼仪之邦的泱泱风范。目前，列车上的国外旅客群主要是区域性的商务旅行、旅游团队及个人。

一、西方礼仪特点

1. 个性自由，强调独立

地理环境赋予他们对于开拓冒险精神的尊崇和对人的个体价值的尊重；西方哲学形成的主客体分离、对立的本体论和对形式上精神世界执著探求的认识论，客观上又为西方科学观念、自由民主精神提供了思想条件。诸多因素的综合作用导致了以肯定人性自由、肯定自我创造价值为内涵的西方人文精神的诞生。西方人崇尚独立自主，强调自我意识，个人的隐私至高无上，即使是亲朋之间也要尊重对方的隐私。寒暄时，西方人不喜欢被问及年龄、婚姻状况，更不喜欢被问及收入情况。问候方式常常是中性、抽象地打招呼，或者是谈论有关天气或一些热门赛事之类。

西方的老人不服老，他们从不愿意承认自己年老体衰需要人照顾。乘车时，除非确实需要，一般不接受别人让的座位，甚至有时候会因为你让了他座位而生气。家人聚会时，一般也不考虑谁先落座，谁后落座，坐哪个座位。满屋子人，各人自择座位。一家三代人出行，也并没有长辈在前在后的问题，各人任意。

2. 惜时如金

西方人办事重效率，往往每天都有严格的计划，很重视时间，强调守时。与西方人见面要提前预约。赴约要准时，不得提前或迟到，否则会被认为不可信任。

二、涉外旅客服务

（一）涉外服务人员须知

（1）忠于祖国，发扬爱国主义精神，坚决维护国家主权和利益，坚决维护民族尊严，不做任何不利于祖国利益的事，不说任何不利于祖国尊严的话。

（2）严格执行党的外事方针、政策，坚持无产阶级国际主义，站稳立场，坚持原则，严守国家机密，严格执行保密规定。

（3）不背着组织与外国机构和外国人私自交往，不得利用职权和工作关系牟取私利，反对各种不良倾向和不正之风。

（4）谦虚谨慎，不卑不亢，讲究文明礼貌。

（5）发扬艰苦朴素的优良传统，坚持勤俭办事的原则，反对铺张浪费。

（二）涉外服务人员要求

1. 熟悉有关客运规章，掌握外语

列车员应熟悉在履行乘务职责时所必需的现行国际旅客联运和国内旅客运输规章及运价规程，还应熟悉并遵守有关客运乘务的法规和指示。在他国铁路上，列车员应遵守该国海关、护照、货币方面的一般规定，同时遵守运行路的铁路行车规章和细则。

担当国际联运旅客列车乘务的列车工作人员，还应掌握本职范围内的至少一门外语，如俄文、德文、朝鲜文，以便向旅客介绍乘车注意事项。

2. 服从列车长的领导

列车长应对列车员负责，列车长有权向列车员下达指示，列车员应结合自己的工作执行上级的指示。

3. 着装、举止行为规范，文明礼貌地提供服务

列车员值乘时应着规定的制服，有礼貌并时刻准备提供服务。禁止列车员向旅客出售自购商品，不得向外宾索取小费，不得对某些旅客给予特别的优待，严禁旅客在场时吸烟和当班时喝酒。

（三）列车接待服务

（1）列车长接到成批外宾或外国贵宾乘车通知时，应立即安排软硬卧车厢列车员及时做好包房与组位安排和其他准备工作。安排卧铺时，应坚持买什么票、坐什么车，根据车票票面记载的事项安置，不要随意调整座别、铺别；临时安排铺位的，通过陪同人员按不同国籍、不同性别分开落位，来自不同社会制度国家的外宾尽可能不要安排在一起，调整铺位时最好征求外宾的同意。

（2）生活供应方面，应根据外宾要求，考虑他们的需要。列车长要及时通知餐车长、厨师准备好餐料、备品并亲身检查落实。餐车长接待外宾就餐，应安排不同国籍、不同宗教信仰的外宾分桌就餐，按照规定收取餐费。餐料宜专用，饮食专人制作，注意菜肴质量，多备饮料；做好食品、餐具及环境卫生，注意摆台、插花、四味架、餐巾、牙签等准备工作；餐车茶炉准备好开水；按约定时间按时开餐，讲究信用。

如果外宾是中途上车的，估计餐料不足或缺乏西餐餐料时，应计算好所需餐料品种、数量，由列车长及时向列车前方客运段或车站拍发请求支援的电报。

（3）应保障外宾人身、财产安全，保证他们的正常活动。列车长应及时联系乘警加强治安防范，检车人员要确保设备的完整和正常使用；列车员要加强门岗，列车运行中加强车内巡视，停站时及时锁好端门。外宾就餐和下车散步，要锁好包厢门，外宾返回房间要及时开门；外宾下车后必须及时认真清理房间和座位，发现外宾遗失物品及时交还，不能及时交还的由列车长编制客运记录交站处理。

（4）注意礼节，文明服务。列车乘务人员衣着整洁、庄重，做到有礼有节、不卑不亢。与外宾谈话时，坐、立要端正，举止大方，眼睛平视对方，不要左顾右盼，认真倾听，不能随意打断对方的话，也不要看表和问时间，以免引起误会。对外宾提出的要求，不要轻易许诺，应许之事一定要办到。外宾相互之间谈话，不要趋前旁听，要尊重外宾的风俗习惯和宗教信仰。与外宾交往尤其要注意不要接触对方身体，如拍肩、打手、推身、踩脚等，也不要触碰旅客物品，随便翻看别人的物品是粗野的行为。对服饰、举止特殊的外宾，不得议论、嘲笑、评论和模仿，要多一点文明修养、少一点好奇心。

（5）加强清洁卫生和车容整理工作。卫生清扫应在旅客离开包房时进行，以减少对他们的干扰。需要当面服务时，注意个人和清扫工具的卫生，不吸烟，不随地吐痰，保持车厢的清洁卫生。

为外宾服务过程中，如遇到一些复杂事项和意外情况，列车员必须请示报告，不得擅自处理。

随着我国改革开放不断深化，来我国的外宾日益增多，其中民间往来、自费旅游所占的比例越来越大。许多自费旅游者无人陪同，语言不通，购票、乘车、饮食等都有不便之处。列车乘务人员（包括列车长、软硬卧列车员、餐车服务人员、广播员等）应学习一些简单的常用外语会话，如英语、日语、俄语等，以便能准确解答旅客问讯，解除外宾旅途的忧虑。同时，了解一些外国风土人情和饮食习惯，也有利于更好地为外籍旅客服务，提高铁路客运的服务质量。

第四节　客流高峰期的旅客服务

目前，我国铁路旅客运输能力处于繁忙、紧张的局面，尤其是在春运、暑运期间，列车超员的现象非常普遍。很多旅客列车车内拥挤、空气污浊、卫生堪忧，旅客乘车环境较差，突发事件时有发生。为了保证旅客运输安全，提高旅客运输服务质量，不仅要加大旅客运输组织工作，列车工作人员还要付出更为艰苦的劳动，才能按期、保质地完成旅客运输任务。

一、春节旅客服务

春节是我国人民的传统节日，春节期间，探亲访友、家人团聚，千家万户共享天伦之乐。春运是客运部门一年中工作最重要、最忙碌的时期。春运工作的特点，一是客流量大，二是天气冷，三是交通紧。做好春运服务，对于客运干部和乘务人员是一场严峻的考验。

春运客流的主要组成是职工探亲流、学生和民工流，他们都有一个共同的心愿，就是在有限的时间内，节前尽快飞向家园，节后算好时间奔赴工作岗位。客流来得快、来得猛，比平时增长 50% 以上，有的地段甚至增长数倍。改革开放多年，经济搞活，流通增加，由于地区间经济发展的不均衡，许多农民朋友结伴搭伙到外面闯世界，成千上万地涌向沿海城市和经济发达地区打工，形成规模强大的"民工潮"。"民工潮"的形成，对促进贫困地区经济的发展、消除城乡差别，起到了积极作用。加上这些年大学扩招，学生流的增长也很迅猛，对于本来吃紧的铁路春节运输带来了空前的压力。农民工乘车，有的在计划之内，有的带有盲目性，难以摸清规律。因此春节运输首先是安排运能，除了要为正常的探亲流、学生流加挂车辆、加开临客外，还要加强春节农民工返乡的调查，及时开行图外临客，增设农民工售票专窗，以尽快疏散客流，减少滞留旅客数量，保证广大旅客走得了、走得安全。

春运正值数九寒天，是一年中最冷的时节。因为加开大量临客，需要加班套跑；有的值乘交路延长，这样乘务员一次出乘要几个昼夜，顶风冒雪站门岗，要保障旅客安全，还要做好服务和清洁卫生，工作和生活条件都很艰苦。所以，全体乘务员必须树立信心，正视困难，努力工作，出色完成春运任务。

（一）安全管理

安全是春运工作的第一要务。保证安全，首先，要加强车门管理，严格门岗作业，坚持"停开、动关、锁、出站台四门检查瞭望"的制度；其次，加强危险品检查，通过广播宣传、各车厢乘务员在旅客上车时把关以及在车厢集中查堵等措施，保障列车安全；再次，要加强"两炉一灶一电"的管理，确保用火、用电安全。

保障旅客安全，维护旅客乘降秩序非常重要。乘务员对不同类型的门锁要熟悉，出库前认真检查，到站前早作准备，试开车门。每次列车启动后，应将站在车门口的长途旅客往车厢里面疏导，到达中途站时提醒要下车的旅客提前向车门处移动。提早通报站名，防止出现旅客越站现象。停车后，组织旅客先下后上，下车一条线，上车两边分，避免上不去下不来，造成列车晚点。列车长和乘警应在旅客最多的几节车厢门口帮助维持秩序，遇有突发情况立即处理。

（二）旅客服务

春运人多、天气冷，做好旅客服务的主要任务有：

（1）尽量让每位旅客喝上开水、吃上热饭热菜。出乘前，准备好充足的餐料；开餐时，将大筐装满盒饭，请旅客帮助传递；或利用停站较长时间的机会，组织乘警、茶水员、锅炉工协助餐车服务员，将送饭车、饭筐等装满盒饭，一到停站，立即抓紧时间，全力以赴，送往离餐车较远的车厢，想尽一切办法解决旅客吃饭的问题。每到上水站，茶水员和卧铺车列车员、餐车炊事员应协助站方上好水，按照操作规程及时烧好开水锅炉，配置了电茶炉的应保持正常使用，保证旅客随时能喝上开水。

（2）烧好暖气，确保旅客不受冻。除空调车采用电热取暖外，非空调车仍然使用燃煤锅炉取暖（春运加开的临时旅客列车多数是非空调车）。每到冬季，各客运段要配备专职锅炉工上车，上车之前，必须经过培训、考试，取得合格证后方可上岗正式操作。按照规定，冬季车内温度低于16 ℃就应供暖。首先要确保在库内上足煤，途中不够烧时，要联系中途站补煤。燃烧时，要密切注意焚火情况，保持车内适宜的温度。为保障安全，锅炉间门口和地面不得堆放散煤（装在专用铁箱内），操作前，确认锅炉充满水；途中定时补水，防止锅炉干烧；到终点站车底入库，要将锅炉、管路中的残水全部排掉，打开排水阀，避免冻车。

二、其他节假日旅客服务

除春节以外，节假日还有暑假、元旦、五一、十一和我国农历传统小节日等。这些时期旅客运输的特点是：客流大、高峰相对集中。运能安排采取预约订票、增挂车辆、加开临客等措施。服务工作要求热情周到，确保安全，做好餐茶供应，让广大旅客满意。

(一）暑期旅客服务

暑期客运服务的对象主要是学生客流和旅游团体。随着大学的扩招和旅游业的兴旺，暑期旅客运输需求日趋旺盛，这些客流计划性强，旅客思想活跃、文化层次高，服务要求也高。

每年暑期，各大专院校学生和部分教师回家度假、探亲访友，或深入企业、农村做社会调查、进行理论与实践相结合的研究。车站可采取上门售票、增设学生售票专窗、扩大预售期、延长售票时间、发售学生往返票等一系列措施，使学生放假能及时乘车回家、开学能按计划日期返校。暑期是旅游的黄金季节，我国地域辽阔，许多名山大川、河湖港湾、森林公园风光秀丽，令人陶醉、流连忘返，同时气候凉爽，是避暑胜地。来自世界各地的游客、国内组织的各种考察团、旅游团和疗养团边游览、边考察、避暑消夏，一举数得。这些客流一般预约订票或包车、或专列，是优先保障的乘车对象。

针对上述客流特点，做好暑期客运服务工作，主要从以下几方面努力：

1. 暑期降温和开水供应

暑期天气较热，特别是南方地区，烈日炎炎，酷热难当。许多旅客虽是为避暑而旅游，但列车不是天然避暑之处。乘务人员应设法为旅客提供凉爽的乘车条件。首先，空调、电扇等设备要保持正常工作状态，开车前先预冷，中途注意随时调节温度，让人感到舒适；其次，要配合各上水站上好冷水，列车烧好开水，做到不间断供应；再次，餐车可制作一些冷饮，如冰块、冰淇淋、冰西瓜、绿豆汁等，供旅客选用；最后，列车出发前准备一些防暑药品，如人丹、清凉油、藿香正气水、风油精、十滴水等，以备急用。旅客发生中暑，应立即施救。

2. 餐饮供应

根据乘车旅客的特点，可预约包餐，结合点菜或盒饭的方式供应。餐车可制作地方风味菜、特色菜、汤菜和点心类，开办夜宵，讲究服务艺术，提高烹饪水平。同时，提高一些土特副食供应，满足旅客不同需求。

3. 广播宣传

无论是学生还是旅游团体，文化素质较高、思想活跃、爱好广泛，列车广播应针对这些特点，充分发挥作用。广播中除正常的业务通告之外，多宣传我国改革开放、经济发展的伟大成就，宣传铁路发展科技，介绍旅途风光、旅游景点和各地旅游设施，向旅客推荐精品旅客线路，增加音乐、曲艺、戏曲节目的内容，丰富他们的旅途生活。形式上可采取专题、导播、对话、点播等，以活跃车厢气氛，给旅客旅行生活留下美好的记忆。

（二）其他节假日旅客服务

我国节假日很多，大致有以下几类：

（1）国家法定节日，有元旦、春节、清明、五一、端午、十一、中秋等。其中，春节、五一和十一的假期较长，有一周；其他一般3天时间，旅客出门非常集中。

（2）双休日，我国实行每周工作40 h工作制，大多数单位都在周六、周日休息。双休日，对家在不远的外地人来说，是回家探亲的日子；对喜爱出门休闲、踏青的人来说，两天的出行可以充分放松自己，放飞心情。

（3）少数民族节日，如广西壮族"三月三"歌会、云南傣族泼水节、藏族的藏历新年等。

做好这些特点时期的旅客服务，要摸清客流特点和增长规律，认真研究旅客的心理和兴趣爱好。乘务员可以根据节日的性质、民族民俗，有针对性地做好服务、卫生、餐饮、广播等多项工作，还可以通过出售节日商品、装扮车厢、开展趣味活动等方式来增添节日喜庆，愉悦旅客的心情。

三、长途旅客列车和超员情况下的旅客服务

长途旅客列车是指运行距离1 500 km以上或运行时间一昼夜以上的列车。除直达特快列车以外，途中各主要车站都有旅客上下，但从始发局到终点局的旅客约占1/4，这部分旅客即为长途旅客。长途旅客，特别是老、幼、病、残、孕等重点旅客是列车服务的基本对象。

长途旅客由于"吃住行"都在车上，对列车环境、旅行生活条件比较关心。他们需要了解列车运行的具体时分、达到沿途各大站的时间及停站时分、到站或主要中转站换乘列车或其他交通工具的衔接时间、旅馆饭店介绍、列车用餐安排等。列车广播要详细介绍有关情况，列车员要加强卫生和车容整理，主动服务，通过座位访问，了解长途旅客有什么困难和需要，尽量设法解决。

长途旅客列车和超员情况下的旅客服务，主要是做好以下两方面的工作：

（一）旅客安全

除正常的安全注意事项以外，对长途旅客安全要特别注意以下几点：

（1）长途旅客长时间乘车容易疲劳，下肢甚至发生水肿。因此，每到大站，他们常常下车散步，活动关节、呼吸新鲜空气或购买商品。列车员应及时提醒旅客掌握时间，请他们听到开车铃响马上上车，防止漏乘。遇有旅客来不及上车的，车开动后，千万不能让旅客追车、趴车，以免发生意外。列车员返回车厢后要及时清点旅客遗留物品，到达前方站及时转交。

（2）要提醒长途旅客注意看管自己的行李物品，特别是硬座车，来往旅客很多，每逢停站，要防止匆忙之中拿错别人的东西；下车购物时要保管好自己的钱包和贵重物品，人多拥挤或夜间打盹时要防止被盗。有的旅客带的财物较多，总担心丢失或被盗，精神高度紧张，甚至精神失常、行为失控，列车员要通过察言观色，掌握这些旅客的动向，适当做一些安慰工作，稳定他们的情绪。

（3）节假日期间，列车容易超员，热门车或沿途旅游景点多的列车更容易超员。列车超员说明铁路运能不足，尽管通过加挂车辆或加开临客补充了运能，但是临时性、区段性的超员还是难以避免。列车超员，人多拥挤，有时连挪开脚步都很困难，用餐、喝水、如厕都不

方便。因此，旅客心情烦躁、脾气来得快，对乘车环境充满怨气。每到停站，站上的旅客急着上车，车上的旅客也不愿意在拥挤的车厢内增加更多的旅客，这时要防止因趴车、吊车而发生坠车事故，列车员要协助车站劝阻旅客不要盲目抢上，保障安全。

（4）列车停站，旅客上车人数较多时，列车员要注意观察客车转向架上的客车弹簧是否被压死，或者相连车钩中心水平线高差是否超过 75 mm；如有发现，不得发车，尽快向列车长报告。列车长应会同车站疏散旅客，车辆恢复正常后，方能继续运行。

（5）在列车超员、车内盗窃事件频仍的区段，列车可适当增派警力，加强治安管理，保障旅客的人身财产安全。

（二）旅客服务

除按正常的旅客列车给予旅客全面、周到的服务以外，长途旅客列车的旅客服务还应注意以下方面：

（1）乘车时间长，旅客容易产生烦躁心理。乘坐卧铺的旅客的休息条件较好，旅行生活有一定规律；团体旅客或数人结伴而行的旅客，相互之间可以聊天、打牌、下棋，旅行生活也比较充实；单个旅行者，特别是性格内向、不善交际的人，来到陌生的环境，听到列车车轮发出单调的"哐当"声，会感到寂寞、郁闷，对周围的人和事容易着急上火。根据这些心理特点，列车工作人员应努力为旅客营造一个和谐、轻松的旅行环境。列车员可以利用送水、清扫车厢卫生、整理行李物品、做访谈等机会，征求旅客意见，说说宽心的话，化解旅客的不良情绪。

（2）列车超员时，要充分发挥广播的作用。广播宣传不宜长篇大论，不宜长时间播放打击、摇滚、DJ 之类的嘈杂节目，应以播放轻音乐为主，适当播放相声、抒情歌曲之类的节目，宣传文明乘车，提倡挤座、让座，调节旅客情绪、活跃车内气氛。还可以利用广播组织旅客开展猜谜语、科普游艺等活动。

（3）旅客之间因人多拥挤发生纠纷或争抢座位时，列车员应耐心做好劝解工作。首先，解释列车超员的原因，求得旅客的理解；其次，宣传"礼为先、和为贵"的道理，动员旅客之间相互谦让，或想办法解决旅客困难，达到和解的目的。

（4）开展列车延伸服务，满足旅客多方需求。主要有：

① 成立列车巡回服务小分队。列车长组织休班乘务员利用安检、查票的机会，或专门到车厢探访重点旅客，进行重点服务。为旅客提供洗漱用品、图书、报纸、针线、纸笔信封等物品，以应旅客急需。

② 旅客急救。列车可指派列车员学习一些急救知识，如心肺复苏、包扎、接生、针灸、常见急症的抢救等；医药箱按规定配齐常用药品和医疗器具。遇旅客中暑、外伤、临产、突发心脏病等情况时，有专业医护人员处理的列车员可以充当助手，没有医护人员在场时可以做应急处理，减轻旅客的痛苦，争取治疗时间。

③ 为旅客代办事项。旅客乘车时间较长，有可能需要发电报、写信或打电话，列车可想办法帮助代办，通过邮政车或联系车站解决。旅游列车和高等级列车应安装车载电话。有的

旅客的手机或手提电脑需要充电，可到有充电装置的车厢充电。

④ 餐车供应多样化。夜间提供夜宵，如点心、卤菜、酒类；夏季供应冷饮，方便旅客利用夜间时间谈工作、谈生意、叙友情，品尝风味小吃，丰富旅途生活。

⑤ 节日活动。遇到特别的节日，如大年三十除夕夜，旅客不多时，在保证安全的前提下，列车可以在餐车组织旅客联欢，举行唱歌、跳舞、猜灯谜、说相声等节目，也可以组织棋、牌竞赛，增添节日气氛，减轻旅客在车上过年的落寞感、思乡情。

⑥ 旅客中转事项。列车可与终点站和中途大站的交通、旅行部门签订合同，在列车上为需要的旅客办理住宿、游览、车船机票的代办服务，使初次出门办事的旅客早些安心、经常出门的旅客节省办事时间。

第五章 列车长工作

【主要内容】 列车长的条件和素质；列车长在乘务中的工作；客运记录和铁路电报的编制；列车班组管理和收入管理

【重点掌握】 列车长在乘务中的工作；客运记录和铁路电报

列车长是旅客列车的行政负责人，是直接为旅客服务的组织者和指挥者。列车长对内代表组织，对旅客代表铁路，必须具有高度的工作责任感和强烈的事业心，热爱本职工作，牢固树立全心全意为人民服务的思想，努力学习政治、业务知识，不断提高自身素质，严格执行各项规章制度，以身作则，做好表率。

列车长的任务，就是领导全组乘务人员妥善照顾好旅客上下车、乘坐和休息，保障旅客生命财产的安全，保持列车清洁、卫生，创造良好舒适的旅行环境，为旅客提供必要的物质文化服务，将旅客、行包安全、迅速、准确地输送到目的地。

第一节 列车长的条件和素质

一、列车长应具备的基本条件

（1）具备高中以上文化程度，身体健康，五官端正。

（2）从事列车乘务工作实际时间满两年及以上，熟悉旅客列车其他工种业务。

（3）精通客运业务，能迅速鉴别和确认各种票据，迅速查找运价里程，正确计算票价、填写各种票据、编制客运记录和拍发铁路电报。

（4）正确执行各项规章制度，有较强的组织协调和班组管理能力，督促检查各工种岗位责任制，善于总结工作经验，提高服务质量。

（5）熟悉客车给水、照明、防暑、取暖、消防等设备，会操作。

（6）正确解答旅客的问询，迅速妥善处理旅客意外伤害、急病、中暑、中毒、死亡等突发事件，列车发生意外事故后能对旅客和行包做出妥善处理。

（7）动车组列车长须经铁路局组织的动车组设备使用培训，熟悉动车组车厢内上部服务设施的操作和设备操作注意事项，并考核合格，持《铁路岗位培训合格证书》（CRH）上岗。

二、列车长岗位职责

（1）遵守国家法令和规章制度，按照列车长的岗位标准和要求，领导乘务人员良好地完成旅客和行包输送任务。

（2）严格执行安全制度，经常进行安全教育和群众性的查思想、查制度、查领导、查纪律的"四查"活动，确保旅客、行包和国家财产的安全。

（3）坚持人民铁路为人民的宗旨，组织乘务员做好列车服务、广播宣传、饮食供应和整容卫生工作。认真听取并及时正确处理旅客意见。遇铁路总公司、铁路局客运领导检查工作时，主动汇报，接受指导。有外宾或者首长乘车时，要热情接待，妥善安排。遇有情况，请示报告。

（4）根据上级命令指示，及时修改规章，组织乘务员练好基本功；按规定查验车票，正确填写票据、表报，妥善保管票款，掌握客流、行包运输规律，做好客运计划工作。

（5）加强班组管理，认真组织劳动竞赛，及时总结、推广先进经验，密切站车协作，处理好列车各乘务组和人员之间的关系。

（6）正确行使列车长的职责，坚持群众路线，关心群众生活，注意工作方法，发现问题，正确处理。同时，坚持民主管理的原则，分配公开，主动征求、虚心听取职工意见，接受群众监督。

（7）根据上级工作要求，制订工作计划，采取有效措施，认真组织落实，及时总结汇报。

三、列车长的基本素质

根据列车长的工作性质、特点和作用，要做一名称职的列车长，必须具备以下素质：

（1）政治素质。要求列车长具有坚定的政治方向，坚决执行党和国家的有关政策、法令和规章制度，具备良好的职业道德，作风正派，勇于开展批评和自我批评。

（2）文化素质。要求列车长具有高中以上文化程度，能积极学习，胜任各种文字、核算工作的需要；有一定的口头表达能力和较强的逻辑思维能力；知识面宽。

（3）业务素质。要求列车长精通与本职有关的客运规章和行包运输知识，在各种技术考试中成绩优秀；有一定的技术基础和资历。根据铁路总公司客运管理处的要求，列车长要精通三大业务（即餐营、行包、主任列车员的工作），因此，业务素质是当列车长的必要条件。

（4）管理素质。列车长要求具有一定的组织能力，工作中善于抓重点、抓关键；善于运用科学的管理手段，进行全方位的有效管理；善于协调人际关系；勤于思考、分析，处事稳妥、慎重，避免单一思维、主观武断，善于总结经验教训。

（5）行为素质。要求列车长过好"四关"，即权利关、金钱关、人情关、用人关。列车长的职位包括班组人员的调动权、空余卧铺的支配权、奖金分配权等，一定要树立公仆思想，发扬民主，反对独断专横；金钱是商品经济的产物，要反对"一切向钱看"，我们讲经济效益更要讲党性、讲原则，不唯金钱，一切工作都离不开人，人又是有感情的，因此要处理好人情关，必须坚持原则第一、人情第二，站在党性要求高度来衡量和处理各种人际问题、用人问题等。

第二节　列车长客运业务

列车长乘务工作内容

一、列车长乘务工作内容

（一）列车长在始发站的工作

始发站即列车担当段所在的车站，又称列车编组站。列车长在始发站要为出乘做好一系列准备工作，包括：到客运段派班室接受任务，编制趟计划，请领办公用品、服务备品、清洁工具，接收列车车底以及出乘前各项作业的检查督促。

1. 接受任务

列车长在出乘前应在规定时间内到派班室报到，接受段领导对乘务工作的指示、要求，摘抄铁路总公司、铁路局颁发的客运文电；同时，与铁路局客调联系，了解列车编组有无甩挂作业。向车站客运部门了解本次列车旅客及行包的流量流向，有无团体旅客和大批行包，做到心中有数。根据派班室提供的乘务人员名单分配工作岗位，并填记在"乘务报告"内。列车长出乘前还要做好趟计划，作为本次乘务工作的行动纲领。

列车长出乘前必须携带有关规章、文电、本人图章，到客运段收入室（或财务室）请领票据、记录、电报、旅客密度表以及办公用品、旅客意见簿、列车员交接簿、旅客去向登记簿等资料。向餐车长传达外宾、华侨、团体旅客用餐准备，向列车行李员传达行包装载要求，审查广播员编制的广播趟计划，并批准执行。

列车长除了做好自身工作准备外，应于列车始发开车前一个半小时左右组织全体乘务员列队点名，检查仪容、着装。并组织全体乘务员列队到派班室听取有关命令、指示，传达接受提问，布置班计划，提出本次乘务的重点要求和具体目标。

2. 接收列车

列车长应组织全车班人员列队接车，到各车厢了解安全设备、车辆备品、活动备品、取暖锅炉等情况，发现问题立即要求车辆段进行整备；同时还应检查客车上水、冬季燃料供应情况。座车列车员对方向牌、内外顺号牌、清洁用具、椅套等要一一清点，并在交接簿上签字；卧车列车员对全部卧具的数量、状态仔细清点接收；供水员则接收保温茶桶、消毒桶、送水桶、提壶、暖瓶、茶杯等；餐车长、外台（服务员）、内台（炊事员）都要对口办理详细交接。

3. 库内作业

车底及备品交接完毕，应组织各工种按卫生作业标准做好列车卫生工作。（动车组列车由保洁公司承包完成，有些客运段也把客车车底的库内卫生交保洁公司承包）组织餐车人员按计划上足餐料、商品，了解各车厢上水、上煤情况，督促各车厢按规定悬挂摆放各种备品，整理好车容，做好"三乘"联检。做到审批有签字、鉴定有记录，按要求完成列车鉴定工作。

4. 检票前准备

始发站一般提前 40 min 放客。放客前，列车长应与客运值班员联系，了解重点旅客情况，通知并指定专人负责安排照顾；全面检查接待旅客上车各项准备工作的落实情况，尤其是列车车门、车梯、车厢连接处等重点部位要着重检查，发现问题及时通知有关部门解决。

5. 迎接旅客上车

列车长根据车站放客时间，广播通知各车厢乘务员做好迎接旅客上车准备，按时统一打开车门，悬挂活动顺号牌，面向旅客放行方向立岗。检查列车员验票上车、查堵危险品、协助重点旅客上车、组织有序乘车等情况；妥善处理临时发生的问题；检查行李员监装、交接情况。另外，做好站车交接，接受乘车人数通知单和卧铺通知单，接受站方传达的有关命令指示，交接旅客上车的未尽事宜。

（二）列车长在折返站的工作

折返站是本次列车的终点站，但并不是本次出乘的终结，而是列车折返的开始。此时，列车长的主要工作有：列车终到卫生、旅客下车组织、填写表报结算进款、站车交接及列车返程出发作业。

1. 列车终到卫生

列车到达折返站前，列车长要督促全体乘务员做好入库"三不带"，垃圾袋按规定交站处理。到达折返站后，列车长要领导班组做好出库卫生工作，包括软硬座车、卧铺车、餐车、行李车按照规定标准进行检查鉴定，达不到卫生标准的要补做。作业完毕，派人看车，负责备品、卧具、餐具、餐料等在库内的安全与管理。

2. 组织旅客下车

列车到达折返站后，列车长应检查各车厢乘务员是否终到立岗，要求立岗整齐、扶老携幼、照顾重点旅客下车。同时，全面检查旅客遗失物品，会同乘警检查物品内容，开列详细清单，编制客运记录交站处理。

3. 填写报表结算进款

列车到达折返站后，列车长应结算票据、点清进款，要求各种报表填写清楚，台账、记录完整，生产数据统计正确，记载完整，票据、现金结算清楚。列车长对往程"旅客意见"要整理、分类，能处理的及时处理；对往程的安全工作情况作出小结；发现备品有损坏、丢失，凡属人为过失者，应按备品价目表核收责任人赔款，上交客运段。本次值乘任务情况（输送旅客人数、行包件数、餐营进款、车补收入等）填入"乘务日志"，对班组工作质量（安全卫生、服务质量、旅客意见、列车正点、备品损耗）以及各乘务员工作表现也应有相应记录，并提出自己的看法。

4. 站车交接

列车到达折返站后,列车长应及时与车站客运值班员办理交接工作,移交重点旅客和其他旅客未尽事宜。要求交接有记录、有签收;旅客遗失物品交站有记录、列车有登记。

5. 列车返程出发

列车由折返站出乘时,列车长必须向折返段派班室请示汇报。组织全体乘务员做好卫生、整理好车容;组织卫生鉴定工作,督促餐车班做好返程补料和饮食供应的准备工作。列车开车前一小时左右列车长应召集全体乘务员召开返程会,简单报告往程工作,布置返程任务。特别对运输重要任务、车辆甩挂、团体旅客乘车和用餐、大批行包的装卸等,应及时传达给有关人员。有些工作要求具体布置,详细安排,以便早做准备。

(三)列车长在列车运行途中的工作

列车在运行途中,作为行政负责人的列车长,必须经常督促全体乘务员的工作,办理补票业务、计划运输、站车交接等事宜,管理好卧铺。每次往返召开一次"联劳会",与公安、车辆(动车组列车还有司机、餐饮、保洁等)一起研究本次乘务的重点,以便相互配合,安全、质量良好地完成旅客运输任务。

1. 全面检查

列车长在列车始发站、途中大站开车后,都要到各车厢,检查安全、服务、卫生、饮食供应、行包运输、广播、乘务纪律以及备品定位、重点旅客交接情况。

(1)安全:检查各项安全制度和安全作业执行情况,落实车门管理制度,严格"二炉一灶一电"和各项设备的使用管理,对车内设备故障(行李架断裂、车门把手失灵、玻璃破碎、卧具支撑不良等)要求车辆乘务员(动车组列车为随车机械师)立即修复和整理。认真查堵危险品,加强列车消防器材的管理。

(2)服务:检查乘务员仪容着装、文明礼貌是否规范,督促乘务员端正服务态度,热情地为旅客服务。检查乘务员全面服务,重点照顾,开水供应,坐席调整,车内秩序、两点(服务点、医药点)、一席(办公席)及服务设施运用情况;解答旅客问讯,听取旅客意见反馈,解决服务上的各种问题。

(3)卫生:检查车内卫生是否达到中途卫生标准,车容是否达到标准要求。其重点是茶具、餐具消毒,食品卫生。

(4)饮食供应:检查餐车供应,保证饮食的供应质量,贯彻《食品安全法》,保持开水充足。不允许发生擅自提价、乱收费等现象,规范餐车茶座经营。

(5)行包运输:了解行包装载情况,督促行李员按章作业,及时预报。遇大批行包装卸及列车晚点时,要组织人力抢装抢卸,以确保列车正点。

(6)广播:列车长应督促广播员按计划完成作业,并根据客流情况及车厢工作安排,适当穿插其他节目。

2. 办理业务

旅客旅行途中，常有许多问题需要列车乘务人员答复、处理。为此，列车专门设立了办公席，由列车长负责办理各项业务，必要时也可由列车值班员或其他业务熟练的列车员协助，但须列车长给予指导。办理的主要业务有：

（1）根据客运规章、服务资料，正确解答旅客问询。

客运规章包括《客规》《办理细则》《管规》《价规》《里程表》《票价表》《行李包裹运价表》《客规汇编》《技规》《危规》《铁路职工乘车办法》《局补充规定》等。客运规章是办理旅客各项业务的基本依据，要求列车长能熟练掌握和运用。客运服务资料是旅客的向导，主要包括本次列车运行区段政府所在地厂矿、医院、学校、旅游、交通、住宿等情况，为旅客旅行提供各方面的服务。

（2）认真填写《列车旅客密度表》，做好计划运输。

加强计划运输，做好客流组织，除了国铁集团、铁路局有限公司以及车站的要做客运计划工作以外，列车也应密切配合，做好旅客列车客流的统计。《列车旅客密度表》是列车长根据各站提供的《乘车人数通知单》，按到站分别填记的一种梯形表，它能积累各站上下车人数资料，为编制列车运行图，调整列车停站和票额分配计划提供依据；同时，列车长也能合理安排列车统一作业过程。其准确率要求必须达到 95% 及以上。

（3）按规定查验车票，处理无票、携带品违章，办理补票、旅行变更、出售剩余卧铺。

列车长查验车票，一方面是防止旅客无票乘车，另一方面也是防止旅客上错车、坐过站，是保证旅客安全的一项重要措施。查票是一项严肃而细致的工作，列车长应做到态度温和、耐心说服，既要维护规章的严肃性，又要实事求是、合情合理、留有余地。列车长在查票过程中发现旅客违章携带物品，按《铁路旅客运输规程》的规定办理。

旅行变更包括变更座别铺别、变更径路、越站乘车和分乘等，列车应本着为人民服务的精神，从方便旅客着想，按规章给予办理。另外，对没有实行席位复用和共用的列车，剩余的卧铺可以通过广播通知旅客，办理发售手续。

（4）按照国家政策和铁路规章，正确、妥善处理旅客运输过程中发生的特殊事宜，需要时编制客运记录、拍发铁路电报，及时与站方办理交接。

【附】 列车长乘务作业标准
（一）始发站准备作业
1. 出乘准备
（1）按规定时间提前到段接受任务。
① 向乘务科、车队请示工作，接受任务。
② 到收入室（财务科）请领票据、IC 卡。
③ 填写乘务报告。
④ 到派班室（值班室）摘抄命令指示，了解列车编组、重点旅客运输及班组人员情况。
（2）准时到派班室（值班室）列队点名，检查仪容、着装，听取有关命令、电报、业务事项传达，接受提问。

（3）布置趟计划，提出工作重点和具体目标。

达到的质量标准：规定着装标志，精神饱满，仪容整洁，列队整齐；命令、电报摘抄齐全，字迹清楚。布置计划重点突出，措施具体，做到人人清楚。

2. 接收列车

组织列队接车：到各车厢（库内）检查、了解安全、服务设施设备情况。组织各车厢卫生整备鉴定，与库内保洁领班进行对口签字交接。

达到的质量标准：列队整齐，背包统一，情况明了，交接准确。按标准鉴定验收，质量达标签收。

3. 库内车容整备

（1）组织各项备品设备设施的请领补充。

（2）检查各工种作业准备工作情况。

（3）组织餐车按计划上足餐料、商品；审批餐车旅客、乘务餐预制计划。

（4）检查各车厢上煤、上水及开水准备情况。

（5）检查各车厢按规定悬挂摆放各种备品、车容整理情况。

（6）整理办公席规章、台账、资料票据及办公用具。

（7）按标准对车容、卧具、备品整理情况进行检查。

（8）组织做好"三乘"联检工作。

4. 检查行李车装车准备情况，审批广播计划

达到的质量标准：备品齐全，设备良好，分工明确，联劳协作，规章、台账资料报表齐全、完整，卫生达到列车等级标准，卧具整齐统一，备品定位隐蔽，车容全列一致，"两炉一灶"状态良好；餐料、燃料、开水充足；三乘联检落实有记录；预制计划、广播计划审批有签字。

（二）始发作业

1. 放客准备

（1）与车站联系，了解有关事项。

（2）根据车站旅客放行时间，督促广播员通知乘务人员到岗到位。

（3）检查各车厢边门立岗情况。

达到的质量标准：人员到岗到位，站立统一，活动顺号牌悬挂一致，立岗姿势端正规范，验票上车认真。

2. 组织旅客上车

（1）车站放客时，列车长按照具体分工立岗：头班车长在列车中部，二班车长巡视车厢，组织引导旅客乘车，了解行包装车、交接情况。

（2）检查乘务员验票上车、查堵危险品、帮助重点旅客有序乘车情况。

（3）做好重点旅客的接待安排。

（4）检查行李员监装、交接情况。

（5）妥善处理临时发生的问题。

达到的质量标准：分工明确，职责落实，态度和蔼；重点旅客安排落实，乘车秩序良好；行包交接清楚，处理突发问题及时、得体。

3. 站车交接

（1）接收乘车人数通知单、剩余卧铺通知单、接受站方传达有关命令、指示、通知。

（2）办理客车上水签认工作。

（3）交接旅客上车中的其他事宜。

达到的质量标准：在列车中部办理交接，交接内容清楚，有记录、有签收。

（三）中途作业

1. 开车检查

（1）检查各工种作业标准的落实情况。

（2）召开"三乘"会议。与乘警长、检车长及时沟通情况，提出要求。

达到的质量标准：检查全面，沟通及时，发现问题，整改到位。定期、定时召开会议，内容具体，记录翔实。

2. 业务处理

（1）接待安排重点旅客。

（2）核对卧铺使用情况，办理剩余卧铺。

（3）及时填写旅客列车密度表，联系站车交办事项。

（4）接待旅客来访，受理旅客投诉，签署旅客留言簿。

（5）组织查验车票，办理补票业务，处理有关事宜。

（6）按规定及时拍发电报或编制客运记录，移交旅客、物品及"危险品"。

（7）加强列车售货管理，劝阻、制止商贩随车叫卖。

（8）组织开餐（旅客及乘务餐）。

（9）组织开展"红旗车厢"竞赛评比活动（直达列车除外）。

（10）遇首长及上级主管乘车或检查，做好接待及汇报工作。

达到的质量标准：重点旅客服务落实；剩余卧铺公开发售；密度表填写清楚；站车交接及时，交接事项清楚，记录签收认真。

接待旅客热情，解答问讯耐心，处理问题稳妥，审批意见及时；按规定查验车票、处理超重；票据填写清楚正确；编制记录和拍发电报准确及时、内容简练、符合要求；餐车供应质价相符，保证重点，秩序良好；竞赛评比活动正常；接待汇报得体大方、重点突出。

3. 巡视车厢

（1）检查各项安全制度执行情况及"二炉一灶一电"运用状况。

（2）检查各车厢全面服务、重点照顾、仪容着装、文明礼貌、礼貌用语情况。

（3）检查车容卫生、车厢秩序、开水供应情况。

（4）检查广播作业及行包装卸和交接情况。

（5）检查餐车供应、商品供应、饭菜质量和价格情况。

（6）检查各工种作业情况和乘务纪律执行情况。

（7）检查旅客密度、车内温度，组织均衡运输。

（8）检查交接班、卫生及备品定位、资料填写、重点旅客交接等情况。

达到的质量标准：巡视检查到位，到站停车交接，问题处理及时；服务项目落实，重点照顾到位；均衡疏导旅客。行包装载良好，车内秩序井然；站站上水签认，开水供应充足；饭菜供应良好，商品销售正常；空气温度适宜，卫生随脏随扫；作业程序达标。

4. 卧铺管理

（1）按规定安排宿营车铺位。

（2）按章办理卧铺；夜间旅客休息前核对卧铺。

（3）夜间巡视检查卧铺车的列车员是否按规定值岗或有无非本车厢人员乘坐。

宿营车定人定铺；办理软卧按章核对证件；核对卧铺准确；卧铺车列车员按规定值岗，午间、夜间停止会客。

（四）折返站作业

1. 到站准备

（1）组织全体乘务人员按作业程序，做好折返站终到卫生。

（2）审核票据，清点票款，审理旅客留言簿。

达到的质量标准：卫生达到"三不带"（不带垃圾、污水、粪便），垃圾装袋扎口定点投放。

2. 组织旅客下车

（1）列车长双班工作，分工组织旅客下车。

（2）检查各车厢乘务员立岗、扶老携幼、组织旅客下车情况。

（3）检查全列车厢。

达到的质量标准：旅客下车井然有序，车门立岗到位整齐，扶老携幼服务落实，车厢检查到位。

3. 站车交接

（1）向车站客运值班员提交速报。

（2）交办重点旅客。

（3）移交旅客遗失物品。

（4）交接有关旅客旅行其他事宜。

达到的质量标准：交报准确，交接清楚，手续齐全。

4. 停留作业

（1）向折返站客运段派班室（值班室）汇报乘务工作并接受命令指示。

（2）督促餐车班做好返乘补料工作和返乘饮食供应准备工作。

（3）组织乘务人员按质量标准做好车容、备品整理，进行卫生鉴定。

（4）召开会议，总结单程乘务工作，布置返乘工作要求。

（5）安排看车人员。组织列队到公寓休息和列队接车整备。

达到的质量标准：请示汇报及时认真，接受命令清楚；车容整洁、备品定位、卫生达标、看车人员落实，车长亲自到位；工作布置清晰，重点突出。

（五）终到作业

终到退乘：

（1）与接班组列车长办理交接；与库内保洁领班进行对口签字交接。

（2）在指定地点集合列队，总结趟乘务工作。

（3）回段向派班室（值班室）汇报乘务工作和提交乘务报告。

（4）按规定及时交款。

达到的质量标准：交接认真有记录，总结全面具体，汇报及时，账款相符，台账填写准确，上报资料齐全。

二、客运记录

客运记录

1. 客运记录（客统-1）的含义

客运记录是在旅客或行包运输过程中因特殊情况，承运人与旅客、托运人、收货人之间需记载某种事项或车站与列车之间办理业务交接手续的文字凭证。

2. 客运记录的作用

（1）客运记录是站、车办理交接（处理旅客、行包运输有关业务）的依据。

（2）客运记录可作为铁路运输事宜的证实材料或受理有关票据的依据。

（3）客运记录也是铁路与旅客之间有关业务事项真实情况的记载，作为旅客到站退款的凭证。

（4）受伤旅客需送定点医院抢救治疗时，客运记录（加盖车站或客运室公章）为车站与定点医院办理交接的凭证。

（5）客运记录还可作为其他情况说明的根据。

3. 客运记录编制要求

（1）要明确受理单位（站名或车次等）。

（2）主题要突出，目的要清楚。

（3）内容准确，文字简练，清楚明了。

（4）运用规章要准确，实事求是，不能夸大或弄虚作假。

（5）编写客运记录要一式两份（交站或交旅客一份，签收后留存一份），如需抄送有关部门或其他责任者时，可增加份数。

（6）落款要注明车次、加盖列车长名章或车站公章。

（7）到站交客运记录时，要有车站客运值班员签收。

（8）凡车站客运值班员已签收的客运记录，要妥善保管，装订成册，以备存查（保管年限两年）。

（9）其他要求：

① 交人时：要注明乘车区段、有无车票、移交理由等。如果移交的是病人，还要注明病因、病况、处理过程、旁证材料等事项。在移交精神病旅客时，要移交给最近的三等及以上车站处理。

② 交物时：要注明品名、件数、移交原因等主要事项。

③ 有车票时：要注明发到站、票种、票号、票价、有效期、席别、铺别等主要事项。

④ 交危险品时：要注明危险品的品名、数量、携带人的姓名、车票、单位、地址情况，已采取的应急措施和移交原因等主要事项。

4. 编写方法

（1）编号填在右上角，标明月份和顺号（如 1 月份第 1 张记录编号为 0101）。

（2）事由栏：注明交接主要事项。

（3）受理单位：站名（或车次）。

（4）内容：① 日期、车次；② 运行区段、旅客姓名、性别等；③ 处理经过；④ 落款（所属站、段、车次、列车长印章、日期）。

5. 列车应编制客运记录的情况

（1）旅客遇下列情况需退还卧铺票价：

① 车站发售重号卧铺票，列车无法安排，旅客到站退款。

② 列车中途摘解软、硬卧车，列车无法安排或变更席别，需到站退款。

（2）处理旅客车票"误售""误购"，旅客需至到站退还票价差。

（3）中途空调失效，需到站退还空调费。

（4）旅客在乘车途中丢失车票，补票后又找到原票，需到站退还后补票价。

（5）旅客误购、误售车票或误乘列车，需交前方停车站。

（6）因铁路责任，造成旅客变更座别、铺别，应退还票价。

（7）旅客无票、无钱或拒绝补票，移交前方停车站处理。

（8）发现旅客携带危险品，移交前方停车站处理。

（9）发现旅客携带品超重、超大或属于政府限制运输的物品，妨碍公共卫生的物品、损坏或污染车辆的物品，需交到站处理时，编制客运记录一式三份（注明旅客姓名、单位、地址、乘车区间、车票号码），其中一份交旅客，作为到站补交运费、领取物品的凭证。

（10）发现旅客遗失物品无法归还，须交车站处理。

（11）发现列车上行李、包裹内有限制运输物品或危险品，移交前方停车站处理。

（12）发现列车上行李、包裹品名不符（伪报品名），应编制客运记录交到站补收运费；污染、损坏其他行包时，记录还应分别附在损失和被损失行李（包裹）票上，以便说明情况。

（13）行李、包裹发生变更运输。

（14）行李、包裹在运送途中发生短缺、破损，需说明物品现状。

（15）行李、包裹无票运输。

（16）列车处理旅客误购、误售车票时，若旅客托运了行李，应编制客运记录（或发电报）通知行李所在站。

（17）按包车或加开专列办理的涉外旅客运输，如在路途变更计划时，应将变更情况编制客运记录。

（18）发现涉外旅客遗失物品时。

（19）旅客在列车上发生意外伤害、急病或死亡，移交车站处理。

（20）列车内发现无人护送的精神病患者，移交到站或三等以上车站处理。

（21）发现各种乘车证违章乘车，移交车站或换乘站处理。

（22）列车移交重点旅客（老、幼、病、残、孕）或弃婴。

（23）中途发现多收票款和运费，移交车站退款。

（24）其他需要与站方办理的交接事项。

6. 客运记录填写实例

【例 5.1】　××年××月××日，K1008 次（广州—信阳，空调快速）运行至坪石—郴州区间，5 号车厢旅客郑某突然感到小腹疼痛，难以支持（有陪同人 1 名）。经列车广播找医救治，认为有急性阑尾炎可能，急需下车诊治。该两位旅客持有广州—岳阳车票，B0002142 和 B0002143 号，旅行包 1 个。现编制客运记录交站。

××铁路局	客统-1
客　运　记　录	第 0601 号

记录事由：移交急病旅客
郴州站：
××年××月××日，K1008 次列车运行到坪石至郴州间，旅客郑某（男，22岁，岳阳县××乡××村人）突发急病，小腹剧痛，难以支持（有陪同人 1 名），经列车广播找医救治后不见好转，特编此记录交贵站，请按章处理。 　　附：1. 旅客广州至岳阳车票 B0002142 和 B0002143 号，旅行包自带。 　　　　2. 医生诊断书（医生姓名、地址、单位等）。 　　　　3. 旁证材料两份。
注：1. 站、车需要编制记录时均适用。 　　2. 本记录不能作为乘车凭证。 　　　　　　　　　　　　　　　　　　站　　　　　　　　　\ K1008 次 　　　　　　　　　　　　　　　　长客　段编制人员列车长×××（印） 　　　　　　　　　　　　　　　　　　站 　　　　　　　　　　　　　　　　　　段签收人员　　　　　　（印） 　　　　　　　　　　　　　　　　　　××年××月××日编制

【例 5.2】　××年××月××日，K9003 次（岳阳—深圳，空调快速）列车岳阳开车后，8 号软卧车厢（RW25B671312#）空调制冷效果失灵，列检中途无法修复，软卧车厢只有 6 号包房内有同行旅客 2 人，持岳阳至广州车票 V004521 和 V004522。

×× 铁路局　　　　　　　　　　　　　　　　　　　　　　客统-1
客　运　记　录

第 0701 号

记录事由：退空调票
广州站：
×× 年 ×× 月 ×× 日，K9003 次列车岳阳开车后，8 号软卧（RW25B671312#）空调制冷效果失灵，致使该旅客无法使用空调。特编记录交贵站，请按章退还空调票。
附：旅客广州至岳阳车票 V004521 和 V004522。
注：1. 站、车需要编制记录时均适用。 　　2. 本记录不能作为乘车凭证。 　　　　　　　　　　　　　　　　　　　　　站　　　　　　\ K9003 次 　　　　　　　　　　　　　　　　长客　段编制人员列车长×××（印） 　　　　　　　　　　　　　　　　　　　　　站 　　　　　　　　　　　　　　　　　　　段签收人员　　　　　　（印） 　　　　　　　　　　　　　　　　　　　×× 年 ×× 月 ×× 日编制

【例 5.3】　×× 年 ×× 月 ×× 日 K186 次列车 14 号车厢 63 号座位旅客贾××（男，63 岁，河北省沧州市 ×× 区 ×× 路 ×× 号，身份证号码 1309021945×××1217）持衡阳—北京西车票一张（票号 V0009513），无随同人员。列车自石家庄站开车后，突发精神病。发病途中列车长派人协助乘警对其一直看护至到站。列车长编制客运记录交北京西站。

×× 铁路局　　　　　　　　　　　　　　　　　　　　　　客统-1
客　运　记　录

第 0901 号

记录事由：移交精神病旅客
北京西站：
×× 年 ×× 月 ×× 日我车 14 号车厢 63 号座位旅客贾××，男，63 岁，河北省沧州市 ×× 区 ×× 路 ×× 号，身份证号码 1309021945×××1217）持衡阳至北京西车票一张（票号 V0009513），无随同人员。列车自石家庄站开车后，出现精神异常。途中我车派人协助乘警对其进行看护，现编制记录移交你站，请按章处理。
附：旅客衡阳至北京西车票 V0009513，另附旁证材料 3 份。
注：1. 站、车需要编制记录时均适用。 　　2. 本记录不能作为乘车凭证。 　　　　　　　　　　　　　　　　　　　　　站　　　　　　\ K186 次 　　　　　　　　　　　　　　　　长客　段编制人员列车长×××（印） 　　　　　　　　　　　　　　　　　　　　　站 　　　　　　　　　　　　　　　　　　　段签收人员　　　　　　（印） 　　　　　　　　　　　　　　　　　　　×× 年 ×× 月 ×× 日编制

三、铁路电报

铁路电报为铁路内部业务使用，列车运行中发生临时紧急情况需通知有关部门，或本次列车不能解决，需请示立即支援或汇报领导时，均可拍发铁路电报。

下列四种情况电报所不予受理：处理私人问题的电报；已有文件电报的通知；挑战、应战倡议书；由于工作不协调互相申告。

（一）电报分类

铁路电报按性质急缓程度分为以下四类：

1. 特级电报（T）

其指非常紧急命令指示，处理重大事故、人身伤亡、重大灾害及敌情的电报。

2. 急报（J）

其指时间紧急列车改点，变更到站和收货人，车辆甩挂、超限货物运行及车辆设备施工、停用、开通、限速的电报。

3. 列车电报（L）

其指处理列车业务，必须在列车到达前或到达时送交用户的电报。

4. 普通电报（P）

其指除上述三类以外的电报。通常列车上所发电报属于第三类。

列车电报是处理生产业务的一种应急通信工具，又是列车办理紧急事务所使用的一种公文表现形式。

（二）拍发电报要求

列车上有权发电报的是列车长，其他乘务员不得拍发电报，列车行李员拍发电报一定要经过列车长过目盖名章方可进行。

（1）明确主送、抄送单位。

① 主送单位：具体受理单位或主办单位（主要接收单位排在最前列），即发生问题、解决问题的直接单位。

② 抄送单位：协办、督促、备案、仲裁的单位，即发生问题、解决问题直接单位的有关上级领导机关、本单位的上级有关领导机关（一般上级单位在前，依次排列，也可按主次单位顺序排列，本段排在最后）。根据不同情况而定，一般情况下，局管内的事不抄报到部，涉及两局以上的事，应根据情况抄报有关局业务处。

涉及治安问题，应主送公安派出所、公安处、公安局；涉及路风问题，应抄送各级路风办；涉及铁路乘车证问题，应抄送劳资、财务部门；涉及行车安全问题，应抄送各级安监室；涉及急性传染病时，应主送疾病预防控制中心及卫生主管部门；遇到涉外问题时，应抄送公安和外事部门；遇列车超员、行李车满载、超载运输、急性传染病时应传送客调。

（2）电文内容简明扼要，表达意思明确。应客观描述事情的内容：日期、车次、区间、发生问题、经过处理。如实反映问题，不要擅加自己的意见；不要漫天发报，人为地把事态扩大。

（3）落款清楚：车次、日期、发电报的站名、列车长的姓名。

（4）拍发电报时要掌握好时机，及时准确，过早、过晚都不合适。

电报编制一式两份：一份交站转报，一份签收留存。列车电报交有电报所的车站拍发。

拍发电报电文应字迹清楚，抄送单位不宜过多，可以不抄送的单位应免去。凡是可以用电话或书面反映的就不必拍发电报。对所担当的列车停靠车站是否有电报所，列车长要去了解，做到心中有数。

（三）列车拍发电报的范围

遇下列情况，列车长应及时拍发铁路电报：

（1）列车运行中因意外伤害，导致旅客重伤或死亡时，应立即向上级主管部门及有关局主管部门拍发事故速报（条件允许时，应先电话汇报事故概况）。发生重大及以上伤亡事故时还应向国铁集团运输局和所属铁路局有限公司以及发生地有关铁路局有限公司、站、段拍发事故速报。事故速报内容有：

① 事故种类；
② 发生日期、时间、车次；
③ 发生地点、车站、区间里程；
④ 伤亡旅客姓名、性别、国籍、民族、年龄、职业、单位、地址；
⑤ 车票种类，发到站、票号，身份证号码；
⑥ 事故及伤亡简况。

（2）发生和发现重大行包事故时，应立即向国铁集团、所在地铁路局有限公司拍发事故速报并抄送有关单位（指中转站、行包到站、公安部门等）。事故速报内容有：

① 事故种类；
② 发生日期、时间、车次；
③ 发生地点、车站、区间里程；
④ 票号、品名、发到站；
⑤ 事故简要情况。

（3）遇特殊情况，途中发生餐料不足时，应向前方客运（列车）段拍发电报，请求补充，并抄送主管铁路局有限公司。

（4）专运列车或车辆在途中临时需要补煤或冰箱故障需要加冰时，应发电报给前方客运（列车）段（无客运段时为车站），请求支援，抄送有关铁路局、主管铁路局有限公司和车辆配属段。

（5）列车行包满载、列车严重超员时，要求前方各站控制装载量及客流，以确保安全、正点，电告各站并抄送有关铁路局有限公司，必要时抄送国铁集团主管部门。

（6）列车发生重大刑事案件，急需侦破时，应向国铁集团、所在地铁路局有限公司、公安部门、铁路派出所拍发电报，抄送主管铁路局有限公司铁路公安。

（7）在列车上办理补收款额而发现少收票价、运费时，应给旅客发站（段）及主管铁路局收入室拍发电报。

（8）列车广播设备（属电务部门维修）中途发生故障，需紧急处理时，电告前方站广播工区前来维修，并抄送本局电务（通信）段（广播工区）。

（9）列车有关业务声明澄清责任时，应向有关站（段）发电报，抄送国铁集团、主管铁路局有限公司业务部门。

（10）处理旅客误购、误售车票，若旅客托运行李，应发电报通知行李所在站。

（11）列车空调失灵，应电告前方停车站停售本次列车空调票。

（12）车辆故障需途中甩车时，应电告前方停车站停售故障车厢的车票、已购车票办理改签或退票，抄送有关铁路局有限公司客运处、车辆处、客调、列车所属客运和车辆段。必要时抄送国铁集团运输局、客调。

（13）其他紧急情况，需迅速报告时。

（四）电报填写实例

【例 5.4】 列车超员电报

××年××月××日，1598次列车醴陵开车后列车严重超员，硬座实际定员808人，车内实际达到1 375人，其中到衢州100人、金华西350人，列车长填写超员电报准备交萍乡站（有电报所）发报。

<table>
<tr><td colspan="9" align="center">铁 路 电 报</td></tr>
<tr><td>发报所</td><td>电报号码</td><td>等级</td><td colspan="2">词数</td><td>日</td><td colspan="2">时分</td><td>附注</td></tr>
<tr><td></td><td></td><td></td><td colspan="2"></td><td></td><td colspan="2"></td><td></td></tr>
<tr><td colspan="9">
主送：宜春、新余、樟树、丰城、向塘、进贤、鹰潭、上饶站。
抄送：国铁集团运输局、客调；南昌局客运处、客调；广州铁路（集团）公司客运处、客调，长沙
      客运段。

    ××年××月××日，1598次列车醴陵开车后列车严重超员，硬座实际定员808人，车内实际达到1 375人，超员率70%，其中上饶以远556人。为确保旅客列车的安全正点，请各站严格按计划售票，并做好旅客乘降组织及上水工作。

    特此电告。

1598次列车长×××（名章）
××年××月××日于萍乡站
</td></tr>
</table>

【例 5.5】 空调故障电报

××年××月××日，K9003次列车（岳阳—深圳，空调快速）岳阳开车后，8号软卧车厢（RW25B671312#）空调制冷效果失灵，列检中途无法修复，软卧车厢只有6号包房内有同行旅客2人，持岳阳至广州车票V000011和V000012，已编制客运记录交旅客，并向有关部门拍发电报。汨罗站无电报所。

铁 路 电 报						
发报所	电报号码	等级	词数	日	时分	附注

主送：株洲、衡阳、郴州、韶关东、广州、东莞站。

抄送：广州铁路（集团）公司车辆处、客运处、客调；广州车辆段，长沙客运段。

  ××年××月××日，K9003次列车岳阳开车后，8号软卧（RW25B671312#）空调制冷效果失灵，中途无法修复，请以上各站停售K9003次列车空调车票，并做好旅客退票工作。

K9003次列车长×××（名章）

××年××月××日于长沙站

【例5.6】 餐车炉灶故障电报

  ××年××月××日K760次列车衡阳站开车后，餐车电磁炉5 kW平底锅炉、8 kW炉坏，不能使用，经随车列车检车工作人员抢修未修复，请列车长处理。

铁 路 电 报						
发报所	电报号码	等级	词数	日	时分	附注

主送：醴陵、萍乡、宜春、分宜、丰城、鹰潭、上饶、金华西、义乌、诸暨、杭州南、海宁、嘉兴站、上海车辆段。

抄送：国铁集团运输局、客调；南昌铁路局客运处、客调；上海铁路局车辆处、客运处、客调；广州铁路（集团）公司车辆处、客运处、客调；广州车辆段，长沙客运段。

  ××年××月××日，K760次列车衡阳站开车后，10号餐车（CA998069）电磁炉、5 kW平底锅炉、8 kW炉坏了，不能使用，随车列检无法修复，为确保旅客饮食供应。请上海车辆段安排人员进行抢修，同时请以上各停车站加强饮食供应工作。特电告之。

K760次列车长×××（名章）

××年××月××日于株洲站

第三节 列车班组管理

一、班组长的地位、权利、职责

（一）班组长的地位

  班组长是班组的核心，是"兵头""将尾"。假如把班组比喻为企业的"细胞"，那么，班组长就是这个"细胞"的"细胞核"。只有充分地发挥班组长的"细胞核"作用，才能使班组形成一个团结战斗的集体，才能使班组成员的积极性和创造性调动起来，更好地完成班组的各项任务，实现企业的总体目标。

班组长是企业第一线的指挥者和管理者。班组长的指挥和管理，对加强企业生产第一线的各项工作，起着重要的作用。

班组长是企业"三个文明"建设的组织者。班组长起着把党的方针政策和企业的决策、计划变为职工实际行动的桥梁和骨干作用。

（二）班组长的权利

1986年2月，中华全国总工会和原国家经委联合发行的《关于加强工业企业班组建设的意见》中，对班组长的权利做了明确规定：

（1）有权组织指挥和管理本班组的生产经营活动。
（2）有权根据生产经营活动的需要调整本班组劳动组织。
（3）有权根据本单位规章制订班组工作的实施细则。
（4）有权拒绝违章指挥和制止违章作业。
（5）有权向上级提出对本班组职工的奖惩建议。
（6）有权按照企业内部经济责任制的规定，对本班组的资金进行分配。
（7）有权推荐本班组优秀职工学习深造、提拔和晋级。
（8）有权维护班组职工的合法权益。

对认真履行上述权利的班组长，企业领导应予支持和鼓励。权利也是一种责任，班组长要善于正确行使上述权利，把责任、权利统一起来。

（三）班组长的职责

班组长的职责与班组长在领导班组生产劳动中应做的主要工作基本保持一致。

班组的中心任务是完成车间下达的各项生产计划。抓好生产是班组长的主要职责，为确保完成班组各项生产计划和经济技术指标，班组长应重点抓好如下几项工作：

1. 抓好思想政治工作

（1）坚持思想政治工作领先的原则，针对班组人员思想状况，采取多种形式，有预见、有针对性地把思想政治工作做到生产、管理、生活和学习的全过程去，使每个职工逐步树立强烈的事业心和高度的责任感。

（2）思想政治工作要科学化，要顺乎客观规律，从关心职工的生产、生活入手，利用一切条件，营造良好的班风，使每个职工感到生活在班组中心情舒畅、工作愉快、互相信任、互相尊重，进而使每个职工都产生一种荣誉感、成就感和责任感，形成一种积极向上的精神。

（3）班组长要以身作则，言传身教，带头遵纪守法，遵守各项工作制度，严格要求自己，为大家做出榜样，起到表率作用。

2. 抓好班组的"三全"管理

（1）开展全员计划管理。

（2）开展全面质量管理。

（3）开展班组经济核算。

3. 抓好班组安全生产

班组长负有本班组生产安全和人身安全的责任，在布置生产任务同时，必须做好安全生产工作；要大胆管理、抓好劳动纪律，认真执行作业标准化，贯彻安全生产规章制度，卡死违章操作规程；经常开展安全教育，制定班组安全措施并及时检查落实；发现不安全因素或事故苗子要立即采取有效措施，做到预防为主，并及时向上级反映或要求改进。

4. 抓好班组民主管理

班组民主管理主要表现在依靠群众、选好班组"工管员"方面，对班组的生产质量和生活等大事，由班组全体人员共同讨论、决定，增强每个职工的主人翁意识和责任意识。

5. 抓好生产现场的管理

（1）要抓现场安全。使每个职工都树立"安全第一"的思想，不违章作业，养成"安全生产，人人有责"的风气。

（2）抓现场文明生产。做到设备完好、场地清洁、道路通畅、物件摆设整齐、通风照明符合要求。

（3）抓好现场秩序，要求严格执行操作标准和工艺规程，遵守各项管理制度，坚守岗位，工作时间不溜串、不闲聊、不打闹、不影响他人作业、保持良好的生产秩序。

6. 抓好班组学习

组织好职工的政治、文化、技术、业务的学习，坚持岗位练兵和技术比武活动，不断提高班组成员的综合素质。

7. 抓好班组基础工作

搞好班组各项原始记录，做到要有专人分工负责，认真填写，定期上报、汇总，及时公布，妥善保管，更好地为企业提供可靠的数据和资料。

8. 抓好班组文化生活

开展互助互济、家访和各种有益的文体活动。创造舒畅的工作气氛，保持职工旺盛的劳动精力和愉快情绪。

班组长的日常工作基本有一个规律，综合起来为：日"三抓"，周"五查"，月开好"四个会"。即：抓思想，抓生产，抓安全；查事故苗子及隐患，查政治文化技术学习情况，查工具物料使用保管情况，查各项指标完成情况，查设备保养及文明生产情况；月初开好各项工作生产指标计划安排会，月中开好各项工作生产指标完成情况分析会，月末开好总结评比会，每月开好一次民主管理生活会。

二、列车客运班组的特点、任务和要求

（一）列车客运班组的特点

列车客运班组的组成，取决于列车种类、运行距离的远近和业务管理的要求。一般以旅客列车一次出乘的客运人员组成一个班组，列车中的餐车，由于经济承包和管理的关系，有的也组成独立班组；列车检车人员也归属旅客列车客运乘务班组的范畴。列车客运班组有以下特点：

1. 影响广泛

直接面对旅客，是铁路为旅客服务的代表。班组职工素质、管理水平、服务质量直接影响到铁路的声誉。

2. 单独作业

班组成员分散到各车厢作业，相互间没有工序衔接。每名客运人员好比一粒沙子，"聚沙成塔"构成班组管理的凝聚力。

3. 动态服务

客运服务质量受到主观因素的影响。气候变化、列车运行状况、旅客需要的差异以及班组成员的情绪、动作、交谈等都可能引起旅客不同的反馈，列车运行的特点也决定了服务工作处于动态的变化之中。

（二）列车客运班组管理的基本任务

（1）完成上级下达的旅客运输任务。
（2）确保安全生产，消灭旅客、职工、行包、设备责任事故。
（3）各种质量指标全面达标。
（4）不断提高服务质量，杜绝严重不良反映。
（5）班组管理制度和资料、台账健全、完善。
（6）班组人员团结、向上，符合有理想、有道德、有文化、有纪律的要求。

（三）列车客运班组管理的基本要求

（1）运用现代化管理的思想、理论和方法，掌握现代客运管理技术，提高管理水平。
（2）推行目标管理、成本核算和经济责任制，做到指标到人、考核到人、按班分析，逐月统计。
（3）建立班组内部思想政治工作制度，关心人、理解人、尊重人，搞好班组团结，充分调动班组成员工作积极性、主动性和创造性。
（4）健全和坚持班组民主管理制度，选配好班组"工管员"，定期召开经济、质量分析会和民主生活会。
（5）加强信息沟通，广泛征求旅客意见，认真改进服务工作。
（6）严格执行各项标准化的要求，开展内部竞赛评比。

（7）重视人才开发，制订内部培训学习计划，有计划地安排职工参加各种培训班，关心职工素质的提高。

三、班组达标

（一）班组达标的含义

班组达标是根据班组在设备质量、安全管理、现场作业、队伍素质、职场环境等方面的管理和实际情况，依次由低到高逐步提升班组的管理要求和标准，将达标班组分为可控班组、自控型班组、标准化班组三个等级。

（1）可控班组是指设备质量合格，安全管理制度健全、安全生产基本稳定，现场作业标准执行到位，职工业务技能较好，职场环境整洁规范的合格班组。

（2）自控型班组是设备质量优良，安全管理制度健全、安全生产持续稳定，现场作业标准落实有效，职工业务技能较高，职场环境整洁美观的优良班组。

（3）标准化班组是指设备质量精良，安全管理制度健全、安全生产持续稳定，现场作业标准执行规范，职工一岗多能、技能精良，职场环境舒适美观的先进班组。

（二）班组达标的标准

1. 设备质量达标

（1）设备齐全，装备精良，安全性能稳定可靠，自动化程度高，布局科学合理。
（2）设备悬挂操作规程，操作人员持证上岗，操作熟练。
（3）有完善的设备检、养、修和保管制度并严格落实，班组设备状态良好，外观整洁。
（4）设备质量考核指标达标。
（5）管理方法科学，账卡物相一致。

2. 安全管理达标

（1）严格安全指标：要控制班组责任铁路交通事故和生产安全事故，确保安全"红线"。各等级达标的班组在周期内不得发生责任事故，职工本人不得受"红线"考核。
（2）控制安全风险：积极开展风险研判，"三书一卡"配备完善、修订及时、落实到位，安全生产责任制得到有效落实。
（3）抓好劳动安全：人身安全细化措施完善，定期开展人身安全教育，作业过程严格执行有关要求。

3. 现场作业达标

（1）完成生产任务。生产分工合理，生产任务指标优质高效完成。
（2）执行标准化作业。
（3）抓好劳动纪律。严格执行请销假制度，杜绝私自换班行为。
（4）抓好问题整改。建立上级检查发现问题库并规范管理，整改及时到位。

4. 队伍素质达标

（1）提高班组长自身素质。应业务技能精湛，管理能力强，职工满意度高；持证上岗。

（2）开展班组传帮教。班组教学方式要先进，扎实开展业务学习与岗位练兵，师徒帮带氛围浓厚，职工自学意识较强。

（3）业务考试合格率达标。

（4）技能水平达标。班组整体技能较高，各岗位技能符合任职要求。

（5）持证上岗。岗位持证上岗率100%。

（6）路风和服务质量达标。

（7）岗位达标。岗位整体达到优秀水平，达标结果得到较好运用，职工创先争优氛围浓厚。

5. 职场环境达标

（1）班组的生产、工作、学习、生活等场所等要按照上级规范管理，做到房屋墙面、天花板面整洁无剥落和漏水痕迹，地面平整干净无污迹。

（2）上墙揭示图表和镜框的规格、制作材料等符合整个系统或全段统一要求。

（3）工作的办公桌椅、文件柜、工具柜、材料架等应统一样式规格，摆放科学整齐，无破旧和残缺。

（4）各场所设备、设施、工具、备品、材料、配件、物品等摆放应科学、合理、有序和标识清晰，班组场所和环境卫生整体干净整洁。

四、列车客运班组管理方法

旅客列车的各项工作主要是乘务组完成的，列车管理的实质就是班组管理。根据列车流动性大、各工种独立作业、客流多变、远离领导、设备有限的特点，乘务组应有严格的纪律要求，建立各种组织，完善管理制度，经常不断地抓思想教育和业务学习。这是做好客运服务工作的基础。

（一）建立各种组织

（1）党支部或党小组。主要是做好上传下达，贯彻落实党的路线、方针、政策以及上级指示、会议精神，抓好时事政治学习和思想教育工作。

（2）工会支会或工会小组。在上级工会和党支部的领导下，协助列车长抓好职代会、评先、职工福利等工作。

（3）团支部或团小组。在上级团组织和党支部的领导下，协助列车长做好团员青年的思想教育，发挥青年团员的突击作用。

（4）治保小组。在客运段保卫科和党支部的领导下，搞好列车治安保卫工作。

此外，可以根据实际情况建立其他组织，如民主管理小组、安全检查小组、义务消防小组、质量管理小组等，共同抓好列车各项工作。

（二）健全管理制度

（1）各工种岗位责任制。按各铁路局公布的标准执行。

（2）安全生产制度。分别制定列车各客车、行李车、餐车厨房、锅炉间、广播室等安全作业制度。

（3）备品管理制度。指定专人负责各种备品的请领、保管、发放及发生损坏的处理。

（4）看车及交接班制度。明确库内看车的任务、纪律、职责、交接班注意事项及库内发生其他问题的处理。

（5）学习、会议制度。规定政治学习和业务学习时间、内容，召开出乘、退乘会，布置出乘工作，总结往返出乘的成绩和不足。

（6）资料、台账制度。乘务日志、卫生鉴定记录、事故及事故苗子记录、遗失物品记录、查危登记簿、劳动竞赛记录、命令指示摘抄等应齐全、有记录。

（7）旅客意见处理制度。规定对旅客意见的处理、答复，典型内容的归纳、分析，并指定专人负责。

此外，还可以建立健全财务管理、饮食供应、广播宣传、路风管理、计划运输、接待汇报等制度，完善列车全面管理。

五、列车重点车厢管理

（一）宿营车管理

宿营车是旅客列车乘务员休息的场所，其首要功能是满足旅客列车"三乘"人员休息需要，任何部门和个人未经上级主管部门同意，不得将铺位占用或挪作其他用途。

1. 宿营车铺位安排权限

在宿营车铺位的安排上，宿营车铺位由列车长统一安排，"三乘"人员必须服从列车长和宿营车列车员的管理及对铺位的安排。未经列车长同意，任何人不准擅自安排铺位。遇有公安、车辆部门人员添乘检查时，其铺位由公安乘警长、检车乘务长归口统一向列车长申报安排，列车长应做到一视同仁，妥善安排。

2. 宿营车铺位安排方法

根据铁路总公司规定，宿营车乘务员休息铺位安排实行"日勤制一人一铺，轮班制二人一铺"的分配原则，尽量男、女乘务员档位、铺位分开；遇有特殊情况增减乘务人员时，列车长应及时调整铺位，妥善安排。

乘务员铺位安排必须集中在宿营车一端，必须上、中、下铺满员安排；暑假非空调宿营车上铺不使用；客运乘务员上、中、下铺铺位应定期轮换，原则上每月一次，由列车长统一安排。

3. 宿营车的日常管理

（1）宿营车与旅客乘坐的车厢端门玻璃上应剪贴"宿营车"字样，旅客铺位与乘务员铺位间应悬挂有"静"字的布帘隔离，在醒目位置公布"宿营车管理制度（摘要）"。

（2）各次旅客列车宿营车实行宿营车定位卡制度，如实反映乘务员铺位和剩余卧铺使用情况。

（3）为保障乘务人员能充分休息，宿营车"三乘"人员休息铺位不允许出售，隔离布帘内严禁安排非"三乘"人员，隔离布帘外第一档不准发售给旅客，但准许安排添乘检查人员。

（4）对安排进宿营车的旅客，需在进入宿营车前（特殊情况可进入宿营车 30 min 内）办理好补票或签证手续。宿营车列车员凭车票或列车长开具的"上车补票证"安排剩余铺位，及时换票，告知注意事项，并在宿营车剩余卧铺登记表上做好登记。

（5）发售（安排）宿营车铺位时，应按照宿营车车种、席别办理补票手续；非空调宿营车启用空调时，应收取相应的空调费。

（6）为保证宿营车安全，宿营车当班列车员不得擅离岗位，点蚊香要有安全装置。非交接班时间宿营车和旅客车厢相连的通过门要锁闭，禁止闲杂人员进入或逗留。

（7）"三乘"人员、机务便乘人员及在宿营车内值乘的运转车长应自觉维护宿营车秩序，保证车内安静，做到"四轻"，即关门轻、走路轻、说话轻、拿放物品轻；不准在宿营车大声喧哗、打牌娱乐，不准在宿营车内吸烟、饮酒，不准利用宿营车运输、携带危险品及违禁品，不准售货车在宿营车推行，不准将衣物晾挂于通道上。

（二）硬座车管理

（1）各车厢列车员必须严格执行凭票上车制度，认真检验车票，旅客必须凭车票（含铁路乘车证）或"同意乘车补票证"上车，列车乘务人员不得让无票、无证的旅客登乘列车。

（2）无票旅客乘车的，必须先取得列车发放的"同意乘车补票证"。"同意乘车补票证"由列车长负责统一管理，由列车长或办公席列车值班员负责填发，无票旅客在开车后 30 min 内，持证到列车办公席补票。

（三）卧铺车管理

（1）卧铺车实行旅客"越席探访卡"制度。旅客因同行人员为老、幼、病、残、孕等人员，需要越席探访时，应向列车长出示车票、说明情况、提出请求，经列车长核实确认后，填发"越席探访卡"（"旅客越席探访卡"反面印有被探访对象的姓名、车厢号、铺号，允许探访的时间和违规探访的处罚规定等须知）。旅客持探访卡到相关卧铺车厢，所在车厢列车员凭列车长签发的"越席探访卡"和旅客车票，准许该乘客在本节车厢探访。

（2）列车夜间运行及午休时间，硬卧车停止探访会客。

（3）强化车票查验和车厢巡视制度。严格落实《铁路旅客运输管理规则》第 66 条规定，列车长、乘警必须全程参加车班查票，列车长每 2 小时巡视车厢不应少于 1 次，确保无越席乘车和无票乘车情况发生。

（4）强化剩余卧铺发售登记制度。列车上剩余卧铺和其他席别的补票业务，由值班列车长或指定专人在列车长办公席，本着既照顾重点又考虑登记顺序的原则，集中公开办理；办理补卧铺业务时，必须填写"剩余卧铺发售登记表"。

（5）严禁列车工作人员代客补票，旅客补票必须由旅客直接找补票员或列车长办理。补票员、列车长在收钱的同时必须为旅客办理补票手续，如收取旅客补票款不及时补票，被检查组检查发现或被旅客举报投诉后才进行补票的，按以票谋私定性处理。

第四节 列车运输收入管理

旅客列车的收入工作是铁路整体运输收入管理中的重要一环，也是目前运输收入管理的薄弱环节。加强旅客列车运输收入管理对于改善旅客乘降秩序、保障旅客旅行安全、提高服务质量、维护铁路运输收入的完整、防止路风事件的发生有着十分重要的意义。

一、列车运输收入管理的特点及产生的原因

1. 列车运输收入管理的特点

列车组织运输收入与车站组织收入相比有其不同的特点。车站是以发售客票、办理行包运输直接取得客运收入，而列车则是在移动过程中通过办理旅客旅行变更、发售空余卧铺和处理无票旅客补票而取得运输收入，属于正常运输收入的补充收入或称为堵塞漏洞的收入。只有正确及时地取得这部分收入，才有可能维护运输收入的完整。但列车收入有一定的难点。在运输中，旅客不购票或无票乘车是经常发生的。在当前运能与运量不足和超员过多的情况下，由于列车工作环境、条件、人员所限，在运输安全作为首要要求和搞好服务工作的前提下，给运输收入增加了一定难度。

2. 列车运输收入形成的原因

铁路运输的特点，决定了列车收入的必然性。主要原因有以下几个方面：

（1）运输条件设施的不完善，是产生无票乘车的重要原因。全路有数千个车站，其中特、一、二、三等站约占车站数的21%，其余为四、五等站和乘降所。四、五等站基本上没有完善的进出站口来制约旅客检验车票，即使是三等以上的车站设有比较完善的进出站口，也无法完全杜绝无票人员的进出。所以在运输中就会产生一部分人员无票上车，从而形成列车收入的来源。

（2）乘降所的设置提高了区间列车通过能力，也为区段客流乘降列车提供了方便。但旅客必须在上车后买票，使列车取得收入。

（3）列车空余软、硬卧铺发售和周转利用。列车运行区段较长时，由于旅行目的地不尽相同，旅客乘降频繁，此时需根据客流情况及时周转利用空余卧铺从而形成列车收入。

（4）目前限于我国仍有一部分人的思想觉悟不够高或其他原因，不愿意购买车票的现象时有发生，这就形成了按规章制度查堵处罚追加的列车收入。

二、列车运输收入的组织管理

（一）运输收入管理分级

旅客列车收入的组织管理分两大部分：

1. 客运段运输收入组织管理

依据原铁道部第 24 号令公布的《铁路运输收入管理规程》和铁财〔2006〕38 号文公布的《铁路运输收入票据管理工作规则》，各客运段可根据实际情况，制定适应各客运段情况的收入管理制度。

2. 列车班组收入管理

班组查漏补收是在列车运输移动过程中通过办理旅客旅行变更、发售剩余卧铺，补收超重超大物品和办理违章乘车旅客补票取得的收入。列车运输收入管理主要是严格认真执行规章制度，加强票据、票款管理，在做好旅行服务的同时，做好维护铁路正当收入工作，确保运输收入完整和资金及时上缴。

（二）票据、票款的管理

1. 客车车班票据、票款管理的责任人

（1）列车长是班组票据、票款管理的主要责任人，负责出乘需要使用的票据、碳带、IC卡的请领、保管和上缴工作，不得委托他人代理，必须建立相关台账，对请领、使用、结存等情况逐一进行登记。

（2）列车长在出乘前必须请领足够本次出乘使用的客票票据、碳带，保证值乘中不脱售，在请领票据时必须与发票人办理双方签认手续，未经收入科同意批准的，不准车班之间相互调拨和借用票据、碳带，并在使用票据、碳带时做到先领先用，不积压。

（3）对列车办理补票后的票据、票款及时整理，并锁入保险柜保管，回乘后及时将所补票款、票据全部上缴段收款室，严禁任何人贪污、挪用、截留票款，确保运输收入的完整。

2. 在列车上使用票据，办理交接，调动移交及保险柜的管理

（1）台账。

收入管理设有四本台账，分别是《车内票据、票款交接单》《车内补票缴款、缴票单》《涂改、挖补、仿造票证登记簿》《现金票据丢失、被盗登记台账》。

（2）交接。

① 列车长在出乘前至客运段收入科请领足够本趟使用的票据、碳带，并在《票据发放单》上与发放部门办理双方签认手续，领取票袋时应认真查看封条。

② 列车上发放票据和收回票据、票款时，应与使用人在"车内票据、票款交接单"上登记，双方签认。

③ 经客运段收入科同意在途中借用其他班组的票据、碳带时，应办理票据、碳带借用手续，注明时间、班组、数量，一式三份，双方签认，借用双方各持一份，一份交收入科备查。

④ 回乘后，将所剩余票据、碳带装入票袋，贴好封条，与发、收票据人办理双方签认手续。

（3）票据使用。

① 填写式票据必须按照票据符号、票号顺序、加盖列车长专用章方可使用，要认真、规范地进行填写，票据必须同联同时复写，不得分联填写，省略项目，不得涂改及无故作废票据；需要作废的票据，必须注明理由后由列车长进行签认，字迹必须清楚，对需作废的电子票不允许横折。

② 票据发生填写错误或代用票剪断线与填写金额不符时，不得涂改，一律按废票处理。"旅客联"剪断线一经剪断，原则上不得作废处理；如属特殊情况，应由经办人写出经过，列车长签认后报收入主管部门核实处理。

③ 乘务终了，列车长应根据本次出乘发售的票据和核收的现金；编制《车内补票缴款、缴票单》，一式三份，一份自留，两份连同票据报告联、存根联在返乘当日一并上缴段收入室。《车内补票缴款、缴票单》必须按规定格式填写，不得漏填、错填。

（4）调动移交。

① 列车长调动班组或调离工作岗位时，应把自己领用后剩余的票据认真清理、登记、移交给接班列车长，双方签认后将清单交收入科备案。

② 当列车班组改组时，应整理好剩余票据，填写交接清单，凭交接清单和票据一起交客运段收入科进行交接签认。

（5）收入安全管理。

列车上备有保险柜，用于保管票据、票款，以确保列车票据、票款的安全。保险柜由列车长或指定专人管理。

① 班组出乘请领的票据、碳带及中途收回的票款、票据存根，应及时放入保险柜，对使用、结余情况逐一登记。

② 智能保险柜应在出乘前认真检查，设置密码，如发现故障应及时向段维修部门报修，以保证保险柜在中途能正常使用。中途发生保险柜故障时，应及时向客运段收入科及维修部门汇报，请专业人员上车进行维修。

③ 乘务工作终了交款时，必须由乘警护送至交款处所。

（6）电子补票机及碳带的管理、使用。

① GTB-3、GTB-5 两种型号补票机是目前使用较多的型号，在使用过程中应注意妥善保管，按有关规定进行操作。尤其 GTB-5 型补票机，对碳带的使用要求较高，每卷碳带只能打印电子票 200 张，要及时更换，如超过 200 张仍继续使用将使补票机打印头拉伤，导致机器故障而不能继续使用。

② 碳带请领后应按所领碳带顺序号，先领先用，不积压。GTB-5 型补票机碳带要严格遵守每卷打印 200 张电子票的规定，以确保补票机的良好使用，使用完的碳带应及时上缴。

（7）查验车票。

① 认真执行规章制度，坚持立岗验票上车和在规定运行区段时间内查验车票，重点区段，重点查验，做好无票补收及违章乘车的处理工作，严禁以票谋私、乱补乱罚。

② 充分利用列车软、硬卧铺，凡没有实行席位复用和共用的列车都应及时发售空余卧铺；检查旅客是否持有有效车票，有无伪造、挖补、过期、误乘、误签以及重复使用、减价不符、未剪口、未签证等情况；旅客携带物品是否违反规定；清查卧铺时重点检查有无越席乘车或无票人员，餐车、宿营车、行李车、乘务间、广播室有无无票人员和货物；各种铁路乘车证的填发是否有效、证件是否齐全，有无转借、涂改等情况。

③ 办理补票时，要先问清旅客的上车站、到站、人数、座别、铺别后再制票，制票完毕要检查确认票价金额，通知旅客准备现金。使用便携式补票机补票时应按程序正确使用。

④ 填发代用票必须符合《客规》有关规定，正确填写，字迹清楚，票面加盖规定印章，不随意涂改，尤其是不得涂改发、到站、人数、金额，填写完毕要检查确认合计金额，按合计金额剪下剪断线，交递车票找零时，应复诵，做到先收钱再付票、后找零，唱收、唱付，当面点清。

三、运输收入事故及处理

运输收入
事故分类与等级

1. 事故分类与等级

（1）运输收入事故的种类分为现金事故、票据事故和坏账损失。

① 现金事故：现金丢失、被盗、被抢劫。

② 票据事故：在印制、保管、发放、寄送、运输和使用过程中所发生的铁路客货运输票据丢失、灭失、被盗、短少。

③ 坏账损失：因失职造成的无法收回的运输收入进款。

（2）运输收入事故的等级分为一般事故、大事故和重大事故。

① 一般事故：损失金额不足 1 万元的。

② 大事故：损失金额 1 万元及以上不足 10 万元的。

③ 重大事故：损失金额 10 万元及以上的。

2. 事故金额的计算（以下所述内容只与客运部分有关）

（1）现金、银行票据和坏账损失按实际损失计算。

（2）区段票每张按剪断线最高金额计算（现已基本不使用）。

（3）代用票按每组 1 000 元计算。

（4）计算机软纸票按每张 1 000 元计算。

（5）行李票、包裹票、客运杂费收据等未印金额的票据按每组 500 元计算。

（6）对使用过的到达铁路客货运输票据事故金额，按上述相应票据计算。

（7）对使用过的发送铁路客货运输票据事故金额，能确定运输收入实际损失的，按运输收入实际损失计算；不能确定实际损失的，按上述相应票据计算。

3. 事故的处理

（1）发生运输收入事故时，应保护好现场，并电告收入管理部门和公安部门，及时组织破案。

（2）事故发生后，应于 5 日内向本企业收入管理部门提交《运输收入事故报告表》，并附责任人书面材料。重大、大事故应及时书面报告国铁集团。发生运输收入事故除经济赔偿外，可视情节轻重对责任人给予行政处分，情节严重的应追究至主管领导的行政职责。

（3）一般事故由站、段处理，并报本企业收入管理部门备案。

（4）重大、大事故由铁路运输企业处理，并报国铁集团收入管理部门备案。

4. 运输收入事故的处罚

发生运输收入事故造成的经济损失由责任者和责任单位赔偿，责任者无力赔偿部分由事故发生单位负责赔偿；收回的事故赔款列入原科目，但其中的票据事故赔款列入其他收入。

各客运段可根据收入事故发生等级，除了对责任人或车班、车队要求经济赔偿外，还可以对责任人、责任班组当班列车长、责任车队队长给予相应的行政处分；如构成违法的，由司法机关依法处理。

【例5.7】 票据丢失

某日，××客运段高铁丙班班组在中途站重车交接时，接班值乘班组补票员李××从退乘乙班组补票员段××手中接过列车上保险柜钥匙，在开车后将保险柜打开，准备将自己班组票据放入保险柜时，突然发现保险柜内有一卷票号为R037401至R037500的电子票，随后与乙班组进行了联系。乙班组确认说不是他们班组丢失的票据。后又经过多方联系未找到丢失票据的班组，该补票员就将该卷票据先行保管。最终在第三天经过多方打听查询，最终才知道是上趟班退乘的甲班组丢失的票据。甲班组丢失票据已经多天，列车长与补票员居然未发现，幸亏丙班组及时捡到并最终归还，避免了运输收入重大事故发生。

原因分析：

1. 各班组未严格执行列车长亲自保管保险柜钥匙的规定，列车长保险柜钥匙交给补票员保管。

2. 班组领发票卷都由补票员操作，列车长不亲自领发和清点票据，退乘前不对保险柜内物品进行清点，不与补票员核实票据票款情况，放任管理。

3. 在退乘上交票款后不与票据后台系统核实本班组票据剩余情况，导致退乘多日仍然未发现票据已丢失。

4. 班组补票员责任心不强，对于列车长交办的工作粗心大意。

【例5.8】 信用交接导致票款丢失

某日，××客运段某班组退乘交款。补票员甲因家中有急事，退乘后未办理完交款手续直接转高铁回家，将保险柜钥匙交给列车员乙，嘱其下班后将票袋取出来陪同列车长代为缴款，交接时既未当面点清票据票款，又未进行书面签认交接。列车员乙在实际交款过程中，发现票款与后台补票记录不符，少了600多元，随后打电话与补票员甲进行联系。电话多次未打通，于是列车长与列车员乙共同凑齐600多元将票款补缴。事后，当列车员乙与补票员甲核实时，甲说当时他点了钱数是对的，并未短缺，还拿出了他当时补票记录。双方各执一词，责任不清。后来，在车队协调下，列车长进行A类问题考核，甲乙二人各自承担一半。

原因分析：

1. 列车退乘交款未执行由列车长亲自办理的相关制度，列车长严重失职。

2. 补票员甲在未办理完交款相关手续后擅自离岗回家，未执行请假制度，严重违反劳动纪律。

3. 补票员将票据票款交车班非补票人员代为办理交款已属严重违规行为，并且未严格执行"票据票款当面点清，并书面签字确认制度"，存在信用交接。按照相关规定，交接后出现的一切问题均由接受人负责，该事件中应当由列车员乙负责，但是列车长与补票员甲也存在严重过错，所以一同承担责任。

第六章　列车行包运输

【主要内容】　行包运输方案的编制与执行；行包的装卸和交接；行包运送中的常规作业和问题处理；对列车行李员的管理

【重点掌握】　行包运送的常规作业和问题处理

第一节　行包运输方案

一、行包运输方案概述

（一）行包运输方案的作用

行包运输方案是根据中转行李与包裹的装运原则、列车运行图的安排、列车区段行包密度以及车站中转能力等所规定的行包装运组织实施办法。按方案组织行包装运，一方面能避免不合理中转造成的人力、物力浪费，更合理地利用行李车运能，均衡地组织运输；另一方面可以减少行包中转环节，避免在运输途中可能造成货物损失，提高运输效率。除铁路局同意组织的不合理中转外，各站行装人员、列车行李员以及主管行包有关干部对行包运输方案必须认真贯彻执行。

行包运输方案应于新图实行前编制并与新图同时实行。

（二）行包运输方案的内容

行包运输方案涵盖全路编挂行李车的全部旅客列车，分为跨局旅客列车行包运输方案和管内行包运输方案，并以表格的形式公布。其主要内容有：顺号、车次、运行区段、担当局、担当分公司、经由行包办理站及停时、装运区段、限装、准装、始发时刻、终到时刻、旅行时间、运行距离、备注。举例如下：

【例6.1】　T16次，广州—北京西，广州铁路集团公司担当列车乘务，中铁快运广州分公司担当行李车运输，经由西良线、京广线。

（1）沿途行包办理站：长沙（4分）—武昌（6分）—郑州（4分）。

（2）装运区段：武昌及以远。

（3）限装：沈局、哈局各站，京包线。

（4）准装：广州去沈大线在北京西中转每日限100件。

始发时刻17：25，终到时刻13：50，旅行时间20 h 25 min，运行距离2 294 km。

【例 6.2】 K527 次，南京西—广州，上海铁路局担当列车乘务，中铁快运江苏分公司担当行李车运输，经宁铜线、京沪线、沪昆线、京广线。

(1) 沿途行包办理站：南京（15 分）—镇江（5 分）—常州（3 分）—无锡（2 分）—苏州（2 分）—上海（8 分）—海宁（6 分）—杭州东（8 分）—金华西（8 分）—衢州（4 分）—鹰潭（12 分）—进贤（2 分）—新余（6 分）—宜春（5 分）—株洲（22 分）—衡阳（35 分）—郴州（7 分）—韶关（3 分）。

(2) 装运区段：鹰潭以远。

(3) 限装：湘桂线、京广线株洲以北、沪昆线株洲以西。

(4) 准装：南京西去长沙终到行包在株洲中转每日限 100 件。

（三）行包运输方案的编制依据

(1) 指定月份的直通、管内行包流向流量图。
(2) 直通列车行包密度表等资料（按局别、中转站、终到站统计）。
(3) 主要站分车次、区段装车件数和卸车件数。
(4) 指定时间主要站行包承运件数（按局别或线别分区段资料）。
(5) 特、一等站两年以内的行包流调查报告。其内容有：
① 吸引区内政治、经济、文化发展状况；
② 产品销售运输渠道；
③ 集市贸易状况及交通工具发展状况；
④ 各种交通工具运价水平以及铁路运能和适应状况等。

二、编制行包运输方案应遵循的原则

1. 长途直达原则

即直通列车优先装运至终到局及其以远的行包，优先满足长途中转和长途始发的需要。

2. 长短途分工原则

即长途行包优先利用长途列车装运，短途行包利用短途列车装运。

3. 中转组织原则

(1) 有直达列车的必须以直达列车装运，以减少行包中转次数，从而减轻对枢纽中转站压力。
(2) 没有直达列车的，选择在中转次数最少、有始发列车接运的车站中转。
(3) 途中几个中转站中转次数相同时，应优先选择在能力充裕的车站中转。
(4) 除方案规定的中转范围外，不得改变中转车站和增加中转次数。

4. 区域集散原则

(1) 在局管内，对直通能力紧张的二等及以下车站，准将始发行包向有直通能力的中转站集结，增加一次中转。直通能力紧张的一等站的始发行包需进行区域集结时，由铁路局商中铁快运确定。
(2) 对直达运能紧张的中转站，准该站将行包装至到达局管内有始发能力的车站，增加一次中转。

5. 适量装卸原则

行包装车站必须按照保证列车安全正点、先卸后装的原则，根据列车行李员提供的卸车站待卸行包件数和重量适量安排装车件数。

（1）装运至列车途中到站的行包件数，按卸车站站停时间每分钟不超过 15 件掌握。装运至列车终到站的行包件数不受限制。

（2）对体积小、重量轻的行包，单件质量在 16～20 kg 的，最大按卸车站站停时间每分钟卸行包总质量不超过 300 kg 掌握；单件质量均在 15 kg 以下的，最大按卸车站站停时间每分钟卸行包总质量不超过 450 kg 掌握。

（3）对超大包裹要相应核减装卸车件数。对超重包裹，质量每超过 15 kg 核减一件。站停时间不足 4 min 的停车站和直达特快旅客列车禁止装运超重包裹。

（4）特快旅客列车在停车时间不足 4 min 的车站只卸不装，在停车时间 4 min 以上的车站可装运至列车终到站的行包。

6. 优先运输原则

（1）行包办理站应按照"先行李，后包裹；先中转，后始发；先快运，后普包"的原则组织运输。

（2）快运包裹不受装运区段和限装区段的限制，但到站必须是快运办理站，车站和列车行李员不得拒绝装卸和交接。

7. 限定原则

（1）鲜活（鲜花除外）包裹不准中转。

（2）同一城市有两个以上到站时，应选择有终到或经停的列车装运，严禁同城中转。

三、行包运输方案的执行

1. 注意事项

执行行包运输方案时，应注意以下有关事项：

（1）"某站以远、以东、以西、以北"不包括某站，"某站及其以远"包括某站。

（2）"装运区段"栏内，某站以远系指快、慢车停车站；"限装区段"栏内某线、某站以远、某站以东、某站以西、某站以南、某站以北、某站至某站间等均指限装去有快车站的行包，快车不停车站的行包不限。

（3）行李、包裹的装车站或到站无直达列车时，可不受限装区段的限制。

（4）一站装至另一站的行包（包括中转行包）每次车不得超过 100 件；装至停车时间不足 10 min 的车站，每次车不得超过 50 件；装至列车终点站的行包件数不限。

（5）始发行李、电影胶片、急救药品以及规章规定旅客自押物品，可不受装运区段限制，但必须符合《管规》第 45 条规定装运。

【《管规》第 45 条】 包裹和中转的行李应以直达列车装运。没有直达列车时，应以中转次数最少的列车装运。途中有几个中转站中转次数相同时，应首先在有始发列车接运的车站中转。如途中有几个站都有始发列车接运，原则上应在最后一个中转站中转，但其他站应适量分担。分担数量为 50 件（仅限始发列车，终到站包裹）。途中都没有始发列车时，应在最后一个中转站中转。

途中有 2 个以上径路时，在中转次数相同的情况下均可办理。特殊情况下，国铁集团可指定车站增加中转次数。

（6）包裹和中转行李应以直达列车装运，不受计费经由的限制。

（7）行包中转站，在同一线路上产生往返运输超过 100 km 时，视为不合理中转；行包中转站停办业务时，由铁路总公司重新指定行包中转站。

2. 调整情形

行包运输方案在下列情况下可以进行调整：

（1）运能运量有较大变化。

（2）较大行包中转站的行包房施工受影响。

（3）产生其他影响行包均衡运输的原因。

方案的调整应由方案编制部门负责。

第二节　行包的装卸和交接

　　行包运输过程中列车行李员的工作十分重要。列车行李员必须与车站密切协作，做到巧装满载；同时，应掌握乘务区段的线路情况、停站时分及行李中转站的范围、接续车次和各停车站的装卸规律，以便防止事故，保证列车安全、正点。

　　列车行李员出乘前应根据列车长的传达，或到派班室摘抄有关行包停限装的电报、命令、指示，主动到始发站行李房了解情况，掌握行包装车数量、性质及主要到站，并收集附近站预报，做到心中有数；按行包运输方案及行包装卸交接证核对票据，确定堆放位置。装车时按站方递交的装车计划，认真监装，清点件数，始发站至终点站的行包应集中装在行李车两端，到各中间站的行包按站顺远装里、近装外、大不压小、重不压轻，堆码整齐，装载平衡，货签朝外，易碎、易污、放射性物品分别隔离，鲜活物品注意通风。作业时严格执行"三检、三对"：检查货票、检查标签、检查包装，对件数、对品名、对到站。列车行李员应认真监装，发现危险品、政府限制运输品及包装不符合要求的货件应拒绝装车。各站都要建立装车前票、货核对制度，做到票货相符，一票一清，车站行李员核对无误后，在站、车交接单上签注"核对无误"并加盖规定名章方可组织装车。无车站行李员名章，列车行李员有权拒绝装车。办理信件交接时，应坚持"一确认、二检查、三清点"的制度，即确认到站、检查封印包装、清点件数，做到信件清点正确，贵密件封印符合规定，签收交接加盖规定印章。

　　列车行李员采用轮班制时，始发站两名行李员同时上岗；或一人接收款、密、信件、公文（要求按站顺整理好），另一人负责装货；或两人同时先装行包，然后接收公文信件。单班作业时，列车行李员则应先装货后接收公文信件。凡不合规定的款、密信件应拒绝接收。

　　列车到达途中各停车站时，行装人员要密切配合，先卸后装，列车停妥后先与站方核对行包票据、件数、公文信件，然后指明待卸货位。卸车要坚持"二对一隔离"（对件数、对到站，不卸行包用红带隔离），列车行李员监卸点件，盖章办理交接，卸完后按站方递交的装车计划，接收待装票据、信件、指定货位监装点件，组织装车，其基本作业与始发站相同，列车行李员应认真进行票、货核对，防止错卸、漏卸、有货无票、混装顶件等事故的发生。为充分利用运输能力，列车行包要做到巧装满载，每站卸车后及时将剩余能力和待卸行包向前方站做出预报，一般交站方行李员代报。遇有大批行包或列车晚点时提早预报，列车长应组织人力，协助站方快卸快装，配合赶正点。

列车与车站、车站与列车各工序之间的交接，是划清行包运输责任的重要作业过程，为了保证行包安全和运输无误，必须严格交接手续。在承运行包时，应指定专人负责进仓，认真做到票、货对照，一票一进仓，盖章交接，归位堆放；行包出库后运送途中，各站应根据本站情况制定交接制度，必须做到"货动有交接，交接有手续"，不信用交接，货票相符，件数正确。做到站、车交接一车一清，卸车进仓一趟一清，仓库交接一班一清。

站车交接时，接收方不盖规定章或印章不清无法确认，以及接收方应签收而未签收，或虽已签收，但对件数、包装等情况站车双方有异议时，且在开车后三小时内（如区间列车运行超过三小时不停车为前方停车站）又未拍发电报确认的，发生事故时，由接收站段承担责任。列车到达终到站后，超过一小时不签收或虽未超过一小时而列车入库，行包未卸完，发生事故列终到站责任。

列车到达终到站之前，列车行李员应将票据、公文信件整理清楚，票货核对无误后，准备与站方交接、卸车，然后将往返乘务的行包交接证整理装订成册（见表 6.1），统计行包件数，将完成任务情况、有关记录和电报事项向列车长汇报。最后搞好行李车的终到卫生，包括仓位的清扫、办公间的擦抹、厕所的冲洗等，整理各项备品与接收班组办理交接。

表 6.1 行李包裹装卸交接证　　　　　　　　　　　　客统-5

（××年××月××日）

自＿＿＿＿＿＿＿车　站　　　　　　　自第＿＿2312＿＿次列车
交第＿＿＿＿＿＿＿次列车　　　　　　交＿＿镇　江＿＿车　站
车站行李员＿＿＿＿＿　　　　　　　　列车行李员＿＿＿＿＿

发站	到站	行或包	票据号码	包装	件数	质量/kg	记事
杭州	镇江	行	863110	木箱	2	50	
杭州	镇江	行	311612	皮箱	5	20	手把断一个
嘉兴	镇江	行	311613	皮箱	2	63	
嘉兴	镇江	包	811344	木箱	3	80	一个角磨损
上海	镇江	包	811345	木箱	1	34	
上海	镇江	行	360042	布包	1	45	
苏州	镇江	行	360043	皮箱	2	60	
苏州	镇江	行	322622	皮箱	1	25	
无锡	镇江	包	823411	袋	1	25	
预报事项				合计	18	502	

以上件数业经收讫　　　　　　　　　　　　车站行李员＿×××＿

【附】 列车行李员作业流程及标准

一、始发作业

(一) 出乘准备

作业内容：

(1) 按规定时间到营业部乘务中心（室）出乘点名。穿着规定服装，佩戴职务胸章。

(2) 摘抄命令、指示及停限业务电报，签收查询电报。

(3) 请领备品、资料。

(4) 提前到行包发送区了解行包装车计划。

作业标准：

(1) 按时间出乘，出乘前 8 h 内严禁饮酒，保持精力充沛；服装、职务、仪容仪表符合《铁路旅客运输服务质量标准》的规定。

(2) 命令、指示及停限业务电报摘抄及时、准确。

(3) 备品、资料按需请领。

(二) 始发前作业

作业内容：

(1) 清点清扫工具、办公用品，按规定交接车辆设备、备品（检查货仓是否灵活；检查门窗锁、玻璃、制动阀、灭火器材、配电盘、便器、洗脸池、行李架、衣帽钩、翻板、天棚盖等是否牢固）。

(2) 采暖期间，交接取暖锅炉及焚火工具，检查缺煤、缺水情况。

(3) 发现备品丢失、损坏时互相签字明确责任。

(4) 整理清扫工具。

(5) 卫生保洁：先上后下、先内后外、先冲洗、后擦抹、先扫后拖；刷擦窗台；擦抹四壁、顶棚、办公桌椅、行李架、衣帽钩、洗脸池、面镜、暖管（罩）；冲洗厕所、便器、锅炉室；扫拖办公间地面、通过台，刷货仓四壁，扫冲地面。

(6) 落放车窗，挂摆窗帘，挂摆提示牌。

(7) 整理规章资料、设备设施。

作业标准：

(1) 工具备品完整齐全，车辆设备作用良好。

(2) 取暖锅炉达到规定标准，焚火工具齐全，不缺煤、缺水，交接手续完备。

(3) 清扫工具，隐蔽定位。

(4) 办公室窗明地净，四壁无尘，窗帘挂摆平整，桌椅洁净，洗脸池便器洁白，厕所无臭味，暖管无积灰，锅炉室无杂物。

(5) 货仓无杂物，四壁无污垢，地面干净。

(6) 办公间有规定的时刻表、岗位职责、货位示意图和"押运人员须知"，货仓内有"严禁烟火""爱护行包"标志，按标准揭挂。

(7) 表报资料齐全，规章修改及时、规范准确，隔离红带、站名牌、链锁等设施齐全，按规定标准定置摆放。

（三）始发站台作业

作业内容：

（1）按车站行李员递送装车计划，指定货位，车门监装，清点件数。

（2）坚持"三检、三对、一隔离"制度。

（3）办理信件交接坚持"一确认、二检查、三清点"制度。

（4）与车站行李员办理交接，根据交接证的记载清点票据、装车计划清单和货物件数。

（5）盖规定印章办理交接班。公司级大客户、时限快递及其他重点货物重点交接。

作业标准：

（1）先远后近，计划装车，车门监装点数，按票逐批清点。充分利用货仓空间，合理安排货位，货物堆码大不压小、重不压轻，做到装载平衡，巧装满载，堆码平稳。

（2）"三检"：检查货票、标签、包装；"三对"：对件数、品名、到站；"一隔离"：易碎、易污、放射性物品分别隔离。

（3）"一确认"：确认到站。"二检查"：检查封印、包装。"三清点"：清点件数；保证信件清点正确，贵密件封印符合规定，签收交接加盖规定印章。

（4）与车站行李员办理交接时，点清票、货件数；重点货物指定专门货位，重点交接。

（四）始发站开车作业

作业内容：

（1）装车完毕关闭货仓门，按规定加锁车门，正确使用链条锁。

（2）巡视货仓，整理堆码货物，挂站名牌，放隔离红带。

（3）遇有押运人员，要看票验证，按规定格式逐项登记，交代安全注意事项。

（4）整理票据，填写行包交接证，铁路公文物品运送单；核对票货；填写"行包密度表"、货位示意图。

（5）公文、信件按站顺分存，放入格内。

（6）对贵重品、密件要入柜加锁。

（7）运输麻醉品及精神药品时，妥善保管运输证明副本。

作业标准：

（1）装车完毕，关闭货仓门，插好插锁，加锁封闭，风挡处端门、边门锁闭并加锁底锁（有运转车长值乘时除外），连接其他车厢端门必须加锁隔离（不允许加锁底锁）。各车门无漏检，漏锁，确保安全。遇有货仓门锁作用不良或承运鲜、活包裹需开启仓门时，要加锁链条锁。

（2）货位有序，堆码整齐，留有防火通道（通道底宽 50 cm，上宽 80 cm，装载高度距棚顶中心线高度不小于 50 cm）。站名牌悬挂准确、挂牢，隔离红带按规定放置。

（3）看票验证认真，登记清楚，安全注意事项交代详细。遇有押运动、植物时，同时查验检疫部门出具的检疫证明。

（4）贵、密件入柜加锁，不丢失，不泄密，并在栏内注明。

（5）票据按站顺整理，表、簿资料填写及时、准确，字迹清楚。货位示意图与实际货位相符。

二、往程中途作业

（一）到站前作业

作业内容：

（1）到站前按票核对件数、到站，不卸行包用红带隔离。

（2）整理货物，将预卸货物移至货仓门边。

（3）做好到站前卫生，锁闭厕所。

作业标准：

（1）件数、到站正确，不卸行包用红带隔离。

（2）发生误装、误卸、货票分离等差错时，立即查找原因，及时处理，查清到站并编制客运记录，交站方处理。

（3）整理货物，将预卸货物移至货仓门边，做好前方站卸车准备。

（4）到站"三不带"：不带垃圾、污水、粪便。

（二）停站作业

作业内容：

（1）列车停稳后开门后先交要卸的行包票据、公文信件，指明应卸货位，监装监卸。大站双人组织装卸作业。

（2）向站方行李员提出前方停车站应卸件数、容积重量预报（传真）。

（3）盖章办理交接。重点货物重点交接。

作业标准：

（1）车门监装卸，点数正确，按站方装车计划，指定货位监装点数，组织装车，做到巧装满载。双人值乘时，执行大站双人作业规定。

（2）按规定预报，件数、重量准确。

（3）按规定与站方盖章办理交接，加盖规定印章，不信用交接。公司级大客户、时限快递及其他需重点交接货物，单独制证交接。

（三）开车后作业

作业内容：

（1）按规定加锁车门。

（2）整理货位，挂站名牌，放隔离红带。

（3）业务处理。

（4）对押运人员登记，交代安全注意事项。

（5）拍发电报，编制记录。

（6）整理职场卫生。

（7）加强货仓巡视。

作业标准：

（1）装车完毕，关闭货仓门，插好插销，风挡处端门、边门锁闭并加锁底锁（有运转车长值乘除外），连接其他车厢端门必须加锁隔离（不允许加锁底锁）。各车门无漏检、漏锁，确保安全。遇有货仓门锁作用不良或承运鲜、活物品时，需加锁链条锁。

（2）货位有序，堆码整齐，留有防火通道（通道底宽 50 cm，上宽 80 cm，装载高度距棚顶中心线高度不少于 50 cm）。站名牌悬挂准确、挂牢，隔离红带按规定放置。

（3）票据按站顺整理，表、簿资料填写及时、准确，字迹清楚。货位示意图与实际货位相符。

（4）遇有押运人员时看票验证认真，登记清楚，安全注意事项交代详细。遇有押运动、植物时，还需查验检疫部门出具检疫证明。

（5）遇有行包满载时，及时拍发电报；遇有行包超载、偏载时，立即汇报列车长、检车员，及时处理，视情节拍发电报，编制客运记录。

（6）按标准整理职场卫生，扫拖、整理办公间，冲刷厕所，做到清洁无卫生死角。

（7）行李车内严禁吸烟，严禁闲杂人员进入货仓，防止货物倒塌。

（四）交接班作业

作业内容：

（1）交班前卫生整备。

（2）交接票据、信件、设备设施，填写行李员乘务工作日志认真交接。

（3）交接押运人员情况。

作业标准：

（1）交班前整理职场环境，做到卫生无死角。整理用具、备品，做好交接班准备。

（2）与接班行李员进行交接，做到"七不交"：公文、信件、贵密件不清不交；行包件数不清不交；货位不清不交；行包堆码超规不交；备品不全不交；卫生不好不交；锅炉温度不达标不交。

（3）详细交接押运人员情况；重点货物单独交接。

三、折返站作业

（一）折返站到达作业

作业内容：

（1）整理职场卫生，冲洗厕所，锅炉室。

（2）到站前整理票据，清点件数。

（3）核对贵、密件，点清公文信件。

（4）填写"行包密度表"，汇总单程运送行包件数、重量；填记资料、台账。

（5）监督卸车，站车交接。

（6）差错处理。

（7）整理资料台账、设备设施。

（8）到折返站营业部乘务中心（室）报到。

（9）按规定到公寓休息。

（10）执行折返站库内看车制度。

（11）参加班组返乘会。

作业标准：

（1）到站前清扫地面，擦抹办公桌椅、柜、信格、洗脸池、照面镜，冲洗厕所、锅炉室，卫生做到"三不带"。

（2）票据正确，件数相符，资料台账填写规范、数据准确。设备设施齐全有效，作用良好。

（3）组织卸车，监卸点数，与站方办理交接，加盖规定印章。公司级大客户、时限快递及其他需重点交接货物单独交接。

（4）资料台账入柜加锁，设备设施定置摆放。

（5）到折返站营业部乘务中心签到，汇报单程工作，接受达示。

（6）到公寓休息时，执行外埠公寓的各项规定。

（7）严格执行冬季采暖库内规定，确保安全。

（二）折返站始发作业

同行李车始发作业内容。但折返站始发前须到折返站乘务中心（室）办理出乘并接受达示。

四、返程中途作业

同行李车往程中途作业。

五、终到作业

（一）终到前作业

作业内容：

（1）清理职场卫生。

（2）终到站前整理票据，清点件数，汇总行包、公文交接证、电报、记录、"行包密度表"及站方装车计划清单，装订成册，并加封面，写清乘务日期、车次、班组、区间、件数、重量、行李员姓名。

（3）检查清理取暖锅炉。

（4）整理《列车行李员工作质量写实记录》，由列车长签字对本次值乘质量予以鉴定。

作业标准：

（1）到站前清扫地面，擦抹办公桌椅、柜、信格、洗脸池、照面镜、冲洗厕所、锅炉室，卫生做到"三不带"。

（2）票据正确，件数相符，点清公文、信件，贵密件数、重量统计正确，交接证装订整齐，封面逐项填写无遗漏。

（3）设备设施齐全有效，锅炉作用良好。

（4）如实填写，到达交乘务中心审核、保管，下趟出乘时领取。

（二）终到站作业

作业内容：

（1）监督卸车，站车交接。

（2）差错处理。

（3）按规定交接车辆设备、备品、清扫工具。

（4）妥善保管备品、资料。

作业标准：

（1）组织卸车，监卸点数，与站方办理交接，加盖规定印章。公司级大客户、时限快递及其他需重点交接货物单独交接。

（2）发生误装、误卸、货票分离等差错时，立即查找原因，及时处理。

（3）按规定交接车辆设备、备品、清扫工具。

（4）妥善保管备品、资料。遇有甩挂车命令时，将备品、资料妥善保管。

（三）终到退乘作业

作业内容：

（1）做好退乘、汇报准备。

（2）到营业部乘务中心（室）签到，上交表报，汇报趟车工作情况。

（3）退乘。

作业标准：

（1）按规定到营业部乘务中心（室）签到，上交行包密度表、行包装卸交接证、计划单、铁路公文物品运送单、"列车行李员工作质量写实记录"等表报，汇报本趟乘务工作情况，汇报详细、实事求是。

（2）按规定退乘。

第三节　行包的运送

在列车行李、包裹的运输工作中，列车行李员除了负责行包的装卸、交接作业外，还担负着列车运行途中行包常规业务和发生问题的处理等任务，为行包安全、迅速、准确地送达到站起着重要作用。

一、列车运行中的常规作业

行包的运送

1. 车门管理

在始发和各种停车站行包装卸完毕，列车行李员应及时关闭货仓门，插好插销，货仓连接其他车厢端门必须加锁，风挡处端门、边门应加锁（有运转车长值乘除外），要求各车门无漏检、漏锁，确保安全。

2. 安全检查

列车运行中，行李员要经常巡视货仓，做好防火、防盗、防塌、防潮湿、防丢失工作。行李车内应涂打"严禁烟火""轻拿轻放""大不压小、重不压轻"等标语。货位应悬挂到站显示牌，必要时整理翻装，各站分开，码放整齐，到站一目了然，下站要卸的行包放好隔离带，注意位置准确，避免行包遗漏。

3. 押运人员登记

《客规》规定，车站承运金银珠宝、货币证券、文物、枪支、鱼苗、蚕种和途中需要饲养的动物等，要求发货人必须派人押运。押运人凭"铁路包裹运输押运证"和旅客列车全价车票登乘行李车押运。装卸车时，行包房与列车要对押运包裹进行重点交接，并在站车交接凭证上注明"自押××批××件"字样。

装车时，列车行李员要查验押运人的押运证和居民身份证，无有效押运证和居民身份证或者两者不符的，列车行李员应拒绝该批货物装车及押运人登乘行李车，由此引起的一切后果由装车行包房负责。

装车后，列车行李员要告知押运人安全注意事项和押运管理要求，指定押运位置，保管好押运人随身携带的火种（下车前归还），查验押运人车票，在《乘务日志》记事栏内登记押运人姓名、性别、身份证号码、联系电话以及包裹票编号、押运证编号、包裹装卸车站等信息。

列车行李员要坚守岗位，加强巡视，监督押运人遵守铁路旅客及行李、包裹运输的有关规定。

押运须知：

（1）严格遵守铁路规定，服从铁路工作人员指挥，负责所押货物的安全。

（2）凭证押运，不得饮酒，不得擅离职守。

（3）严禁携带易燃易爆等危险品进站上车，严禁在仓库和列车内吸烟、弄火、使用电器，随身火种交列车行李员保管。

（4）不得移动、翻动仓库和列车内的物品，不得靠近放射性物品，不准打开车门乘凉，不准在货垛高处坐卧、停留，以杜绝发生人身意外伤害事故。

（5）密切关注行包动态，对危及货物和列车安全的情况，要立即报告铁路工作人员。

【例 6.3】 自押人员使用明火，造成行李车起火

某日，由宝鸡开往连云港的 2262 次旅客列车，因列车晚点（正点 00：49 到、00：57 开）03：13 到达郑州站，郑州营业部进行正常装卸作业，共装运行包 137 件、卸 117 件，未发现异常情况，03：21 列车由郑州站开出，03：30 运行至陇海线郑州至郑州东间 K565+300 处，机后 18 位行李车（XL22B204461）货仓内起火，列车行李员拉阀停车，停车后，运转车长及时组织将行李车与列车进行分离。经积极扑救，05：27 开通区间，中断陇海线上行 1 小时 57 分，耽误本次列车 1 小时 31 分，无人员伤亡，造成行李车小破一辆，货物烧损 360 件，价值 2.98 万元。

事故原因：通过对事故的调查分析和押运人的口供，认定此起事故的发生是由于鸡苗押运人员在列车从郑州站开车后，使用打火机照明观察鸡苗生存情况时，将鸡苗包装箱防寒毛毯引燃所致。押运人员没有遵守"押运人在行李车内严禁使用明火"的规定。

4. 整理票据，填写报表，分检公文

列车从始发站和各停车站开出后，应按行李票、包裹票分别各站填写行李包裹装卸交接证（见前文，表 6.1），其目的是保证行包的运输安全与完整，划清运输责任，凭此按规定办理站车交接。填写交接证时应注意票货核对，要求字迹清楚、准确无误。

列车行李员还应根据车内行包件数、质量、各站装卸行包情况填入"列车行李、包裹运输密度表"（见表 6.2）。该表是行包计划运输的原始资料，是行李员正确掌握行包密度，向前方车站提交预报的依据，能及时调整和挖掘运输能力，充分利用剩余能力，防止行李车超重或虚糜，实现行包的均衡运输。

表 6.2 列车行李、包裹运输密度

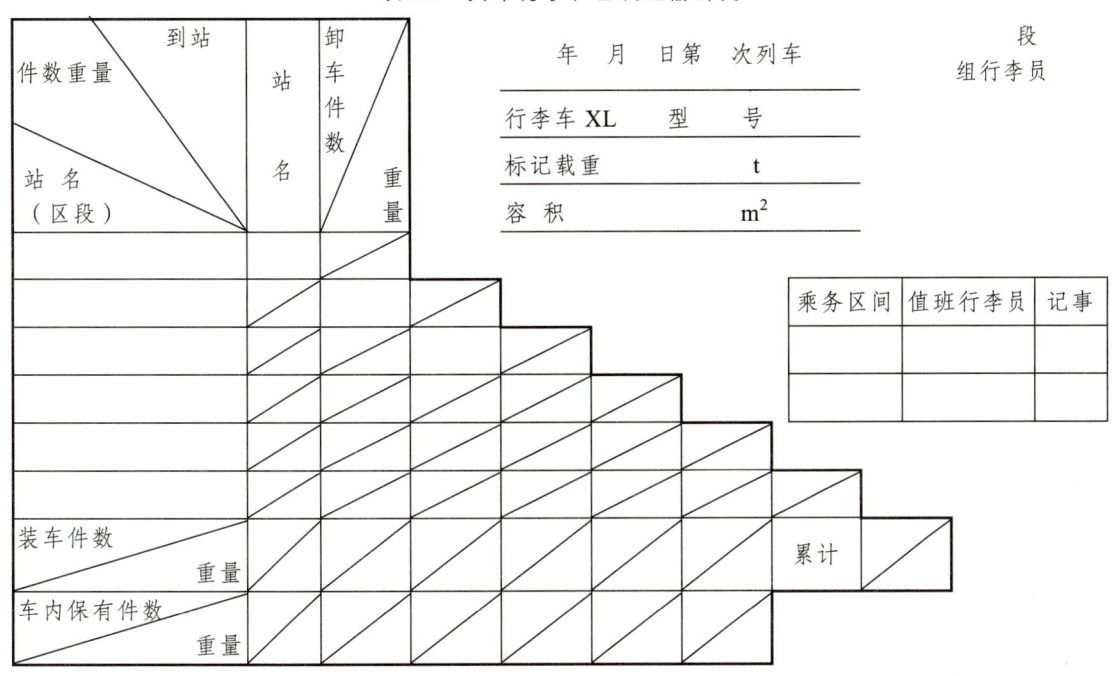

为了使行李车内货位使用充分、明朗，行李员应填写货位揭示板，将货位存放行包的件数、质量、去向标志清楚，对行包存放情况、货位利用一目了然。

为了便利路内各单位之间往来公文及其附件的迅速传递，准许由旅客列车或混合列车传递。列车行李员应将各站收到的公文、信件按站顺分存放入格内，无论挂号与否，均应注意保管、传递，保证不丢失、不延误。传递过程中，还应填写公文交接证，贵、密件在记事栏内注明。密件、公款的封皮封口处，要粘贴薄纸条，加盖骑缝章，并在封皮的左上角标明挂号的"字号"、"密别"或"贵重品"，以便经办人易于识别。

二、列车行包运送中的问题处理

1. 行包运输变更处理

旅客在乘车途中，要求办理旅行变更的情况是经常发生的，而且办理时间比较紧迫。行包装运后，旅客或发货人要求运回发站或变更到站时（凭客票办理的物品，只办运回发站和中止旅行站，鲜活物品不办），办理规定如下：

（1）列车接到行李、包裹的变更电报后，找出该批行李或包裹及其票据。

（2）编制客运记录，连同行李或包裹和运输单据，交前方营业站或新到站（旅客在列车上要求变更时可按此办理）。

【例6.4】 变更包裹到站的处理

××年××月××日，发货人李××在北京站托运至枣庄站文具 2 件，重 80 kg，票号 D068341，装运后发货人要求变更到商丘，包裹装于当日北京开往南京西站 K161 次列车上。列车行李员收到该包裹后，编制客运记录如下交前方停车站徐州站。

××铁路局	客统-1
客 运 记 录	第 _0401_ 号

记录事由：包裹变更到站
徐州站营业部：
接北京4月1日京发行（95）第8号电报，要求将北京发枣庄文具2件，重82 kg，票号D068341，变更到商丘站，现编记录，连同该批包裹交你站处理。
站、车需要编制　　　　　　　　　　　编 制 单 位 _K161_ 次列车长
记录时均适用。　　　　　　　　　　　参加人员签字 _××_
××年××月××日编制

2. 行包违章运输的处理

行李、包裹的违章运输，包括品名、重量不符合及无票运输等情况，列车发现品名和重量不符的货件时，应编制客运记录，连同货件一起交予到站，由到站按规定补收有关费用（如果是危险品应交前方停车站处理）。无票运输系指行包应办理托运手续而未办理的一种违章运输，站、车应拒绝装运；如已装运，列车长、列车行李员应编制客运记录到站处理，并通知其单位严肃处理，必要时给予纪律处分。

【例6.5】　××年××月××日23：33，昆明开往成都的2512次列车在西昌开车后，正在车内检查行包装载情况的行李员发现货仓内有两条蛇，立即通知列车长、乘警一起抓蛇。这时发现广通站发峨眉站冻带鱼1批3件120 kg，票号B000118，其中1件木箱包装的1块木挡被其他行包压掉，里面是冻蛇，行李员谨慎将木挡封回原处钉好。

处理：

（1）《客规》规定，蛇、猛兽和每头超过20 kg的活动物（警犬和运输命令规定运输的动物除外）不能按包裹运输。

（2）少量蛇跑出时，可设法捕抓，使其不危及人身安全；数量较多不好控制的，可以停止行包作业，并拍电报通知货主，尽量不甩车，挂运至终到站处理。

（3）编制客运记录交到站处理。

（4）追究货主责任。

客运记录编制如下：

××铁路局	客统-1
客 运 记 录	第 _0601_ 号

记录事由：包裹品名不符
峨眉站行李房：
××年××月××日23：33，本次列车在西昌开车后发现广通站发峨眉站冻带鱼1批3件120 kg，票号B000118，其中1件木箱里面是冻蛇。现编记录交你站，请按章处理。
站、车需要编制　　　　　　　　　　　编 制 单 位 _2512_ 次列车长
记录时均适用。　　　　　　　　　　　参加人员签字 _××_
××年××月××日编制

3. 行包发生事故的处理

列车运行途中，因车辆紧急制动而使货物倒塌、破损时，列车行李员应及时整理，查明行包破损件数、品名、去向以及列车发生紧急制动的时间、区段，了解机车型号、所属段，请司机、运转车长证实，编制客运记录交行包到站或中转站，作为交接凭证和编制事故记录的依据。同时，应及时拍发电报给有关站，抄报主管铁路局和客运段。

【例6.6】 ××年××月××日，5209次列车运行至铁岭—开原区间由于列车紧急制动，行李车货仓内货件倒塌，将沈阳发长春站包裹A7110××号，自押彩色电视机1件25 kg，砸毁。列车行李员如何处理？

处理：列车行李员应编制客运记录。

××铁路局　　　　　　　　客统-1
客　运　记　录

第_0501_号

记录事由：包裹破损	
长春站营业部：	
××年××月××日，5209次列车运行至铁岭—开原区间、由于列车紧急制动，行李车货仓内货件倒塌，将沈阳发你站包裹A7110××号，自押彩色电视机1件25 kg，砸毁，现编记录说明情况，并将该货交你站处理。 　　　　　　　　　　　　　　　参加人签字：　5209次列车长　　　印 　　　　　　　　　　　　　　　　　　　　　　5209次乘警　　　　印 　　　　　　　　　　　　　　　　　　　　　　5209次列车行李员　印 　　　　　　　　　　　　　　　　　　　　　　5209次机车司机　　印	
1. 站、车需要编制记录时均适用。 2. 本记录不能作为乘车凭证。	编制单位　5209次列车长 参加人员签字 　　　　　××年××月××日编制

列车行李员遇有行包货签脱落、票货分离装卸造成误运时，应及时处理，查清到站，编制客运记录转送到正当到站，不得等货交换，严禁顶件。发现货物包装松散，可帮助缝上扎好，并详细登记该货物的品名、到站、票号。行包破损有异状或包装不符合规定的物品，应由交出者在交接证上注明，并加盖名章。例如，挂号公文信件封套由于非人为的原因而破损，应主动加封停止运送。遇有包封呈异状，有明显拆、揭痕迹或遗失文件、物品时，行李员应拒绝接受。

三、对列车行李员的管理

（一）列车行李员岗位任职条件

（1）文化素质：应具有初中以上文化程度，具有一定的写作、运算能力。

（2）身体状况：身体健康，能胜任本岗位工作，持有健康证。
（3）职业道德：遵章守纪、爱护行包、文明装卸、认真负责。
（4）技能要求：应熟知本岗位业务知识和职责，认真执行规章、制度、作业标准，具备妥善处理突发事件的能力。上岗前应通过安全、技术、业务培训，经中铁快运分公司组织的理论、实作考试合格后，持证上岗。

（二）行李车定置管理标准

1. 规章资料

规章资料依据《铁路旅客运输服务质量标准》配置标准，运行中按从大到小（A4→A5）由左至右排列，定置于办公桌面左侧靠车窗处，值乘完毕入柜。

2. 设备设施

（1）灭火器材：4具水型（干粉）灭火器装挂于灭火器套内。
（2）隔离红带（捆齐）、站名牌、链条锁、行李包裹票、装卸交接证、办公用文具、饭盒定置于办公桌各个抽屉内。
（3）暖瓶：定置于行李车办公间密件柜边并配有暖瓶座。
（4）水杯：定置于行李车办公桌上右前角。
（5）清扫工具、焚火工具定置于车厢适当位置。
（6）铁锹、铲子（摇把）、炉钩（钎子）定置于行李车锅炉室内左侧小水箱一侧。笔、计算器、印纸、票夹、垫板等定置于办公桌中间抽屉内。
（7）箱包：轮乘制列车行李员箱包必须统一放置在宿营车规定位置，列车未编挂宿营车的，箱包可定置于行李车办公间行李架上。

3. 标志揭挂

（1）货位示意图、本次列车时刻表：定置于行李车办公间靠货仓一面墙壁左侧。
（2）岗位责任制、押运人员须知：定置于行李车办公间靠货仓一面墙壁右侧。
（3）严禁烟火标志：定置于行李车货仓一位端月牙板正中位置，与"爱护行包"位置相对。
（4）爱护行包标志：定置于行李车货仓二位端月牙板正中位置，与"严禁烟火"位置相对。
（5）公司所辖列车行李员印章应按《关于加强行李车乘务基础管理工作的通知》（快运网〔2006〕254号）的要求管理。

（三）列车行李员乘务管理制度

加强对列车行李员的乘务管理是公司实现站车一体化管理目标的重要组成部分，是保证货物安全、准确、便利、优质送达的重要措施。

1. 列车行李员乘务管理模式

列车行李员的乘务管理主要是以属地营业部管理为主，同时发挥专业公司网络的优势，实施网络互控与值乘中"四乘一体"管理相结合的模式。

2. 网络管理的权利和职责

（1）对各分公司管辖区域内所属营业部和途经各次列车行包运营的安全服务质量进行监督、检查。

（2）对违章违纪和影响行包运营安全、服务质量的列车行李员给予通报批评，限期整改，并予以经济处罚及建议给予行政处分。

（3）对全公司所辖范围内的列车行包运输安全及服务质量进行动态监控。

（4）查阅营业部及列车行李车的有关文件、档案、卷宗、票据等资料。

3. "四乘一体"管理中列车长的监管职责

（1）列车长依据《铁路旅客运输服务质量规范（列车部分）》实施考核。

（2）列车长应加强对行包运输的乘务管理，列车始发时必须检查行李员的作业情况及行包装载情况。

（3）列车长巡视车厢时，对行李车的日常工作进行检查；遇有特殊、应急物品运输时，应严格执行有关规定，随时掌握货物运输中的情况，确保货物安全运输。

（4）各中铁快运分公司与属地客运段签定列车长对行李车的监管协议，明确责任、权利、利益。

4. 列车行李员安全、服务质量问题的判定与处理

（1）"红线"管理。

对发生下列问题的责任人，视为"触红线"。分公司应按照与铁路局签订的《集体劳务用工协议》的有关规定处理，退回劳务输出单位，触犯法律的移交司法部门处理。

① 在乘务期间伤害旅客、货主及其他人员情节严重者（责任人承担医疗费）。

② 在乘务期间违法乱纪，受治安拘留或行政记过以上处分。

③ 在乘务期间酗酒、赌博。

④ 利用职务之便私带无票人员，私留行李车货位，获取私利；捎带盈利性物品，私带货物情节严重者。

⑤ 行包运输发生责任火灾、爆炸及行包灭失、破损，构成行包重大、大事故。

⑥ 利用职务之便，盗窃运输物资。

⑦ 故意损坏车辆设备、运输物品。

⑧ 服务行为粗暴，推、拉、拽旅客、货主，造成投诉或影响恶劣的（新闻媒体曝光）。

⑨ 每月在工作质量考评中，被累计处罚3次以上。

⑩ 漏乘。

（2）"黄线"管理。

对发生下列问题的责任人，视为"触黄线"。应给予调离本岗位处理；年内连续两次发生的，比照"红线"管理考核中相关条款处理。

① 被各级检查组通报批评。

② 刁难、调戏旅客，并向旅客、货主进行敲诈、勒索钱物。

③ 参与非法速递活动，无论是否获取利益。

④ 旅客在乘务室逗留。

⑤ 收受押运人员的钱物。

⑥ 行李车发生异常情况，不及时报告，造成不良影响或损失。
⑦ 中途作业，不办理站车交接或在行李车有能力的情况下拒装行包。
⑧ 出现火灾苗子。
⑨ 不按规定出勤、退勤；在值乘中串岗、睡觉及其他违反"两纪"行为，造成失控。
⑩ 旅客、货主投诉，经核实属一般服务质量问题。

（3）各分公司应依据上述规定，自行制定列车行李员日常管理细则及考核办法，并报公司业务管理部备案。

5. 乘务管理考核的信息传递渠道

（1）各网络监察人员在网络检查中发现网络监督管理的信息传递存在问题时，及时填写《安全质量监督监察记录》《服务质量问题判定书》并加盖监察名章（一式三份：一份当事人，一份交所属分公司，一份自存）。

（2）"四乘一体"的管理信息传递通过列车长将值乘中对列车行李员实行监控、监管后的情况和上级有关职能部门监督检查的情况填写在《列车行李员工作质量写实记录》，由列车行李员退乘后将《行李员工作质量写实记录》交相关营业部乘务中心（室）的方式进行。

（3）营业部乘务中心（室）应依据《安全质量监督监察记录》《服务质量问题判定书》《列车行李员工作质量写实记录》中提出的问题，及时向有关部门反馈信息，提出处理意见。

第四节　高铁快运

一、概述

（一）定义

高铁快运是中国铁路为客户提供的与高铁品牌形象和客运服务水准相匹配的高端货运服务产品，以高铁动车组列车为主要运输工具的小件快运服务，具有时效快、品质优、标准高等特点。

高铁快运，全称高铁快运包裹，是指铁路企业依托但不限于利用高铁列车（含确认列车、普速列车行李车）等运输资源，为客户提供的小件物品全程运送服务。

高铁快件业务，是指铁路局、中铁快运股份有限公司等铁路企业利用高铁动车组列车在高铁沿线城市间提供的"门到门""站到门"及"站到站"小件物品运送服务。

中国铁路总公司（国铁集团）《高铁快运业务管理办法》（铁总运〔2016〕220号）明确，高铁快运作为新服务类型纳入铁路包裹业务范畴，由快运公司作为高铁快运业务经营主体对外经营，经铁路运输时向铁路局办理托运手续。

（二）发展概况

2013年12月16日，在京沪间开通了"高铁快递"业务。当时仅办理当日达、次晨达、次日达产品。2014 年，实现 151 个城市通办，增加经济快递和同城快递产品，产品增至 6 个。2016 年，实现 505 个城市通办。2017 年，实现 514 个城市通办。

（三）组织管理和职责分工

1. 中铁快运公司（CRE）对高铁快运业务实施三级管理

（1）中铁快运总公司：按照市场需求和铁路站车自营情况制定并对外公布快运公司业务种类、产品体系、价格标准、办理城市、服务范围、服务时效和办理条件等；负责制定业务、质量、财务、收入、统计等管理制定，制定发展规划。

（2）中铁快运分公司：与铁路局有限公司协商提出高铁快运业务办理车站开办与停办的建议；设置适合高铁快运作业的车站场地、进出通道等必要设备设施条件；负责高铁快运安检、车站作业组织；相应的人员、设备管理；建设经营网络和运营网络。

（3）各站营业部：负责具体业务的开展与实际操作。

2. 职责分工

客运段（动车段）负责列车内高铁快运货物巡视工作，配合快运公司处理高铁快运在列车上的突发事件，协助中铁快运押运员在折返站办理公寓住宿。（押运员折返、途中住宿按列车乘务员标准）

高铁快运在站间运输期间发生丢失、损坏等货物损失时，由快运分公司负责处理。

（四）快运产品

快运产品分为两类：限时服务产品和标准服务产品。除自营产品外，与顺丰、京东合作办理极速达、顺手寄、京尊达等产品。

1. 限时服务产品

（1）当日达：为满足客户对快件高时效的需求，提供的城市之间当日收取当日送达（于收货当日 22：00 前送达）的快运服务。当日达业务包含"省内当日达"和"省际间当日达"。

（2）次晨达：城市间当日收取次日上午送达（于收货次日 12：00 前送达）的门到门快运服务。次晨达业务包含"省内次晨达"和"省际间次晨达"。

（3）次日达：城市间当日收取次日送达（于收货次日 18：00 前送达）的门到门快运服务。次日达业务包含"省内次日达"和"省际间次日达"。

（4）隔日达：城市间当日收取第三日送达的门到门快递服务。

（5）特定达：为满足客户个性化需求，发挥高铁运力和服务优势，提供的定制化运输服务。

2. 标准服务产品

（1）经济快递：为满足客户一般性时效需求，快递服务时效根据距离远近在 3~5 日送达（含寄送当天）的快递产品。

服务时效：所辖省的省会城市间距离 1 600 km 以内的城市间 3 日送达，距离超过 1 600 km 的城市间 4 日送达，距离超过 2 400 km 的城市间或者交通不便的地区（偏远地区）5 日送达。

（2）同城快递：为客户提供的取派件均在同一城市的快递服务。

服务时效：收取快件后 24 小时内送达。

（五）物品限制

以下物品不能办理高铁快运：
（1）法律法规规定禁止或限制运输的物品；
（2）危险品及承运人不能判明性质的化工产品；
（3）动物、有异常气味及妨碍公共卫生的物品；
（4）可能损坏或污染车辆的物品；
（5）其他不符合高铁快运装载条件的物品。

二、运营管理

（一）集装容器

高铁快运应使用专用箱、冷藏箱、集装袋等集装容器以集装件的形式在高铁车站间运输。集装容器应满足下列条件：

（1）集装容器外部长、宽、高尺寸之和不大于 160 cm，最短边长不小于 30 cm，并采取防火、防水、防漏、防撞、防滑及内部捆绑、衬垫等必要防护措施，适宜在列车指定位置装载。集装容器应有高铁快运标识、统一编号和条码，带锁闭装置，如图 6.1 所示。

（2）集装容器装货后形成的集装件总质量不超过 25 kg。冷藏箱等特殊运输条件需求的，外部长宽高尺寸之和不大于 220 cm，总质量不得超过 50 kg。集装容器应保持整洁卫生，防止夹带鼠虫等病媒生物。

图 6.1 集装件摆放示例

（二）车厢装载

（1）高铁载客动车组列车可将集装件装在大件行李存放处、二等车厢最后一排座椅后空档处、高铁快运专用柜位置等。因特殊情况需要调整装载位置时，按照列车长指定位置进行码放。集装件最外沿不得超过座椅最外沿，不得侵占车内通道。作业时不堵塞通道、不影响旅客乘降，如图6.2所示。

① 使用快运柜装运高铁集装件时，应按分配方案在快运柜指定位置存放，集装件装载应顺向摆放，堆码牢固，码放整齐；作业完毕，锁闭柜门。

② 快运柜内高铁集装件码放时，高铁G型箱最多码放4层共计20个；集装袋、纸箱等集装件根据每件实际大小最大限度码放，但堆码顶层空隙间距不得小于10 cm。

③ 堆码完毕后，要将每个快运柜内部格挡提手放下，确保列车运行途中不晃动、不倒塌。最后关闭所有柜门并使用专用钥匙锁闭。

④ 装车完毕后应向列车长汇报集装件装载快运柜号及件数；快运柜编号按快运柜自近端车门至远端方向进行排序，近端车门为一号柜。

⑤ 每组快运柜（5个柜体）最大装载质量不超过500 kg；每个卧铺动车组包间最大装载质量不超过400 kg。

图6.2 载客车集装件装载示例

（2）高铁确认列车可将集装件装在每排座椅间隔处、二等车厢最后一排座椅后空档处、大件行李存放处。货物使用集装袋装载，要求装载的快件包装规格统一，大小以能卡放在每排座椅间隔处为准。

装卸人员与列车长（或负责开关车门人员）对接，开启车门装车，在开车前8 min停止装车作业。确认车装载每个车厢2门8人同时作业，过道不码放，集装件码放座椅间隔处，每排地面码放一层共4件，每节车厢可装载1 t，短编组列车共可装5~8 t，如图6.3所示。

171

图 6.3 确认车集装件装载示例

（3）高铁载客动车组不售票车厢可将集装件装在每排座椅间隔处、座椅上方、二等车厢最后一排座椅后空档处、大件行李存放处。货物使用集装袋装载，要求装载的快件包装规格统一，大小以能卡放在每排座椅间隔处为准。

装载货物前须在车厢全部座椅上罩好座椅套，装载时 2 门 8 人同时作业，过道不码放，每排地面码放三层共 15 件，每排座椅上码放两层共 10 件，每排最大合计码放共 25 件；每车最大可装载 3 t，如图 6.4 所示。

图 6.4 不售票车厢集装件装载示例

（三）站车交接

装车作业完成，车站营业部作业人员应将《高铁快运装运情况表》交列车长签字确认后，一联交列车长留存，一联返回营业部集散班组长装订留存。

装车时，如遇根据列车长要求调整了集装件装载位置，要在《高铁快运装运情况表》上进行修改。

卸车作业完成后，巡视车厢避免遗漏，逐个检查集装件是否有封锁脱落、破损等异常情况，如有异常情况现场拍照进行记录。确认无误，向列车长汇报，根据列车长提供的《高铁快运装运情况表》确认卸车数量是否相符，如存在异常情况的，会同车长一并在《高铁快运装运情况表》上签字确认，无异常的，作业人员签字完成交接。

1. 押运管理

（1）派送押运人员的规定：① 货物到站为列车终到站的，快运分公司可不派人押运；② 货物到站为列车中途站的，快运分公司应安排押运员跟车作业，并提前通知列车长及中途站快运分公司高铁快运办理点；③ 货物到站既有列车中途站又有终到站的，快运分公司也应安排押运员跟车作业，并提前通知列车长及中途站快运分公司高铁快运办理点；④ 高铁确认列车：安排押运人员上车全程押运。

（2）有押运员跟车作业的列车：

押运员负责途中巡视、检查工作，自行处理有关事项，必要时报告列车长协助处理。

押运员应统一着装、持押运证件（见图 6.5）上车作业，遵守列车相关规定，服从列车长指挥。列车长应对押运员的证件进行检查和登记。

图 6.5 押运证示例

（3）无押运员跟车作业的列车：

① 列车客运乘务人员应将集装件码放及外包装、施封等状况纳入途中巡视内容。

② 发现集装件短少或外包装、施封破损应立即报告列车长。列车长到场确认后，应组织乘务人员在各车厢查找，必要时报警。

上述异常情况列车长应开具客运记录，载明现有集装件数量、编号或内装物品的实际状况，到站时将客运记录交快运分公司工作人员处理。

2. 列车管理

（1）检查装卸、堆码：

列车长应按列车装载方案，提前分派列车乘务人员（列车员、保洁员或餐服人员）在高铁快件上车站和下车站指定车厢检查车站装卸人员装卸、码放作业。

列车乘务人员应在装车现场核对集装件的到站、件数、外包装、施封等状况，确认无误后立即报告列车长；

（2）异状处理：

列车工作人员发现集装件外包装或施封有异状的，应不予装车，由车站指定交接人员在集装件交接单和装载清单上划掉相应的集装件编号，注明实际装车件数后，与列车长共同签字确认。

发现集装件码放不符合规定的，应要求车站装车人员当场纠正。车站装车人员在列车乘务人员确认前，不得离开。

三、安全管理

（一）承运作业安全

1. 收货验视

（1）内件中是否含有危险品、违禁品、易碎品、贵重物品、现金、有价证券等。安检时发现疑似危险品时，作业人员协助车站安检人员开包查验，确认为危险品的按车站安检人员指令处置，符合承运要求的恢复包装继续运输。

（2）包装是否符合收寄标准。

（3）查验高铁快运详情单上所填报的物品名称、类别、数量是否与交寄的实物相符。

（4）高铁快运详情单填写是否规范、清晰，内容是否有遗漏或错误（姓名、地址、电话号码等）。

2. 实名登记

实名收寄是指寄递运营单位在收寄邮件、快件时，应当核对寄件人、代寄人的有效身份证件，并如实登记其证件信息。

要求寄件人出示本人有效身份证件，由快递员在详情单"发送记账联"右上角【目的地】正上方空白处登记寄件人身份证件号码。企业客户签订寄递安全协议，发件企业客户应提供资质证件（复印件）、法人及经办人有效证件（复印件）。

3. 过机安检

所收快件100%通过车站安检仪。

（二）站台作业安全

（1）在站台行进时，应主动避让旅客，严禁骑线、侵限推行。如遇列车进入或驶出站台前，应立即停止作业，列队立岗接、送列车，待车辆停稳后再进行作业，作业时装载工具应有专人值守。

（2）到达站台指定装车位置后，应在距离站台边沿不少于 3 m（站台中部，即黄线外两块砖外）顺向定位停放，使用装载工具制动装置进行常态制动，确保车辆无溜逸，严禁与线路垂直停放。

（3）使用平板推车作为装载机具时，装载完毕后，使用绳索进行前后两点捆扎。同时，满载时以不超过推车人视线为宜，捆扎时以集装件不掉落、脱落为准。认真遵守"旅客先行、货物随行"的运输原则。在站台行进时，应主动避让旅客，严禁骑线、侵线推行。

（三）装卸作业安全

（1）装卸车时，集装件需轻拿轻放，不得摔放、抛放、拖行集装件，避免剐蹭车体及车内设施设备；同时要注意列车与站台间隙，防止快件掉落或作业人员摔伤。

（2）列车开车铃声响起时停止装卸车作业，严禁追车猛跑、抢装抢卸或野蛮装卸集装件。如遇列车进入或驶出站台时，应立即停止作业，装载机具专人值守，待车辆停稳后再进行作业。

（3）在旅客上车前、下车后进行装卸作业，避免与旅客同乘同降，站台集装件最多码放三层。

（4）因装卸车作业耽误下车时，严禁强行扒开车门下车，应随车至下站折返，同时将情况报告营业部负责人。

（四）运输途中临时更换车底或终止运行时对高铁快件的应急处理

（1）由列车长通知押运员；无押运员时，列车长报告被换乘车所在地铁路局有限公司高铁客服调度员（客运调度员），铁路局高铁客服调度员（客运调度员）通知所在地快运分公司。

（2）集装件的换乘，有押运员时由押运员负责，原则上应于旅客换乘前完成；不具备换乘条件时，押运员随集装件同行，负责途中集装件看管和交接。无押运员时，集装件由原列乘务组临时看管。

（3）原列乘务组随热备车继续担当乘务的，在不影响热备车出动的情况下，快运分公司应安排人员随热备车出动，与原列乘务组办理交接后，负责车上集装件的看管或换乘。

（4）快运分公司人员无法及时登乘热备车或热备车底出发地无快运分公司营业机构时，换乘地点在车站的，由车站协助原列乘务组完成集装件换乘；不具备换乘条件时，集装件可随原列回程或将集装件卸下交车站临时看管；换乘地点在区间的，集装件随原列回程。回程时，由列车长在换乘前开具客运记录附于集装件上明显处；交车站临时看管时，由列车长开具客运记录与集装件一起交车站。

（5）未换乘的集装件，由快运分公司与集团公司高铁客服调度员（客运调度员）联系在合适的车站接卸。车站临时看管的集装件，由车站通知所在地快运分公司到站接收。

第七章 旅客运输安全及应急处理

【主要内容】 旅客运输安全；危险品处理和消防安全；列车乘务员作业安全；旅客发生急病和意外伤害的处理；旅客列车发生各种非正常情况的应急处理

【重点掌握】 旅客发生急病和意外伤害的处理；旅客列车发生各种非正常情况的应急处理

第一节 概述

一、旅客运输安全

保障旅客运输安全是关系到人民财产和国家及铁路企业声誉的头等大事，必须充分重视。安全运输是我国铁路运输组织的基本原则之一，也是衡量运输工作质量好坏的重要标志。确保旅客和行李、包裹运输的安全是客运职工的首要职责，也是提高客运服务质量的前提。必须以对国家对人民高度负责的精神，将安全摆在客运工作的第一位，牢固树立"客运安全无小事"的观念，牢记"责任重于泰山，安全高于一切"的宗旨。经常开展"四查"活动，认真实行安全责任制，规范安全管理，狠抓关键区段、要害部位，做到防患于未然，消灭一切事故，确保运输安全。

1. 安全管理

抓生产、保安全的任务十分繁重。列车长首先要抓好安全管理工作，经常对车班乘务人员进行政治思想、安全知识和遵章守纪的教育；其次要提高安全意识，加强责任感，掌握应急处理预案。

列车长应建立健全安全管理组织（暨防火消防队）和安全管理制度，经常开展查思想、查纪律、查制度、查领导的"四查"活动，制定防范措施。

要搞好安全，最重要的是检查落实各项安全规章、制度、措施的执行情况，抓好"客运七项卡死制度"，严把"安全十道关"。

"客运七项卡死制度"的内容：卡死车门管理，"两炉一灶"管理，食物中毒，油炸食品制度，隔离车管理，邮政、行李、加挂车管理，出乘前、乘务中、折返站的纪律。

"安全十道关"，是指边门关、"三品"关、烟头关、人身安全关、"三房一仓"关、重点旅客关、餐车关、行包关、行李架关、开水关。

列车长巡视或检查中，发现车班人员违章违纪，应及时教育、纠正，并严格考核；发现设备隐患，及时处理，将事故苗头消灭在萌芽状态。

2. 安全宣传

为了维护良好的运输秩序，列车应通过图形标志、电子显示、广播等方式，向旅客进行禁止吸烟、严禁携带易燃易爆危险物品、逃生知识以及灭火器、紧急破窗锤使用方法等消防安全宣传。动车组列车的关键部位应设置安全警示标志，起到明示和引导作用。

动车组列车各部位均不得吸烟，列车乘务员发现旅客吸烟应予以制止；其他类型的列车上，应劝告旅客不在无烟车厢内吸烟，不要将瓜皮果壳丢在取暖器或其他电气设备上，在丢烟头时要将烟头熄灭。乘务人员在列车运行中应当注意对列车安全设备的管理，制止搬动、触碰安全设备等不安全行为，消除事故隐患。

动车组列车因为停站时间短，到站前应做好宣传，动员旅客提前到车厢门口等候下车，先下后上，有序乘降，提醒没有到站的旅客不要下车。

【例 7.1】 烟头导致的火灾事故

某日，L658 次列车从英德站开车后，9 号车厢列车员发现该车二位边门排水孔冒烟，急忙向当班列车长报告。列车长接报后会同检车长迅速赶赴现场，经认真细致地检查与确认，原来是一个未熄灭的烟头滚入该孔内，引燃堵塞在孔内残留果壳垃圾而冒烟，班组马上取水灌入孔内将火苗熄灭。

3. 列车停站时的安全

动车组列车始发、终到或中途停站时，列车长应做好旅客乘降组织，确认旅客乘降完毕，通知司机（或随车机械师）关闭车门。原则上不得二次开启车门，特殊情况下，征得司机同意，方可开启车门。

普速旅客列车进站时，列车员应提前到岗，确认站台，试开车门(塞拉门除外)，停稳开门，卡牢翻板。注意试开车门时开启车门缝隙不超过 10 cm，确认车门状态良好后立即关闭，如图 7.1 所示。

图 7.1 普速旅客列车进站开门操作示意

列车停稳开门后，列车长要督促列车乘务员注意旅客上下车的安全，维持好站台秩序，组织旅客排队，先下后上。客流大时，要将旅客分散在各个车厢，做到均衡输送。列车员在车门口实行验票上车，同时注意照顾重点旅客上、下车，严禁旅客从背面门上下车。

停站时，为维持车内秩序，软卧包房、餐车、硬卧车要互相锁牢，做到"三不通"。送亲友者一般不能上车，特殊情况已经上车的，开车前五分钟，列车广播以及各车厢乘务员要通知他们立即下车，并站到站台安全线内。同时，列车员应动员站在车门处的旅客回到车厢去，以免列车开动时，车上车下互相握手而发生危险。

遇高站台（1 250 mm）组织旅客乘降时，若站停时间超过 4 min，应使用安全渡板、警示带（列车停靠的站台高度低于 1 250 mm、站台与车厢边门踏板间隙大于 40 cm 时可不使用）。安全渡板安放平稳，定位放置，如图 7.2 所示。临时双开车门组织乘降时，增开的车门可不设安全渡板、警示带。

列车在乘降所停车，由客运乘务员传递信号。这时一定要注意瞭望，列车长确认各车厢旅客上下完毕后，才能给运转车长信号。

图 7.2　高站台长停安装安全渡板与警示带

4. 列车运行中的安全

动车组列车正常运行中，严禁打开车门和气密窗；禁止无关人员进入司机室。加强车门管理，车门发生故障时，应立即采取安全防护措施。列车乘务人员紧急解锁前必须征得司机或随车机械师的同意，并及时复位；遇单个车门不能开启时，由工作人员引导旅客从其他车门乘降。

普速旅客列车运行中，列车长也要重点抓好车门管理工作，经常检查督促乘务员认真执行"停开、动关锁、出站台四门检查瞭望"的制度，牢记列车边门管理四门制十句话，即"停开动关锁，自检互检要认真；临时停车要瞭望（左单右双），严禁上下防攀登；坚守门岗不离开，验票上车要执行；先下后上排好队，扶老携幼保安全；反面边门要注意，严禁旅客上下车。"宣传旅客不要站在车厢连接处，不要手扶门框、风挡，不要将头、手伸到窗外。锁闭车门时，要"一关二锁三拉四销"。检查车门处的目的，一是看是否有人扒车；二是检查车门有否漏锁或锁件失灵。加强车门管理，是维护旅客安全的重要保证。任何乘务员都必须严格执行车门管理制度，切不可掉以轻心。

乘务员应提醒带小孩的旅客看管好自己的小孩，以防发生意外。行李架上的物品应摆放平稳、牢固，较重的物品、锐器、杆状物品、玻璃制品等应放在座位下面。动车组列车内旅客携带的大件行李摆放在规定位置。

车厢内开水桶和锅炉间随时加锁。茶水员送开水时，壶加套，嘴加塞，稳步慢行。乘务员为旅客倒开水时，两脚站稳（列车过弯道或道岔时不倒水），对准杯子，不倒过满，避免烫伤旅客。

运行中非工作联系，任何人不得进入行李车、软卧包房、餐车厨房和广播室，以确保安全。

二、客运安全检查

铁路安检工作是为铁路运输安全保驾护航的一项专门工作，指铁路安检部门根据国家的法律法规结合铁路系统的自身特点和规律，从保障铁路运输过程中人员、物资、设备等方面的安全出发，围绕着对危险品、违禁品等危及铁路运输安全物品的强制性检查工作。铁路旅客运输安全检查就是指铁路运输企业在车站、列车对旅客及其随身携带、托运的行李物品进行安全检查的活动。

铁路安检在控制和消除危及铁路运输的灾害事故，打击违法犯罪行为，维护社会安定等方面都具有重要的作用。铁路安检对于促进和保障我国铁路的改革、发展，保护公民人身、公共财产和公民财产的安全，维护社会稳定具有十分重要的意义。中华人民共和国交通运输部2014年第21号部令《铁路旅客运输安全检查管理办法》，自2015年1月1日起施行。

（一）危险品的定义

广义来说，国家各部门各行业根据各自的工作范围、工作性质和特点，将凡是有害于人体健康或在生产、运输、装卸和储存保管过程中容易引起燃烧、爆炸等的物品，定义为危险物品。

狭义上讲，公安机关通常所说的危险物品（即违禁物品）是指具有杀伤、爆炸、易燃、毒害、腐蚀、放射性等性质，在生产、储存、运输、销售、使用和销毁等过程中，容易造成人身伤害和财产损毁或可能危害公共安全而需要特别防护或管制的物品。

铁路站车安全检查就是依照公安机关通常所说的危险品定义来开展工作的。在日常安检查危工作当中，除了上述的这些具有杀伤、爆炸、易燃、毒害、腐蚀、放射性等性质需要查堵之外，还有一些违禁物品和一些由国家相关部门予以管制的物品也是属于铁路安检查危工作对象之列。

（二）禁止携带物品目录

1. 枪支、子弹类(含主要零部件)

（1）军用枪：手枪、步枪、冲锋枪、机枪、防暴枪等以及各类配用子弹。
（2）民用枪：气枪、猎枪、运动枪、麻醉注射枪等以及各类配用子弹。
（3）其他枪支：道具枪、发令枪、钢珠枪等。
（4）上述物品的样品、仿制品。

危险品的范围及处理规定

2. 爆炸物品类

（1）弹药：炸弹、照明弹、燃烧弹、烟幕弹、信号弹、催泪弹、毒气弹、手雷、手榴弹等。
（2）爆破器材：炸药、雷管、导火索、导爆索等。

（3）烟火制品：礼花弹、烟花、鞭炮、摔炮、拉炮、砸炮、发令纸等各类烟花爆竹以及黑火药、烟火药、引火线等。

（4）上述物品的仿制品。

3. 管制器具

（1）管制刀具：匕首、三棱刀(包括机械加工用的三棱刮刀)、带有自锁装置的弹簧刀以及其他类似的单刃、双刃刀等。

（2）其他器具：警棍、催泪器、催泪枪、电击器、电击枪、防卫器、弓、弩等。

4. 易燃易爆物品

（1）压缩气体和液化气体：氢气、甲烷、乙烷、丁烷、天然气、乙烯、丙烯、乙炔(溶于介质的)、一氧化碳、液化石油气、氟利昂、氧气(供病人吸氧的袋装医用氧气除外)、水煤气等。

（2）易燃液体：汽油、煤油、柴油、苯、乙醇(酒精)、丙酮、乙醚、油漆、稀料、松香油及含易燃溶剂的制品等。

（3）易燃固体：红磷、闪光粉、固体酒精、赛璐珞、发泡剂 H 等。

（4）自燃物品：黄磷、白磷、硝化纤维(含胶片)、油纸及其制品等。

（5）遇湿易燃物品:金属钾、钠、锂、碳化钙(电石)、镁铝粉等。

（6）氧化剂和有机过氧化物:高锰酸钾、氯酸钾、过氧化钠、过氧化钾、过氧化铅、过醋酸、双氧水等。

5. 毒害品

氰化物、砒霜、剧毒农药等剧毒化学品以及硒粉、苯酚等。

6. 腐蚀性物品

硫酸、盐酸、硝酸、氢氧化钠、氢氧化钾、蓄电池(含氢氧化钾固体、注有酸液或碱液的)、汞(水银)等。

7. 放射性物品

放射性同位素等。

8. 传染病病原体

乙肝病毒、炭疽杆菌、结核杆菌、艾滋病病毒等。

9. 其他危害列车运行安全的物品

如可能干扰列车信号的强磁化物、有强烈刺激性气味的物品、不能判明性质可能具有危险性的物品等。

国家法律、行政法规、规章规定的其他禁止携带、运输的物品。

2016 年 1 月 10 日起，铁路部门对《铁路进站乘车禁止和限制携带物品目录》做了修订，将可能危及旅客人身安全、存在重大安全隐患的利器、钝器等列为禁止携带物品。除管制刀具以外的，可能危及旅客人身安全的菜刀、餐刀、屠宰刀、斧子等利器、钝器；射钉枪、防卫器、弓、弩等其他器具，都禁止携带进站上车。

此外，对安全火柴、普通打火机等可以限量携带的物品，对其限制携带数量进行了调整。例如，旅客可携带的指甲油、去光剂、染发剂不超过 20 ml；冷烫精、摩丝、发胶、杀虫剂、空气清新剂等自喷压力容器不得超过 120 ml；安全火柴限带 2 小盒；普通打火机只能带 2 个。

（三）危险品的处理

为了保障旅客运输的安全，站、车应做好禁止携带危险物品的宣传，严禁旅客非法携带易燃、易爆、毒害性、腐蚀性、放射性、传染病病原体等物质及枪支、弹药、管制刀具等可能危害公共安全的物品进站乘车。铁路公安人员和铁路职工有权对旅客携带的物品进行运输安全检查。铁路公安人员和客运人员要密切配合共同做好检查危险品工作，严把"三品"检查关。

在列车上查堵危险品时应认真执行"宣、看、闻、问、摸、查"六字作业法。"宣"是指向旅客宣传携带危险品乘车的危害性；"看"是指注意观察旅客携带物品有无异状及神情是否异常；"闻"是指闻一闻周围有无异味；"问"是指发现携带物品可疑时，问一问里面装的什么；"摸"是指在整理行李架时，触摸携带品有无异状；"查"是指请旅客开包检查。需要注意的是，对旅客要讲清道理，多做宣传工作，不得利用执行任务之便刁难侮辱旅客。

对查出的危险品，根据《铁路法》的规定予以没收；数量较大的交由铁路公安部门处理。对大量携带危险品，性质恶劣，情节严重者，按有关法律规定处理。列车上查处的危险品，由值乘的公安人员妥善保管，移交最近前方停车站公安派出所处理；车站不设公安派出所的，则由列车长编制客运记录移交车站处理。对发令纸、鞭炮类的危险品，应立即浸水处理。对判明不了性质的危险品及其他可疑物品，严禁在车上进行试验。

对携带危险品进站上车，造成事故的，按国家有关规定处理。

【例 7.2】 旅客违章携带危险品的处理

××年××月××日，36 次（广州—柳州）列车于广州站开车前 3 min，6 号车厢列车员××，认真执行始发站整理行李架同时检查危险品的规定，在 5 号座位的行李架上，查获旅客×××违章伪装夹带天那水易燃液体共 2.5 kg，立即交列车长，编制记录交广州站处理，确保了旅客列车安全。

三、列车消防安全

（一）消防基本知识

列车消防安全

1. 火灾常识

火灾燃烧分为初始阶段、发展阶段、猛烈阶段、下降阶段和熄灭阶段，共五个阶段。燃烧在初始阶段时是扑救火灾的最佳时期，时间为起火后 3~5 min。

火灾分为 A、B、C、D、E 五类（见第二章第三节）。其中，电器火灾种类有变压器火灾、配电盘火灾、电动机火灾、照明设备火灾、电热设备火灾、电焊设备火灾等。电气火灾既有季节性，多发生在夏、冬季；又具有时间性，许多电气火灾往往发生在节假日或夜间。

灭火的基本原理就是要破坏或切断燃烧三要素的相互关系和作用，一般采用冷却、窒息、隔离和化学抑制四种方式。

2. 旅客列车的火灾原因及危险性

（1）炉灶设备不良，使用、管理不善。
（2）电气设备损坏、老化、绝缘不良和违章用电。
（3）在禁烟部位吸烟，乱扔烟头。
（4）旅客携带品或托运的行李、包裹内夹带危险品及列车安全设施损坏等。
（5）客车停在整备所时顽童、盲流等上车后人为弄火。
（6）电气线路、设备故障，特别是隐蔽部位电线未穿管保护，周围有易燃易爆或可燃物。

列车火灾的危险性主要体现在车上人员高度集中、不易疏散逃生、灭火设施少、救援困难、火灾易于蔓延等方面。

（二）消防管理

（1）旅客列车消防安全台账由列车长负责填写和管理，存放在车队。其主要包括以下内容：
① 上级有关消防工作的文件（复印件或摘抄件）；
② 列车编组及乘务人员概况；
③ 列车防火组织机构及成员；
④ 扑救火灾事故应急方案；
⑤ 防火安全会议和活动记录；
⑥ 乘务人员消防安全培训记录；
⑦ 乘务人员上岗证登记；
⑧ 餐车炉灶清扫记录；
⑨ 三乘联检记录；
⑩ 消防器材登记。

（2）旅客列车防火领导小组的职责。
① 认真贯彻执行上级有关消防工作的规定和部署，每月召开一次防火安全领导小组会议，总结、安排消防工作。
② 组织车班乘务人员认真学习消防知识，定期进行考核，达到人人"三懂三会"。
③ 建立车班消防安全考核制度，检查督促乘务人员落实岗位防火责任制。
④ 组织防火检查，及时消除火灾隐患。
⑤ 做好对旅客的防火安全宣传教育工作，制定易燃易爆危险品查堵措施，组织乘务人员认真开展查堵工作。
⑥ 细化和完善扑救火灾事故应急方案，明确分工，定期演习，熟练掌握。
⑦ 建立车班消防安全台账。

（3）客车消防安全"四个百分百"的内容。
① 茶炉、锅炉间要100%做到室内干净无杂物，地面无油垢，离人加锁，非取暖期间锅炉室封闭。
② 消防器材要100%配齐、有效，乘务人员做到知位置、知性能、会使用。
③ 乘务员对紧急制动阀要100%做到知位置、会操作使用。
④ 乘务中客运部门各工种要100%做到在岗在位。

（4）乘务人员消防作业要求。

乘务人员应认真履行岗位防火职责，遵守各项操作规程，严格按标准化作业。乘务人员必须经过全面的消防安全培训，人人达到"三懂三会"（即：懂得本岗位的火灾危险性，懂得预防火灾的措施，懂得扑救火灾的方法；会报警，会使用灭火器，会扑救初起火灾），熟记岗位防火职责和火灾事故应急处置基本要求，做到严格考核，持证上岗。保洁人员上岗前也应进行消防安全培训，持证上岗。

（5）旅客列车防火安全检查规定。

铁路局对列为铁路局防火重点的旅客列车，每年防火检查应不少于两次。每次检查都要将检查情况填入统一印制的旅客列车防火检查记录表，以备检查人员查阅。

客运段、乘警大队应分别组织有关干部和业务技术人员，每季度检查一次。各车队对车班的消防工作，应结合其他安全业务每月检查一次。车班的防火安全领导小组，要经常对车班防火制度的落实情况进行分析小结，列车长、乘警、乘检和其他乘务员，要对照自己的岗位防火责任制，认真检查落实。

列车防火防爆检查的重点部位：一是"两炉一灶一电"设备安全状况；二是配备的灭火器材的数量、质量；三是循环水泵箱、观察孔、煤斗箱、暖气管、座位下等阴暗隐藏处所，是否有异常物品、可燃杂物和火种；四是各种消防标志是否齐全，通道是否畅通。

对列车始发前检查发现的设备故障，车辆部门应及时处置，消除隐患；对列车运行中发现不能当场处置的，应采取临时措施确保安全，按规定报告并如实记录；危及行车安全的，应立即停车处理。

（6）旅客列车特殊工种消防工作要求。

自2010年7月1日实行的《铁路旅客列车消防安全管理规定》，对操作"二炉一灶"和空调、火灾报警器等设备的乘务人员，要求经过专门的消防知识培训，取得合格证后方可上岗。

（7）客车出库联检制度的规定。

动车组出库联检时，由动车运用所质检员组织联检，对电气设备、消防设施、器材等设备及各部位的消防安全状况进行全面检查，确认状态良好，严格办理交接。终到后，随车机械师按规定办理交接。

其他列车各车班均应严格执行客车"三乘联检"制度。邮政车、加挂客车纳入车班消防管理，列车始发前，由列车长组织乘警、车辆乘务人员对列车火源、电源和消防器材进行全面检查，运行中重点检查，终到后彻底检查。检查结果由检查人员分别签字确认，严禁代签、漏签和弄虚作假。

（三）客车重点部位消防管理

1. 客车车厢消防安全

列车应通过图形标志、电子显示、广播宣传等多种方式，向旅客进行禁止吸烟、严禁携带易燃易爆危险品、逃生知识和灭火器、紧急破窗锤使用方法等消防安全宣传。不吸烟车厢应有禁止吸烟标志，乘务人员要对在车厢内吸烟的旅客进行劝阻，提醒旅客不得乱扔烟头火种；吸烟处应有明显标志并配备烟灰盒，地板和壁板应保持完好，无孔洞和缝隙。

列车上的通道必须保持畅通，不得堵塞车门。

2. "两炉"使用管理的基本要求

"两炉"必须设备良好、安全可靠，由持有合格证的人员操作使用，并严格按照程序操作。在使用中做到"不漏水、不漏气、不滋火、不超温、不干烧"，不用易燃液体引火助燃，向炉膛内加煤时要仔细检查有无爆炸物，清出炉灰用水浇灭，炉室内不准放杂物，人离锁闭炉室，停炉时要把火压好。停用的炉室必须彻底清除可燃物，将门锁闭。

3. 餐车炉灶防火安全管理的基本要求

餐车配备的电烤箱、微波炉、电磁炉等餐饮炉具在使用时，操作人员不得离岗。餐车炉灶、锅炉烟囱防火隔热装置应完好有效，餐车入库应压火。

餐车炉灶不准使用临时电源吹风助燃，运行中严禁炼油和油炸食品。应定期对餐车炉灶台面、墙壁、抽油烟机、排烟罩、烟道、排风扇、车顶外表面和烟筒口、帽的油垢进行清除，保持清洁，并填写记录。乘务人员严禁使用自备炉具和电热器具。

4. 配电间、工具间、乘务室的防火安全管理要求

配电间、工具间、乘务室内禁止堆放各种杂物，做到人离门锁，门窗玻璃透明无遮挡；配电柜、控制箱门锁必须良好，人离锁闭；乘务室内除备品和列车员必需品外，禁止放置其他杂物，人离开时必须确认室内无火种并将门锁闭。

5. 发电车防火安全管理要求

发电车内严禁闲杂人员进入，车内保持整齐清洁，无漏油、无漏水、无油污，严禁存放杂物。用弃的油棉应集中妥善放置，不得随意丢弃在发电车内。发电车内安装的火灾自动报警探测器每年应由有资质的消防中介服务机构进行一次清理，并做好相关的功能试验，出具测试报告。车辆乘务员应做好相应的运行记录。

6. 邮政车、行李车防火安全管理要求

邮政车、行李车货仓要留有安全通道，宽度不小于 0.5 m，不得堵塞正门、边门，货物堆码不得超高，照明灯具下方不准堆放物品。邮政车、行李车严禁使用明火或电炉等大功率电器烧水做饭。未经铁路总公司车辆主管部门批准，严禁擅自增设使用各种电器。

7. 客车电气设备使用管理要求

电气设备必须由持有合格证人员检查维修，并严格按程序操作。车厢电源和电气设备必须保持状态良好，严禁乱拉电线、擅自加装电气装置，禁止在配电室、配电柜、配电箱内和电气设备上放置物品。保险丝容量必须符合规定标准，严禁用水冲刷地板。

配电室内禁止存放物品，配电箱、控制箱内及上部不得放置物品，门锁必须良好，人离锁闭；可燃物品不得贴靠电采暖装置。除车辆出厂配属的电气设施外，增设其他电气设备必须经铁路局车辆主管部门及公安消防监督机构同意。

（四）客车常见消防问题的处置措施

1. 发现车厢内有旅客违章携带的易燃液体溢出时的处置

发现车厢内有旅客违章携带易燃液体溢出时，乘务人员应立即动员旅客熄灭一切火种，

及时开窗通风，并将溢出的易燃液体清除干净，剩余的应妥善处理。

2. 车厢内发生旅客携带普通可燃物品起火的扑救

在火势没有蔓延的情况下，可先用车厢内的水将火扑灭。能不动用灭火器时尽量不用，以防止扩大损失，造成旅客人员惊慌。

3. 车内配电设备起火的扑救

电气设备发生火灾时，应立即切断电源，并用ABC干粉灭火器，迅速将火扑灭。

4. 餐车油锅起火的处理

油锅或其他容器内发生火灾时，可用石棉被或车上棉被、毛毯等织物浸水后，覆盖在锅口或容器上，火势就会窒息熄灭。

5. 车内茶炉、取暖炉一旦缺水温度过高的处理

立即打开炉门，采取封火、压火措施，待炉温降下后，再行补水。

第二节　列车乘务员劳动安全

安全是指在生产活动过程中，能将人员或生产损失控制在可接受水平的状态。劳动安全是指在生产劳动过程中，防止中毒、车祸、触电、塌陷、爆炸、火灾、坠落、机械外伤等危及劳动者人身安全的事故发生。保障广大旅客的安全，是客运人员应尽的职责。而保障客运人员自身人身安全，又是做好服务工作的先决条件。

（1）新职人员须经过业务知识和技术安全教育培训、考试合格取得合格证书，持证上岗。

（2）列车乘务员接班前必须充分休息，保持精力充沛。不得在接班前和工作中饮酒，如有违反，列车长应停止其工作。在履行职务时，不得与别人闲谈或做与本职无关的工作。

（3）出乘时不得穿塑料鞋、木板鞋和带钉的鞋，女同志不得穿高跟鞋。

（4）在开始任何工作之前，均应首先检查使用的机械、设备和工具及工作有关事项，按规定穿好防护服。如有不安全现象，必须消除或采取安全措施后，方可进行工作。

（5）在任何情况下，均不得在机车、车辆、机械设备等下面或有倒塌危险、有毒气体、过分湿潮的地点附近休息、饮食、乘凉和避风雨。

（6）通过线路时，应走天桥、地道；无天桥、地道时，则走平过道，并执行"一停、二看、三通过"制度。严禁钻爬车底，跨越车钩。顺线路行走时应走路肩，不走轨心、轨面和轨枕头，并随时警觉前后列车。严禁在道心、钢轨、枕木头上站立、坐卧休息。严禁扒乘机车、车辆和以车代步。

在车库内横越有机车、车辆停留的线路时，必须先确认机车、车辆暂不移动，然后在距该机车、车辆10 m以外绕行。横越线路时不准脚踏钢轨面、道岔连接杆、尖轨、可动心辙岔等处所。禁止在运行中的机车、车辆前抢越线路。夜间出乘或返乘时，要特别注意信号机的显示和调车情况。

（7）严禁摸黑开关电器设备，防止触电。

（8）在电气化铁路区段，禁止攀爬车顶进行任何作业，禁止使用胶水管冲刷车辆上部，冲洗车辆下部时胶水管不得朝上，严禁用铁钩捅炉灶、茶炉烟囱，或手持长竹竿等物竖立和向上抛扔搭挂绳索等物件，防止触电。如电气化区段附近发生火灾，应立即通知列车调度员、电力调度员或接触网工区值班人员，用水或一般灭火器浇灭接触网带电部分不足 4 m 的燃着物时，接触网必须停电；使用砂土灭火距接触网 2 m 以上者可不停电。在有电区（有接触网区域）工作或横过接触网时，所持工件、物品应与接触网保持 2 m 的距离。

（9）列车运行中禁止高空作业，必要时身系安全带，梯子有人扶，物品不下掷；整理行李架应站稳扶牢，防止摔伤，也要防止物品掉下砸伤旅客。

（10）列车运行中不准躺在休息车铺位和行李车货仓内吸烟，以免引起火灾。

（11）列车行李员装卸行包，应于车停后开始，车动前停止作业，严禁车动抢装抢卸、抓车、跳车或随车奔跑。

（12）遇恶劣天气时，严禁用衣帽、围巾遮盖耳目妨碍视听，提高自我保护意识。

（13）乘务员在上下车时，要紧握扶手，不飞乘飞降。列车运行中不允许打开车门乘凉、打招呼、探身窗外、倾倒垃圾。列车头尾部风挡处和餐车厨房侧门要安装安全防护栏。餐车刀具安放牢固定位，炊事员切菜时注意列车运行，思想集中，避免切伤手指。

（14）列车停站开门下车时列车员应抓牢扶手，防止下车旅客将自己挤下车摔伤。站立车门处组织乘降时，注意来往机动车辆和旅客携带品，防止碰伤。在停车 3 min 以内的车站或发车铃响毕，不要由车下向车内送开水。乘务员在发车铃止时应立即上车，放脚踏板，车动关门、锁门。

（15）列车长、乘警长、检车员下车处理问题时，应注意掌握时间，防止漏乘，乘务员应留好车门。有时，车已启动而乘务员来不及上车的，不得强行扒车或呼唤别的乘务员使用紧急制动阀停车，而应改乘下趟快车追赶本次列车。列车长应指定人员代替其工作。

【例7.3】 ××年××月××日，某客运段列车员刘××值乘251次旅客列车，在玉屏—新晃间从当班的车厢回休息车，从列车尾部坠下摔伤。

【例7.4】 ××年××月××日，某客运段列车员陈××值乘35次旅客列车到站交班后，返回休息车拿乘务包下车时，列车启动，不幸滑入股道，右腿下肢1/3处压断，左腿膝关节处挤碎。

【例7.5】 ××年××月××日，某客运段厨师闫××值乘临客170次旅客列车到达郑州后，套跑漯河—郑州388次，在漯河临时停车时，闫××见餐车顶部的烟囱排风口朝向不利于排烟，于是攀上餐车顶部调整烟囱口，结果被电网的高压电击中，当场死亡。

第三节　旅客发生急病和意外伤害处理

旅客发生急病或意外伤害时，站、车均应千方百计抢救，会同公安人员勘察现场，收集旁证、物证，调查事故发生原因，编制有关记录。列车须向车站移交时，开具客运记录，并根据有关规定进行处理。

一、旅客发生急病或死亡的处理

持有车票的旅客和无票人员，在车站、列车上发生急病、死亡时，按国务院批转原铁道部制定的《旅客丢失车票和发生急病、死亡处理办法》规定处理。

（1）持有车票的旅客在列车上发生急病时，列车长应填写客运记录，送交市、县所在地的车站或较大站转送定点医院、传染病医院或其他地方医院治疗。

（2）旅客因病治疗产生的医疗费由旅客自己承担。

（3）旅客在列车上死亡时，列车长应填写客运记录，会同公安人员，将尸体和死者遗物交给市、县所在地的车站或较大的车站，接收站按照在车站死亡时办理。

（4）对死者的遗物妥善保管，待死者家属或工作单位前来认领时一并交还。旅客死后所需的费用，先由铁路部门垫付，事后向其家属或工作单位索还。如死者家属无力负担或无人认领，铁路可在"旅客保险"项下列支。

（5）没有车票的人员，在列车上发生急病或者死亡时，由铁路部门负责处理。

【例7.6】 列车上发生旅客猝死的处理

20××年×月×日5时许，××次列车在××站开车约20分钟时，列车员按作业程序打扫车厢卫生，在16号车厢末端（相邻17号行李车）闲置未使用的列车长办公席处，发现旅客张××情况异常，便立即报告列车长并广播寻医进行救治。约5分钟后一名医生赶到现场对张××进行初步抢救。同时，列车长立即向调度汇报，请求前方站做好抢救准备。6点10分左右列车到达××站，等待中的"120"医护人员立即上车对张进行急救。经诊断张已经死亡，参与抢救的医生出具的"死亡医学证明书"认定张××死亡原因为"猝死"。事情发生后，死者家属到达处理站，向铁路提出高额赔偿要求。

案例分析：

1. 张××突发急病后，列车对其进行了及时救助，符合《合同法》第三百零一条规定，尽到了法定的"尽力救助"义务，不承担救助不利的责任。

2. 张××乘坐的列车运行正常，未出现列车设备发生故障或者发生外来侵害等任何异常情况，也不存在工作人员职务行为的过错与过失。

3. 张××死亡是因其自身急病造成的，与铁路运输企业的运输行为不存在任何因果关系。铁路运输企业在对张××运输过程中，已经尽到合理的安全保障义务。铁路运输企业不承担任何责任。

约一个月后，经双方协商，考虑死者家庭生活困难，铁路出于人道主义承担相关费用共计2万余元。

二、旅客人身伤害事故的处理

（一）旅客人身伤害事故的种类和等级

旅客意外伤害，是指持有效车票的旅客，经检票口进站验票加剪开始，至到达目的地车站缴销车票时止（中途和中途下车的旅客自出站至进站期间除外），在旅行中遭受到外来、剧烈及明显的意外伤害（包括战争所至者在内），致使旅客人身受到伤害以至死亡、残疾或丧失身体机能者，均属于旅客人身伤害事故。

1. 旅客人身伤害事故的种类

根据旅客人身伤害程度分为三种：

（1）轻伤：伤害程度不及重伤者。

（2）重伤：使人肢体残废，容貌毁损，视觉、听觉丧失以及其他器官功能丧失或者其他对于人体健康有重大伤害的损伤（具体参照司法部、最高人民法院、最高人民检察院、公安部颁发的《人体重伤鉴定标准》）。

（3）死亡。

2. 旅客人身伤害事故等级

（1）轻伤事故：只有轻伤没有重伤和死亡的事故。

（2）重伤事故：有重伤没有死亡的事故。

（3）一般伤亡事故：一次死亡1~2人的事故。

（4）重大伤亡事故：一次死亡3~9人的事故。

（5）特大伤亡事故：一次死亡10~29人的事故。

（6）特别重大伤亡事故：一次死亡30人以上的事故。

旅客人身伤害事故的处理

（二）旅客人身伤害事故现场处置与报告

旅客旅行时发生人身伤害事故，按照《铁路旅客人身伤害及携带品损失处理暂行办法》（铁运〔2012〕319号文）进行处理。

（1）列车上发生旅客人身伤害时，列车工作人员应当到现场查看旅客伤害情况，报告列车长组织救护，稳定人员情绪，维护现场秩序。

因旅客伤害需交车站处理时，应移交前方县、市所在地车站或者当地具备公共医疗条件的停车站；需要提前报告运行所在铁路局客运调度时，由客运调度通知车站做好救护准备工作。旅客不同意在规定的停车站下车处理时，应当由旅客出具拒绝下车治疗的书面证明，并收集至少两份证人证言。

（2）列车因旅客伤害严重需紧急停车处理或发生3人以上疑似食物中毒的，应立即报告运行所在铁路局客运调度。接到报告后，客运调度应当立即根据列车长提出的要求，通知有关车站及值班主任（列车调度员），需要停车处理的停车处理，并报告本铁路局客运处。

（3）列车发现旅客在区间坠车时应当立即停车处理，并通知就近车站或将受伤旅客移交就近车站。需要防护时，按有关规定处理。

不具备停车条件或延迟发现的，列车长应当报告运行所在铁路局客运调度，客运调度员接到报告后立即通知值班主任，值班主任通知相关列车调度员和铁路公安局指挥中心，由列车调度员和铁路公安局指挥中心分别通知邻近车站及车站公安派出所派人寻找。列车运行至前方停车站时，列车长应拍发电报，向发生地和列车担当铁路局主管部门报告。

（4）发生旅客伤害后，列车长应当及时组织现场查验，全面收集、梳理相关证据资料，检查旅客所持车票的票种、票号、发到站、车次、有效期及有效身份证件信息等，描绘现场旅客定位图，收集不少于两份同行人或见证人的证言及查验记录、现场照片、录像等其他相关证据，形成比较完整的证据链，能够证明发生的过程和原因，初步明确性质，并妥善保管。

涉及违法犯罪或者旅客死亡的，由铁路公安机关组织现场勘查。

旅客或第三人能够说明事件发生经过或责任的，应当由其出具书面材料，并签字确认。证人应当具有完全民事行为能力，证人证言中应当记录证人的姓名、性别、年龄、地址、联系方式、有效身份证件信息等内容。有医务工作人员参与救治时，应当由其出具参与救治经过的证言。证言、证据应当真实、能反映发生的时间、地点、过程、原因和结果。

（5）列车向车站移交伤害旅客时，车站不得拒绝接收。

办理移交手续时，列车应当编制客运记录和旅客携带品清单一式两份，一份列车存查，一份连同车票、证明材料、相关证人或联系方式一并移交。客运记录应当载明日期、车次、旅客姓名、性别、年龄、国籍、民族、职业、单位、有效身份证件号码、联系方式、住址，车票种类、号码、发站、到站、车厢、席位、受伤地点、受伤原因、受伤部位、处理简况，以及证据材料清单等内容。

因时间来不及记明全部内容时，可在客运记录中简要记明日期、车次、下车原因，并必须在3日内向处理单位补交有关材料。特殊情况来不及编制客运记录时，列车长或其指定的专人应随同伤害旅客下车办理交接。涉及第三人时，应将第三人同时交站处理。

对已经控制的违法、犯罪嫌疑人，应当及时移交车站公安派出所。

（6）列车发现精神异常旅客时，应重点关注，并按规定交到站或下车站处理。列车运行途中，旅客有同行成年人的，应要求其同行成年人看护；无同行成年人时，应指派专人看护。必要时，可安排在适当位置看护。

（7）对下列情形造成的旅客人身伤害，应立即向铁路公安机关报警：

① 杀人、抢劫、抢夺、强奸、爆炸、纵火、绑架、结伙斗殴、寻衅滋事、故意伤害、击打列车、故意毁损、移动列车设备等违法犯罪行为；

② 因散布谣言、谎报险情、疫情、警情、扬言放火、爆炸、投放危险物质，非法阻拦行车、堵塞通道等，引起公共秩序混乱；

③ 火灾、爆炸、中毒等治安灾害事故；

④ 精神病人肇事肇祸、醉酒滋事行为；

⑤ 自然灾害；

⑥ 铁路设备设施故障造成的事故。

（8）列车发生旅客人身伤害事故时，可用电话向所在单位或上级主管部门报告概况；但发生重伤以上旅客人身伤害时，应在第一时间以短信方式向所属铁路局主管部门报告，随后向有关铁路局主管部门拍发速报，并逐级向上级主管部门和宣传部门报告。

报告（含速报）内容主要包括：

① 发生日期、时间、车次、地点、车站、区间里程；

② 伤亡旅客姓名、性别、年龄、国籍、民族、职业、单位、有效身份证件号码、联系方式、住址以及车票种类、号码、发站、到站、车厢、席位等基本情况；

③ 发生经过、旅客伤亡及现场处理简况。

【例7.7】 ××年××月××日1668次（广州—福州，××客运段担当乘务）旅客肖×（男，39岁，身份证号：×××）于马坝开车后，因6号车厢左侧第三个车窗滑落，砸伤其左手中指，经广播找医生（李×，男，50岁，广东省××医院医师，身份证号×××）救治后（包扎止血），初步诊断为骨折。受伤旅客车票：广州—萍乡硬座普快联合票A1623001，随身旅行包一件。列车长应如何处理（前方停车站为韶关）？

此时，列车长应收集旁证材料（两份以上）、医生开具的参与救治的书面证明，编制客运记录（一式两份），连同伤者及其车票、旁证材料及证人的联系方式一并交韶关站处理（旅行包自带）。若旅客行李不能自带，则编写物品清单，一式两份。

（三）旅客伤亡事故责任单位的划分

铁路旅客人身伤害事故责任分为旅客自身责任、第三人责任、铁路运输企业责任及其他责任。

（1）旅客违反铁路安全规定，不听从铁路工作人员引导、劝阻等违法违章行为或其他自身原因造成的伤害，属于旅客自身责任。

（2）由于铁路运输企业人员的职务行为和设施设备的原因给旅客造成的伤害，属于铁路运输企业责任。

铁路运输企业责任又分为客运责任和其他单位责任。客运责任分为车站责任、列车责任。

有下列情形之一的，属于列车责任：

① 车门漏锁致旅客坠车造成人身伤害的；

② 列车工作人员过错致旅客误下车、背门下车、在不办理乘降的车站（包括区间停车）下车、列车运行中开启车门造成人身伤害的；

③ 列车组织不当或列车工作人员违反作业标准，致旅客乘降时造成人身伤害的；

④ 列车客运工作人员对设备管理不善造成旅客人身伤害的；

⑤ 列车客运工作人员违章作业、过失造成旅客人身伤害的；

⑥ 有理由认定属于列车责任的。

（3）由于旅客和铁路运输企业合同双方以外的人给旅客造成的伤害，属于第三人责任。

（4）非上述三种责任造成的伤害，属于其他责任。

因不可抗力或旅客的健康原因造成的或者承运人证明伤亡是旅客故意、重大过失造成的，承运人不承担责任。

【例7.8】 列车责任的旅客伤害事故

××年××月××日，张××在天津西站持站台票送其女友乘坐547次列车。张为给其女友找座，不顾列车员劝阻和持站台票不准上车的规定，强行上车，列车启动后又向列车员提出打开车门跳车。被列车员拒绝后，张找到列车长苏××反复声称有急事，自己年轻跳车没事。苏车长打开车门让其跳下，张跳车后被列车运行速度的惯性带倒，左小腿轧断，经送医院抢救，左腿自膝盖部截肢。

当时铁道部指示此案不同于一般旅客伤害，如没有列车长给开门的情节，铁路在站台票背面已向持票人告知不能上车,列车员也进行了宣传,张××若强行跳车,铁路没有责任。但此案铁路有过失,要求责任局比照旅客责任伤害,承担责任,尽快处理。最终该局根据铁路总公司指示,与张××协商,双方达成一致,共计赔偿人民币 37 万元。

【例 7.9】 第三人责任的旅客伤害事故

某日,旅客张×(女,23 岁)乘坐 D825 次动车组行至道岔群,邻座旅客王××(男,42 岁)摆放在两节行李架之间的支撑架斜面上的随身携带品(拉杆箱,重 9.6 kg)坠落,砸在张×头部,引起其头晕、恶心。列车长初步将事件定性为第三人责任事件,主持双方调解。因双方对赔偿数额无法达成一致,于是编制《客运记录》交站处理。车到站后,张×被已在站台上等候的"120"送医院紧急救治,送到医院时已处于休克状态。

经站车客运人员会同通知车站公安对王××、张×同行人问询,调查分析后查明原因:造成拉杆箱坠落的主要原因是王××没有尽到安全的注意义务,将随身物品放在了行李架衔接处支撑架的斜面上,造成物品在列车运行中正常的晃动时坠落,确定为第三人责任事故。旅客王××当场倾其所有预支张×治疗费 2 000 元,不足部分由铁路承运人暂行垫付,事后依法向王××追偿。

第四节　非正常情况的应急处理

一、线路中断列车停止运行的处理

线路中断造成列车停止运行时,列车长应及时与司机或列车停留地车站、铁路局调度联系,随时掌握线路中断的原因、预计恢复时间等情况,做到心中有数。同时,及时向旅客做出解释,并通过广播向旅客表示歉意。

列车停止运行且在短时间内不能继续运行时,列车乘务员要加强车厢巡视,安抚旅客,向旅客做好解释工作的同时尽最大的努力为旅客提供生活服务,解决旅客困难,稳定车内秩序,保证车内治安秩序良好。

必要时,向地方政府报告请求援助。事故发生局还应向国务院铁路主管部门请求命令后向全路发出停办客运业务的电报。恢复通车时也照此办理。车站应将停办营业和恢复营业的信息及时向旅客公告。

列车长应积极与铁路局调度联系,汇报车内情况,尽早恢复开车。线路中断列车不能继续运行,对中途下车、退票、绕道运输的旅客,按《铁路旅客运输规程》办理相关业务。

【例 7.10】 线路中断,列车停止运行的应急处理

某日,50 次列车正点运行到达新余站,列车长接到调度命令因前方线路发生故障,停站就地待命。列车长立即组织召开"三乘一体"会议进行研究并做出部署,要求乘务员坚守岗位、做好服务;广播宣传做好解释,安抚旅客;掌握车内情况,进行防盗宣传,维护好列车

治安秩序；组织服务队下车厢访问旅客，送水送药，耐心解答旅客询问。凌晨 2 点 38 分，接调令折返株洲，绕道经由京广、武九线运行迂回上海。车上立即做好广播宣传，并为旅客办理签票手续。绕道运行中，发现缺少餐料、发电车缺油等问题，立即向所在铁路局客调报告，拍发电报请求领导支持，在武昌、向塘站补餐料、燃油，保证了旅客饮食供应和空调、照明需要。列车于××月××日 17 点 50 分安全到达上海，列车长立即与站方联系，停车 1 h 55 min 后马上折返开 49 次。全体乘务员不辞辛劳，发扬连续作战、不怕疲劳的大无畏精神，马上投入车厢整备、搞卫生、更换卧具，餐车急速外出采购补充餐料，49 次在 19 点 45 分晚点发车。一路上做好列车各项服务工作，确保旅客列车安全，质量良好地完成了本次列车的旅客和行包输送任务。

二、旅客列车发生火灾、爆炸事故的处理

旅客列车发生火灾、爆炸事故的处理

（一）动车组列车发生火灾、爆炸事故的处理

（1）列车乘务人员在确认火情或爆炸后，应当立即采取紧急措施，按下火灾报警按钮或使用紧急制动阀停车（不得停在长大坡道、桥梁、隧道内、油库和重要建筑物附近）将旅客紧急疏散到安全车厢，有防火隔断门的迅速关闭防火隔断门，并将情况报告司机、列车长及乘警。司机和列车长应当迅速启动应急预案。

（2）车内产生浓烟危及人员生命安全时，应立即使用安全锤击碎侧窗玻璃，保持车内通风，必要时可利用侧窗作为紧急出口，向地面疏散旅客。需疏散旅客下车时，应当通过对讲机联系机械师或司机打开车门，向地面安全地带有序组织下车。列车长要在第一时间向所在铁路局客调报告，请求救援。

（3）由于动车组列车车门距地面较高，在区间向车下疏散旅客时，乘务人员应提醒、引导旅客，使用紧急用梯和过渡板，防止摔伤，确保旅客安全撤离。在车站疏散旅客时，应尽量向有站台的方向疏散旅客。

（4）保护现场，协助救援部门灭火。列车乘务员要采取措施，维护现场秩序，防止发生混乱，视情况设置警戒区，禁止实施救援以外的人员进入现场，不得擅自移动现场任何物品，对事故现场痕迹、物证有关证据材料要采取有效措施妥善保管。救援部门到达后，列车长要详细介绍火灾爆炸原因、火势、人员伤亡、疏散情况协助救援部门灭火。

（5）发生火灾事故后迅速向上级部门拍发事故速报，报告内容为：

① 事故发生的年、月、日、时、分；
② 发生的地点（线别、区间、公里、米、机车停车位置）；
③ 列车车次、种类（一等或二等）、动车组型号、所属段别、牵引辆数等；
④ 事故概况及原因的初步判断；
⑤ 人员伤亡情况及动车组损坏情况；
⑥ 是否需要消防车、救护车。

（6）动车组列车发生火灾、爆炸后，列车长要认真了解伤员人数及伤害程度，登记旅客详细信息及随身携带物品和旅客财产损失情况，并做成详细记录，为车站处置善后事宜提供依据、做好准备。乘警要及时进行调查取证，证据材料要客观翔实，为现场勘察、认定火灾原因创造有利条件。列车乘务员要积极协助公安人员了解情况，提供线索，协助公安机关调查事故情况。

【例 7.11】 动车组列车长妥善处置电路起火，防止了火灾事故扩大

某日，天津站开往北京南站的 D5002 次列车，天津站 8：50 开车，9：00 左右 4 号车厢突然冒烟出现火情，旅客一片惊慌。乘务员及时赶到现场，稳定旅客情绪，迅速通知车长。列车长闻讯，依据旅客列车火灾应急处置"40字法"程序，立即启动动车组火灾事故应急处置预案，组织客运乘务员、乘警、随车机械师、餐饮、保洁人员，一面及时疏散旅客，一面迅速开展火灾扑救，争取了宝贵的时间。由于电路原因起火，火势蔓延，列车长果断判明情况，通知司机立即停车并请求救援。司机冷静判明形势，在请列车长尽力控制火情的同时，和列车调度联系停车，请求救援车支援。列车调度员迅速安排临时停车及火灾救援工作，同时向路局及所在地有关部门报告。

列车停站后，动车组热备车底 D5101 次迅速赶到停车地点，将旅客疏散到 D5101 次热备车底继续开行。列车在 JJK26 km 处停车 25 min 后，恢复了运输秩序，旅客无一人伤亡，旅客财产无重大损失。

（二）其他旅客列车发生火灾、爆炸事故的处理

旅客列车发生火灾、爆炸事故时，全体乘务人员必须按照分工坚守岗位，不得擅离职守，要在列车长、乘警长的统一指导下，按防火、防爆有关规定，并根据实际情况，灵活、果断地采取得力措施，紧急处置，最大限度地减少伤亡损失。

（1）立即停车。在列车运行中发生火灾或爆炸时，发现火情（一时难以扑灭）的乘务人员，特别是本车厢和相邻车厢乘务员应立即使用紧急制动阀，迫使列车停在安全地带（停车时应避开桥梁、隧道、人口稠密区、重要建筑物）。未停稳时，防止旅客跳车。

（2）疏散旅客。紧急制动后，列车乘务人员应迅速指挥旅客疏散到临近车厢，同时向列车长、乘警长报告。

（3）迅速扑救。列车长、乘警长接到报告后，应立即组织指挥休班人员和旅客中的公安、解放军战士进行扑救，并通知各车厢乘务员坚守岗位，严禁旅客下车、串车，防止发生意外事故。如因爆炸引起的火灾，对还未爆炸的物品，应协助公安民警排除爆炸物，消除隐患，使用灭火器扑压火势。

（4）切断火源。停车后，车辆、机车乘务员和运转车长要根据火势情况，迅速将起火车厢与列车分离，截断火源，防止火势蔓延。

（5）设置防护。列车分解后，运转车长和机车乘务员要迅速设置防护。运转车长负责指挥拧紧车辆手制动机。

（6）报告救援。列车长或运转车长和乘警要尽快向行车调度报告事故情况，请求救援。报告内容要简明扼要，主要报告起火列车车次、时间、地点、火势情况等。必要时，还应向

当地政府、公安机关和驻军请求救援。

（7）抢救伤员。在疏散旅客、迅速扑救的同时，积极采取各种措施抢救伤员。

（8）保护现场。在扑救火灾时，列车乘务人员要注意保护好现场，采取各种措施做好宣传工作，要安抚旅客情绪，维持好秩序，妥善安排被阻旅客，以免发生混乱、出现现场破坏。

（9）协助查访。列车乘务人员要积极协助列车长、乘警提供线索、帮助查破。列车长、乘警长在上级领导到达前，要认真查访，了解发生事故的原因和经过，并对肇事者和嫌疑对象做好审查控制工作。

（10）认真取证。乘警在保护现场的同时，还要做好调查笔录，收取证据，以利于现场勘察、侦查破案和查明原因。

【例7.12】 列车发生爆炸的处理

××年××月××日2247次（武昌—广州，由××客运段担当乘务），列车从乐昌开车后，23：13分运行至乐昌—韶关区间，里程K2023+800 m，在机后第7位的5号车发生爆炸（原因不明），造成旅客死亡13人，重伤6人，轻伤5人。事故发生后，列车长应处理（前方停车站韶关）如下：

在发生爆炸事故后，按"40字法"进行处理。列车长应会同公安迅速组织扑救，积极组织抢救伤员，协助乘警收取证据，保护现场。并于列车恢复运行后，到前方有电报所的停车站（韶关站）向有关铁路局客运处、客调、公安、车辆、安全监察、列车车辆和客运担当段及乘警队拍发事故速报。

填写事故速报如下：

铁 路 电 报							
发报所	电报号码	等级	词数	日	时分	附注	
						伤亡事故速报	
主送：广州铁路（集团）公司、武汉铁路局客运处、客调、公安处、车辆处、安监室、××车辆段、××客运段、乘警队。							
抄送：国铁集团运输局客管处、客调、公安局、安监司。							
××年××月××日武昌—广州2247次列车白石渡开车后，23：13分运行至乐昌—韶关区间（里程K2023+800），机后第7位5号车发生爆炸，原因不明，造成旅客死亡13人，重伤6人，轻伤5人，构成特大旅客伤亡事故。事故发生后，我车已组织扑救，报告救援，拦截汽车，将重、轻伤旅客转送附近医院抢救，对伤亡旅客进行详细登记，妥善安置。同时，动员全体乘务员、部分旅客积极行动起来，保护其他旅客财产和人身安全。列车于16日0：05分恢复运行。其他情况尚待调查，特此电告。（01）05号							
××客运段2247次列车长×××							
××年××月××日于韶关站							

（三）空调列车电气短路或其他电器漏电失火时的处理

（1）最先发现列车电气火灾的乘务员应切断电源，用干粉式或1211灭火器对准火苗扑救。动车组乘务员应立即按下火灾报警按钮或使用联络呼叫设备、无线对讲机通知全体乘务员，全体乘务员立即到达现场，在列车长的统一指挥下集中所有的人员或灭火器材，根据火灾现场实际情况，采取有效的灭火方案和扑救措施展开扑救，控制火势，扑灭火源。

（2）禁止用水或泡沫灭火器灭火。因为水有导电性，用水灭火可能导致触电伤人。

近几年来，旅客列车使用电器设备增多，因此，要加强安全教育，做好日常防范工作。列车长应指派安全员经常巡视车厢，发现安全隐患，及时消除；有电气设备的地方，使用时做到人不离岗。注意不要将抹布等易燃物放置在电气设备上，以防患未然。

【例7.13】 列车长上岗巡视及时发现、防止电器短路引燃火灾事故

××年××月××日21点45分，236次列车运行即将到达梅州站前，当班列车长上岗巡视车厢，突然闻到一股浓烈的烧焦异味，立即进行细致的检查，发现餐车配电房内配电箱冒出浓烟，发出呛人异味。即令班长迅速通知检车员马上赶赴餐车抢修，经检车员到场打开配电房门、关闭电源开关进行检查，但未能发现电器线路发生故障部位，只有立即切断空调电源，餐车停止使用空调机制冷，只供照明用电，浓烟及烧焦的异味才慢慢消失。幸列车长上岗巡视及时发现，防止了一起因电器短路引燃的火灾事故。

【例7.14】 列车员及时发现、防止电茶炉短路引起火灾事故

××年××月××日2465次列车运行在衡阳到郴州间（8：04），13号车厢列车员周××突然发现该车厢冒出浓烟，即招呼相邻车厢列车员焦××迅速向列车长报告，列车长接报后，令他再通知检车员，并立即会同乘警赶赴现场。当时周××已将乘务间内电源开关关闭，随后检车长赶到现场，关闭配电房总电源进行检查，此刻浓烟在车厢内通风口不断喷出，异味呛人，列车长马上指挥扑救。由班长负责根据实际情况准备使用制动阀；焦××提来灭火器做好准备；由乘警和该车厢列车员组织13号车厢旅客疏散到12号、14号车厢；周××在车内看守旅客行李，做好宣传，稳定旅客情绪。经检车长进行检查，拆开电茶炉底部内40~50 cm深处，一红色塑料食品袋已烧熔化造成短路冒出浓烟。关闭电茶炉，停电6 min后车厢恢复供电制冷，旅客返回车厢。幸亏列车员及时发现，列车长处理得当，扑救及时，未造成旅客人身伤害和财物损失，防止了一起因电器短路引燃的火灾事故。

三、列车超员、弹簧压死的处理

1. 列车严重超员、弹簧压死的危害

（1）增加了车体所受的冲击力，给列车运行带来不安全因素，同时给旅客带来了不舒适感。

由于列车严重超员，造成弹簧超出弹性限度而不能回弹时，起不到枕弹簧的作用，相当于车体和轮对之间没有弹簧装置，同时液压减震器也失去了减震作用，则轮对与钢轨冲击时所产生的加速度会使车体产生很大的惯性力和振动力。不仅在行经钢轨接头处产生的明显振动，更严重的是行经道岔或小半径曲线时更为激烈，甚至可能造成车辆脱轨。

因此，由于弹簧压死，不能缓冲和消减车辆在运行时的振动、冲击及平稳性，给旅客带来不舒适感，同时给旅客列车运行带来不安全因素。随着客车运行速度的不断提高，机车车辆与线路间的动力作用急剧增加，弹簧压死将进一步引起走行部零件与车体发生顶撞、磨碰，危及行车安全。

（2）影响旅客列车的运行速度。

弹簧的刚度与车辆的构造速度存在着一定的关系，刚度越大，车辆的构造速度越小。目前我国普通客车和新型空调车的构造速度分别是 120 km/h 或 160 km/h，这是与未被压死弹簧的刚度相适应的。弹簧被压死后，将增加弹簧的刚度，影响了列车的运行速度，如果强行按运行图规定速度行车，就会带来事故隐患。

（3）增加了车钩高差、易造成脱钩。

列车严重超员、造成弹簧压死主要发生在乘坐旅客较多的车厢，有时也有行李车，而餐车、软卧车、乘务员宿营车不受影响，就形成了有的客车车钩位置下降，有的不变。如果车钩高度差超过规定的范围（75 mm），当列车运行至道岔、路基松软地段时，车辆上下颠簸，尤其陡坡线路上，容易发生脱钩而造成列车分离，并且高差过大时，使车钩钩舌牵引面变小，局部钩舌的拉力承受不了牵引力，造成断钩。

2. 列车严重超员、弹簧压死的防范

为避免旅客列车严重超员，列车长应及时填写"列车旅客密度表"，随时掌握车内旅客密度，一旦超员，及时向前方车站拍发超员电报。车站应严格按日班计划和售票系统信息进行售票，严禁无计划超售。站车密切配合，组织旅客均衡运输。在停车站组织旅客上车时，注意避免出现列车中部旅客多而两头少的现象，使旅客均匀分布，以免弹簧压死。

3. 列车严重超员，弹簧压死时的处理

当列车严重超员时，由车辆检车员确认车辆转向架弹簧状态，发现弹簧压死时不准开车。运转车长未得到值班乘检的允许不得显示发车信号，其他任何人无权指挥列车运行。

此时，列车长应作好以下工作：

（1）若个别车厢弹簧压死时，列车长应做好解释工作，组织列车乘务员将旅客疏散到其他车厢。

（2）若多数车厢超员严重时，列车长应立即下车，与所在车站客运值班员联系，通过客运值班员找到客运主任，与其协商，动员并组织旅客下车，转乘其他列车。站车密切配合，对旅客进行耐心地劝导，做好旅客疏散工作。情况严重时，及时向客调报告，请求上级处理。

（3）经车辆乘务员检查确认弹簧恢复后，在保证安全的情况下方可开车。列车开车后，列车长应立即向沿途各停点站（超员区段）拍发超员电报。为确保旅客和列车的安全正点，请各站大力协助，停售、停剪本次列车的车票。对已售出本次列车车票的车站，及时为旅客办理改签或退票。

【例 7.15】 列车超员、弹簧压死的妥善处理

××年××月××日××次（常德—广州）列车临澧站开车时已严重超员，超员率180%，列车已按规定拍发了超员电报。到达汉寿、宁乡两站时，站台上站满旅客，秩序很乱，有的旅客用石头砸破车窗玻璃，爬进车厢。列车到达长沙站后，6、7、8号车厢已出现弹簧压死现象。列车长立即组织人员，会同乘警、安全员赶到该三节车厢内，进行宣传、动员，并与车站客运主任联系，在站方人员的协助下，将300多名旅客疏散下车。列车停车1小时30分钟，待车辆检车员检查鉴定弹簧复位后，安全发车。

四、旅客列车在车站发生滞留及晚点时的处理

（一）旅客列车在车站发生滞留的处理

（1）列车长应立即通知全体乘务人员各就各位，维持秩序，做好工作。
（2）列车工作人员要坚守岗位，加强巡视，做好宣传，防止旅客跳车。
（3）列车长应迅速编写列车广播词，广播员应反复广播宣传，避免旅客情绪激化。
（4）当发现车上旅客有异常情况时，列车长应立即报告所在车站，请求协助，并转告上级领导。
（5）列车长与乘警、车站值班员互相配合，做好宣传解释和旅客疏导工作。

下面是列车在车站滞留期间，由于列车与车站工作未配合好，处理不力，未能防止旅客伤亡事故发生的典型事故。

【例 7.16】 "3·5"旅客意外伤亡事故

1. 事故概况

××年3月5日，由原郑州铁路局客运公司襄樊分公司担当乘务的宜昌—广州1357次旅客列车11：11进入石湾站3道停车，由于部分旅客违反《铁路旅客运输规程》第9条的规定，不遵守规章制度，不听从列车和车站工作人员的劝阻，越过站台安全线，突然侵入线路，躲避不及，14：24分被通过的K253次列车刮碰，当场死亡6人，伤6人（其中送医院途中死亡1人，送医院抢救无效死亡1人），构成重大旅客伤亡事故（属旅客自身责任）。

2. 事故原因和责任

（1）设备故障严重打乱运输秩序。

3月4日23：48，因瓦园至哲桥下行线接触网415#杆上弹性补偿限位定位器质量不合格，轴套基座抓断脱落打坏机车受电弓，导致大面积接触网故障，直至5日7：19分才全部恢复供电，造成中断供电5 h 09 min，影响上行客车晚点27列、下行客车晚点72列。虽然原因和责任涉及设计、施工、厂家、监理等环节，主要原因是定位器质量不合格，但武广电气化开通后，大量新设备、新技术投入运用，人员素质、技术管理比较薄弱，对设备故障隐患查找能力不强，抢修经验不足，未能及时发现第一故障点，尽快恢复正常使用。加之，电力机车受电弓故障后，不能自动降弓，机车乘务员又较难发现，导致故障受电弓破坏接触网，扩大了故障面。这也因对具有自动降弓性能的新型受电弓技术改造投入不足、进度不快。

（2）行车组织指挥人员在运输秩序混乱的情况下没有采取果断措施。

（3）对超劳机务班没有针对性做好工作。

（4）车站应急处理不力，不及时向上级报告，未主动配合列车规劝旅客。

（5）列车长未及时与车站取得联系，通报情况，请求支持，及时准确向上报告。

（二）旅客列车临时停车及晚点的处理

（1）列车在中途站或区间临时停车时，列车乘务员要认真做好车门瞭望，确认列车所在位置及方向，注意车外动态。

（2）坚守岗位，加强巡视，防止意外发生，严禁旅客从边门下车。

（3）加强列车广播及乘务员口头宣传，劝说旅客不买、不吃围车叫卖的小商小贩无证经营的食品和饮料。

（4）遇列车晚点，列车长要耐心地向旅客做出解释，因晚点给旅客带来的不便，要在广播中向广大旅客表示歉意。

（5）全面服务，重点照顾，加强列车服务工作，稳定旅客情绪。

（三）动车组列车发生晚点时的应急处理

（1）广播致歉。

列车长要及时通过车载电话与司机联系，了解晚点原因和列车运行情况，晚点 15 min 以上时，及时通过广播向旅客致歉。通报晚点原因时严格按照铁路总公司、铁路局规定的通报用语解释，每次广播致歉词间隔时间为 30 min。

（2）加强巡视。

列车广播致歉后，列车长不得以任何理由回避旅客，要加强对车厢的巡视，做好宣传解释工作，掌握旅客动态，平息旅客不满。

（3）耐心解释。

列车乘务员加强车厢巡视，做好宣传解释工作，不发牢骚，不得使用服务忌语。

（4）主动服务。

列车长要组织列车乘务员做好旅客的服务工作，通过服务弥补旅客的不满，取得旅客的谅解。

（5）报告情况。

列车长要在第一时间向领导汇报，晚点超过 30 min 的，列车长要及时与所在铁路局客调和停留站联系，报告车内情况和请求协助解决。

（6）了解需求。

列车长要及时了解旅客的需求，对需中转换乘其他列车、民航航班以及有紧急公务、商务的旅客要认真详细、准确登记，并按规定与车站办理交接手续。

（7）反馈信息。

列车长要将车内旅客动态和现场处理情况，随时与段领导保持联系，处理要谨慎。

（8）交站处理。

当旅客提出赔偿和提出退票时，依照铁路规章做好解释工作，必要时列车长可编制客运记录交站处理。

五、旅客发生食物中毒时的处理

（一）组织救治中毒旅客

旅客列车发生3人以上食物中毒或疑似食物中毒时，列车长会同公安到现场勘察，组织列车红十字救护员同时通过广播找医生，尽力进行简单抢救处理工作。例如，用催吐的方法及时地排除胃内容物；用牛奶、豆浆、蛋清阻止毒物的吸收等。

需要下车治疗的中毒旅客，列车长应编制客运记录，做好将病人交前方最近县、市车站转送医院及时抢救的准备。

（二）及时向上级部门报告

列车长应及时通知前方站和所在站的卫生防疫部门派员进行处理，并向上级有关部门报告。动车组列车发生旅客食物中毒事件时，列车长应立即联系司机向调度报告。该报告的内容包括：日期、车次、运行区段、发病时间、地点、病人主要症状、发病人数（包括危重人数和死亡人数）、可能引起中毒的食物、要求车站采取的措施等。

（三）调查取证，做好善后工作

向旅客了解有关情况，调查食物中毒原因及毒源，收集两份以上旁证材料，取得医生诊断意见书，将中毒人员登记造册，连同病人及其车票交站处理。

封存可疑食物（若病人无剩余食物，必要时将列车的食物留样以备鉴别）、呕吐物品，停止销售并追回售出的可疑食物，待卫生防疫人员现场查验。未查清毒源前，剩余餐料、食品、开水等不允许向旅客供应。对病人用过的餐具、器具、食品、物品集中保管；对病人用过的厕所清洗消毒，必要时暂时封闭。

属人为投毒而造成的事故，还应通知公安部门现场勘察侦破。

【例7.17】 食用违规采购食品的中毒事故

××年××月××日Y430次旅游列车从绍兴出发，车上是由绍兴县××旅行社组团进行的"夕阳红新千年千名老人游北京"活动的705名旅客，其中多为60周岁以上的老人，最大的80岁。××月××日Y429次由北京返回，20：00点运行在济南至徐州区间，有6名旅客和1名乘务员开始肚痛，并伴有上吐下泻现象，此后陆续有旅客发生同样症状。列车在徐州、蚌埠、南京及绍兴站先后将238名有不良症状的旅客和乘务员交下送往当地医院治疗。由于处理及时、医治得当，全部康复。根据对病人排泄物和列车遗留食物检验，认定为午餐的盐水鸡腿与发病明显相关，事故原因是该次餐车人员违规采购。

六、旅客列车对精神病旅客及其肇事行为的处理

（一）对精神病患者乘车的处理

1. 无人护送的精神病患者（或旅客）

列车停靠车站站台时发现无人护送的精神病患者（或旅客）欲登乘列车，应严禁乘车。

列车内发现无人护送的精神病患者（或旅客），列车长应编制客运记录，交前方最近的三等以上车站处理。车站原则上应通知其监护人领回，公安人员予以协助。

2. 有人护送的精神病旅客

车站对有人护送的精神病旅客，应通知列车长，列车乘务员应向护送人员介绍安全注意事项，协助护送人员，防止发生意外。

（二）发生旅客突发性精神病肇事的处理

列车上发生旅客突发性精神病肇事时，应做到发现得早、控制得住、处置得当，有效防止人员伤亡和财产损失。

（1）及时报告，安定情绪。

乘警和列车工作人员经常巡视车厢，发觉精神异常人员应及时向列车长和乘警长报告，并采取妥善措施，安定其情绪。

（2）查堵管制刀具，防止发生危害。

要加强管制刀具的查堵工作，发现旅客携带管制刀具乘车要坚决依法予以收缴。对于不在管制刀具之列但是又容易伤害旅客的其他危险性刀具，须指导携带人妥善保管，防止发生危害。

（3）配备非杀伤性警械和药品，以备急需。

可能发生旅客突发精神病肇事的列车，可配备一定数量的约束带、警绳（不得使用手铐）和缓解精神的药品，以备急需。

一旦发现肇事苗头，列车工作人员要请旅客中的医务人员对其进行药物治疗，避免酿成事端。

（4）发生危及安全的情况时进行有效处置。

突发性精神病患者手持管制刀具或其他器具正在或准备伤害旅客、损毁公私财物、准备跳车或用其他方式自杀、玩火或准备纵火等有严重危及行车安全或旅客安全的行为时，列车长和乘警立即赶赴现场，组织列车工作人员紧急疏散旅客。要在保证旅客安全的前提下，立即采取果断措施，设法接近并制服精神病患者。对不听制止危害他人安全的，乘警可采取保护性约束措施，包括使用约束带、警绳等约束性警械直至其精神恢复正常。同时做好相应疏导工作，稳定旅客情绪，维护良好秩序。

（5）一旦造成人员伤亡或财产损失，列车长要积极组织抢救，调查人员伤亡财物损失情况。受伤人员交站送医院救治。列车乘警做好现场记录。

【例7.18】 制止突发精神病旅客自碰头伤，夺锤乱舞伤害旅客事件

××年××月××日长沙—武昌间（20∶30）乘坐硬座17号车厢无座旅客陈××，男，41岁（河南省方城县××乡××村），由其女儿陪同，持广州—郑州车票。因车内严重超员，旅途无座，疲劳过度晕倒，其女儿告诉列车员，列车员立即向车长报告。列车长得知后立即会同乘警赶赴该车厢，将晕倒的旅客背到14号硬卧车厢边门外安置休息。但他醒来后便胡言乱语，举止狂躁，大喊有人追杀他，到处乱跑乱撞，用头猛撞击车门，欲想跳车，造成头部前额创伤。此时正好检车员通过此处，在无防备的情况下，被他强夺手锤，进入车厢内挥锤乱舞，造成旅客惊恐，纷纷躲避。为了防止陈××伤害其他旅客，列车长在同车军人、武警

协助下一起将其制服；同时通过广播，请来大同矿务局卫生院医生，为他诊治和包扎护理。医生诊断其为间歇性突发精神病，因伤口过大、流血过多，必须马上送往医院治疗。列车长编记录交武昌站，但站方拒接；最后决定由副车长、班长下车，将患者送往武昌铁路医院治疗，待其神志恢复清醒后，送回武昌站。值班员在记录上签认，并办理改签手续，其由女儿陪同，平安到达郑州站，避免了一起突发精神病患者跳车伤亡及造成其他旅客意外伤害事故。

七、动车组列车临时更换车底的处理

列车长接到列车因临时性设备故障需要更换车底的命令后，应按照客调要求，尽快通知乘警、车辆人员、保洁、餐饮、司机、客运人员做好相应准备。

（1）列车长做好甩挂车的组织工作，积极与站方联系，掌握动车组列车热备车底情况，了解热备车底抵达时间和停靠站台，通过广播第一时间将列车的真实情况具体时间通知全体旅客，取得旅客的谅解与配合。同时，通知旅客有需要赶车、换乘的可到车站改签或退票，以免耽误旅客的时间。

（2）乘务员要深入车厢全面做好旅客情绪安抚，备用车底到达后快速组织旅客安全乘降，提示旅客拿好随身携带品。旅客乘降完毕，乘务员一人四节车厢彻底巡查，防止旅客物品遗漏。保证尽快开车。

旅客座位的安排本着"先安排一等车再安排二等车旅客"和"先到先安排"的原则，对一等车旅客尽可能安排，不能安排时应安排至有座位的二等车和餐车就座，编制客运记录交到站退还差价。

定员差额数的旅客原则上安排改签，旅客自行要求乘车的向旅客说明，可以安排无座乘车。遇有旅客情绪激动，不配合列车长工作的，列车长要耐心解释，必要时向有关领导汇报并采取相应措施。

（3）乘警协同维持秩序、检查旅客携带品；车辆人员负责与司机联系保证信息畅通；保洁人员协助乘务员将保险柜、清扫工具、大件行李处消耗品（杂志、服务指南、清洁袋、洗手液、卫生工具）转移到热备车底上定型摆放；餐吧人员将食品、套餐等定型摆放。

（4）列车开车后，列车长要带领乘务员深入车厢安抚旅客情绪，说明原因，介绍情况，寻求感情上的沟通，尽可能关心体谅旅客，请求旅客的谅解。

（5）列车长及时将车内旅客情况在第一时间内向上级有关部门汇报。

【例7.19】 动车组列车发生车辆故障后，组织旅客换乘

某日，武汉至广州南G1036次列车，由于9车车底车轴报警，于13：18分临停在岳阳东至赤壁北区间；在临停期间司机开车试行3次，3次试开速度都未能达到50 km/h，司机确认无法运行。14：37分车班收到上级命令，将G1036次列车上的161名旅客进行转运至G1040次列车上，G1040次列车于15：15分到达列车救援转乘位置，在15：23分机械师打开车门，与G1040次乘务工作人员实行旅客转乘工作。在临停期间，列车工作人员加强对车厢内巡视，对旅客做到首问首诉负责制，以及做好解释安抚工作，同时对车内重点旅客做到重点照顾。15：39分顺利将旅客转乘完毕。

【附】 CRH1型故障启用CRH2热备动车组的方法

遇CRH1型动车组列车不能运行时，启动热备CRH2型动车组车底替换，应妥善安排旅客，并做好如下安排：

（1）列车长要组织全体乘务员向旅客做好宣传解释工作，安抚稳定旅客情绪，保证车内秩序良好。旅客座位的安排本着先安排一等车再安排二等车旅客和先到先安排的原则，对一等车旅客尽可能安排，不能安排时，应将安排有座位的二等车和餐车就座，编制客运记录交到站退还差价。

（2）安排步骤。CRH1型1号车（一等车）的72位旅客安排到CRH2型的7号车51个座位（一等车）余21位旅客和8号车（一等车）72位旅客计93位旅客安排到2号车100个定员（二等车），按照顺序依次类推。定员差额数的58位旅客原则上安排改签，旅客自行要求乘车的向旅客说明，可以安排无座乘车。

（3）遇有旅客情绪激动，不配合列车长工作的，列车长要做好耐心的解释工作，必要时向有关领导汇报并采取相应措施。

八、动车组列车运行中发生事故，旅客需紧急逃生时的应急处理

（1）列车停车后，组织旅客疏散时，必须扣停邻线列车。司机在接到列车调度员已经扣停邻线列车的指示后，通知列车长和随车机械师做好组织旅客下车等待救援的准备。在车门能正常开启时，列车长立即通知司机，由司机打开所有靠线路外侧的车门；在列车断电、司机无法操纵打开车门时，由列车长组织列车工作人员手动解锁开门。

（2）列车长迅速组织工作人员按照分工，按照车上1~2人、车下1~2人的安排在每个车门处进行防护，组织旅客有序下车。疏散前，列车工作人员应向旅客简要说明疏散程序。

（3）在车门不能正常开启时，列车长迅速通过广播（因断电无广播时，由列车人员在车厢中部位置）向旅客宣传安全设备使用及安全注意事项，工作人员迅速组织旅客使用安全锤击破紧急逃生窗，组织旅客撤离车厢。

（4）事故中发生人员伤亡时，列车长要及时安排专人救助。

（5）所有旅客撤离车厢后，列车工作人员组织旅客沿线路外侧向安全地带转移，将旅客安置在安全地带等待救援，同时做好安全宣传、引导。乘警负责在旅客疏散过程中的防护警戒工作，列车长应随时与司机保持联系，听从调度统一安排。

（6）应急处置后，列车长应及时向客服调度、客运段汇报，客服调度、客运段接到事故报告后，立即组织开展后续救援工作。

九、其他非正常情况的处理

（一）旅客列车发生票据、票款丢失的处理

（1）立即报告列车长和乘警，保护现场。

（2）提供线索，收集材料，协助调查，组织查找。
（3）拍发电报，报告有关部门。

（二）对弃婴的处理

列车内发现弃婴，应编制客运记录交县、市所在地车站处理，车站不得拒收。车站对列车移交或车站发现的弃婴应交当地民政部门处理。

（三）旅客在列车上分娩的处理

（1）应安置适当地点（通风、人少、安静、安全、方便）。
（2）通过广播或列车员宣传，请旅客中的医务人员或熟悉接生的旅客协助。
（3）准备好产包、急救药箱、卫生纸、消毒过的桶子、红糖等必需品。
（4）记录产妇和接生人员的姓名、职业、地址、工作单位、分娩情况等。
（5）记录产妇的车票号、发到站和随身携带品，编制客运记录准备交站。
（6）对难产者需本人或护送者签字以备查。

（四）旅客动车组列车发生旅客误按紧急制动阀或报警按钮的应急处理

（1）动车组列车发生旅客误按紧急报警按钮（紧急制动阀）时，列车乘务员应了解情况，根据乘车信息系统显示，及时将紧急阀复位。（吸烟报警时，列车长第一时间到场确认并及时与司机沟通情况）
（2）通过车载电话与司机说明情况，说明报警（停车）原因。
（3）连同乘警了解当事旅客姓名、地址、身份证号码、联系电话和事情经过，做好记录，并形成详细的书面报告。
（4）及时了解停车后车厢旅客情况，发生旅客意外时按照因意外造成旅客伤害处理。
（5）及时向单位领导汇报。

【注】 因吸烟引起报警应急处置同上。

（五）旅客列车发生突发性治安、刑事案件的处理

（1）立即报告乘警和列车长。
（2）监视现场，维持秩序。
（3）保护现场，调查取证。
（4）抢救伤员，编制记录交站，转送医院治疗。
（5）重大刑事案件、凶杀案件应迅速拍发电报。

【例 7.20】 *列车长果断处理，制止扒窃犯罪事件*
　　××年××月××日凌晨，1319 次（广州—重庆）列车运行至柳州地段，3 号车厢有 4 名不法之徒手持菜刀进行扒窃。当班列车员悄悄通知一旅客去 10 号车厢报案。当班列车长闻讯后，一方面安排安全员通知乘警；另一方面亲自带车班骨干到 3 号车厢。当 4 名嫌疑人员见列车长带人过来之际，突然从车窗逃走，列车长冲上前去先将其中 1 人制服，3 分钟后乘警赶到拿住其余 3 人。当即受到车厢全体旅客的拍手称赞。

（六）旅客列车上发生打架、斗殴的处理

（1）迅速报告乘警和列车长，进行劝阻。
（2）组织救护。
（3）收集旁证。
（4）编制客运记录，交站处理。
（5）车站和派出所不得拒收。

（七）旅客列车发生路外伤亡临时停车的处理

（1）坚守岗位，维持秩序。
（2）列车长督促司机和运转车长迅速处理，将死者移至道旁，伤者迅速抬上列车尽快恢复列车运行。
（3）列车广播找医，进行抢救。
（4）编制客运记录交前方三等以上停车站，转送医院救治。

（八）旅客列车运行途中发生空调故障的处理

（1）列车员及时报告列车长，通知车辆乘务人员千方百计进行抢修。
（2）在规定时间内不能修复时，经列车长认定并签认后，列车长要妥善安置旅客，做好宣传工作。遇安置有困难时，由列车长编制客运记录交旅客到站退空调票。
（3）若发现发电车油量不足列车空调不能使用至终到站时，应在保证必要的照明、通风情况下，酌减用电负荷，必要时向旅客做出解释和道歉，并及时向本单位汇报听取指示。同时，发电报通知前方车站（有加油站的）和有关客调、车辆部门要求加油。
（4）当检车组长确认返程空调不能修复时，列车长应及时拍发电报通知折返站停止发售空调票，尽量将问题解决在旅客乘车前。
（5）动车组列车空调失效超过 20 min 不能修复，但列车能够正常运行时，列车长可视情况通知司机向列车调度员提出在前方最近客运站停车的请求，列车调度员安排列车在前方最近客运站停车。列车在停车站安装好防护网、打开站台一侧车门通风。

列车因故停车不能维持运行且空调失效超过 20 min 不能恢复时，列车长应及时与司机、随车机械师沟通，视情况做出打开车门决定，并通知司机转报列车调度员。在途中，开启运行方向左侧车门，开启的车门有专人防护，劝阻旅客不在连接处停留，临时停车严禁旅客下车。

（九）旅客列车夜间运行中突然停电时的处理

（1）列车乘务员应立即通知检车员到场处理。
（2）列车乘警要及时赶到现场，稳定车内秩序，加强治安管理。
（3）停电车厢乘务员要坚守岗位，封闭两端车门，防止发生意外。
（4）严禁使用明火照明。